松本大の資本市場立国論

日本を復活させる2000兆円の使い方

松本 大
Matsumoto Oki
マネックスグループ会長

東洋経済新報社

はじめに

日本経済《にほんけいざい》にとって追《お》い風《かぜ》が吹《ふ》いてきた感《かん》があります。

一番《いちばん》の理由《りゆう》は、何《なん》といっても株価《かぶか》の上昇《じょうしょう》です。

２０２１年《ねん》に入《はい》ってから２０２３年《ねん》４月《がつ》まで、日本《にほん》の株価《かぶか》はほとんど大《おお》きな値動《ねうご》きがないまま、凪《なぎ》の状態《じょうたい》が続《つづ》いていました。

ところが、５月半《がつなか》ばくらいに、ひさびさに日経平均株価《にっけいへいきんかぶか》が３万円《まんえん》に乗《の》せてから、株価《かぶか》の上昇《じょうしょう》スピードが速《はや》くなり、６月《がつ》19日《にち》には３万《まん》３７７２円《えん》まで値上《ねあ》がりしました。実《じつ》に、33年《ねん》ぶりの水準《すいじゅん》です。

なぜ急《きゅう》に株価《かぶか》が上昇《じょうしょう》し始《はじ》めたのでしょうか。

コロナ禍《か》が一段落《いちだんらく》して、経済《けいざい》が動《うご》き始《はじ》めたから。

かのウォーレン・バフェットが日本株《にほんかぶ》に投資《とうし》し始《はじ》めたから。
日本企業《にほんきぎょう》が株主《かぶぬし》への利益還元《りえきかんげん》を強化《きょうか》しているから。
東京証券取引所《とうきょうしょうけんとりひきじょ》の市場改革《しじょうかいかく》が投資家《とうしか》から評価《ひょうか》されたから。
２０２４年《ねん》１月《がつ》からスタートする新《あたら》しいＮＩＳＡに対《たい》する期待感《きたいかん》が強《つよ》まっているから。

このようにいろいろな理由《りゆう》が考《かんが》えられます。

こんなことを書《か》いておきながら、いきなり年末《ねんまつ》にかけて株価《かぶか》が暴落《ぼうらく》してしまうと、ちょっと恥《は》ずかしいのですが、少《すく》なくともこの原稿《げんこう》を書《か》いている２０２３年《ねん》７月時点《がつじてん》において、株式市場《かぶしきしじょう》では「いよいよ日経平均株価《にっけいへいきんかぶか》が、バブル高値《たかね》の３万《まん》８９１５円《えん》を抜《ぬ》くのではないか」といった期待感《きたいかん》すら、高《たか》まってきました。

これは、昨年《さくねん》のいまごろにはなかったムードです。

このように、株価《かぶか》の動《うご》きを見《み》ている限《かぎ》り、いまの日本《にほん》はかなりよくなりつつあるように思《おも》えてきます。

ただ、マーケットは期待先行《きたいせんこう》で動《うご》く傾向《けいこう》があります。日本《にほん》がこれからよくなることを期《き》待《たい》して、日本企業《にほんきぎょう》の株式《かぶしき》に投資《とうし》している投資家《とうしか》の期待《きたい》に応《こた》えられなかったら、再《ふたた》び日本《にほん》は世界経済《せかいけいざい》の成長《せいちょう》から置《お》いてけぼりをくらい、株式《かぶしき》や円《えん》が売《う》られ、株安《かぶやす》、円安《えんやす》の同時進行《どうじしんこう》という、望《のぞ》ましくない状況《じょうきょう》に直面《ちょくめん》する恐《おそ》れがあります。

わたしたちは、株価《かぶか》が上昇《じょうしょう》局面《きょくめん》にあり、何《なん》となく日本経済《にほんけいざい》に対《たい》する期待感《きたいかん》が高《たか》まりつつあるいまのうちに、その期待感《きたいかん》を着実《ちゃくじつ》に現実《げんじつ》のものにするための施策《しさく》を講《こう》じる必要《ひつよう》があるのです。

さすがの日本《にほん》も、そんなに余裕《よゆう》がない

物事《ものごと》を改善《かいぜん》させるためには、まず現実《げんじつ》を直視《ちょくし》しなければなりません。日本《にほん》の何《なに》が問題《もんだい》なのかを認識《にんしき》して初《はじ》めて、対策《たいさく》を練《ね》ることができるのです。

まず、日本経済《にほんけいざい》は規模《きぼ》こそ大《おお》きいのですが、実《じつ》はこの25年《ねん》、ほとんど成長《せいちょう》していないという事実《じじつ》に目《め》を向《む》ける必要《ひつよう》があるでしょう。日本《にほん》の名目《めいもく》ＧＤＰ（国内総生産《こくないそうせいさん》）は１９９７年《ねん》に５４３兆《ちょう》５４５４億円《おくえん》まで増大《ぞうだい》した後《あと》、横《よこ》ばいとなり、２０２２年時点《ねんじてん》で５５６兆《ちょう》３

８７２億円《おくえん》です。なんと25年間《ねんかん》でたったの２・３％しか増《ふ》えていません。

かつて日本《にほん》はＧＤＰで世界第《せかいだい》２位《い》の経済大国《けいざいたいこく》と言《い》われましたが、すでに中国《ちゅうごく》に追《お》い抜《ぬ》かれて世界第《せかいだい》３位《い》になっています。それもドルベースで比較《ひかく》すると、中国《ちゅうごく》の18兆《ちょう》１０００億《おく》ドルに対《たい》し、日本《にほん》のそれは４兆《ちょう》２３３５億《おく》ドルでしかありません。中国《ちゅうごく》に次《つ》ぐ世界第《せかいだい》３位《い》といっても、ものすごい大差《たいさ》を付《つ》けられているのです。

財政《ざいせい》も悪化《あっか》しています。対《たい》ＧＤＰ比《ひ》で見《み》た日本《にほん》の債務残高《さいむざんだか》は、先進国《せんしんこく》のなかでもかなり悪《わる》い状態《じょうたい》です。日本以外《にほんいがい》の欧米先進国《おうべいせんしんこく》の間《あいだ》では、イタリアの数字《すうじ》が最《もっと》も悪《わる》いのですが、それでも対《たい》ＧＤＰ比《ひ》で１４４・７％です。そして日本《にほん》は、何《なん》と２６０％を超《こ》えています。

最近《さいきん》は若《わか》い人《ひと》の間《あいだ》でも心配《しんぱい》の声《こえ》が高《たか》まっていますが、年金財政《ねんきんざいせい》だってかなり不安視《ふあんし》されています。「年金財政《ねんきんざいせい》が破綻《はたん》することはない」という意見《いけん》があるように、確《たし》かに日本《にほん》の公《こう》的年金《てきねんきん》が支払《しはら》えなくなるような破滅的《はめつてき》な状態《じょうたい》にまで追《お》い込《こ》まれることはないと思《おも》います。でも、将来的《しょうらいてき》には現役世代《げんえきせだい》の年金保険料《ねんきんほけんりょう》負担《ふたん》が増大《ぞうだい》する一方《いっぽう》、年金《ねんきん》を受《う》け取《と》る側《がわ》は、年《ねん》金《きん》の受給開始年齢《じゅきゅうかいしねんれい》が引《ひ》き上《あ》げられ、実質的《じっしつてき》に年金《ねんきん》の受給額《じゅきゅうがく》が減《へ》らされることになるかも知《し》れません。

「安《やす》い日本《にほん》」という問題《もんだい》もあります。あまりにも長期化《ちょうきか》したデフレに慣《な》らされてしまい、多《おお》くの人《ひと》たちは「安《やす》いからいいじゃん」と思《おも》っているのかも知《し》れませんが、これはけっこう大《おお》きな問題《もんだい》だと思《おも》っています。

昨年《さくねん》（２０２２年《ねん》）の米《べい》ドル／円《えん》の値動《ねうご》き、覚《おぼ》えていますか。３月半《がつなか》ばまで１米《べい》ドル＝１１５円前後《えんぜんご》で推移《すいい》していたのですが、そこから急激《きゅうげき》な米《べい》ドル高《だか》・円安《えんやす》へと突《つ》き進《すす》み、10月《がつ》21日《にち》には１米《べい》ドル＝１５１円《えん》94銭《せん》まで円安《えんやす》が進《すす》んだのです。

もちろんマーケットでの出来事《できごと》ですから、このままずっと円安《えんやす》が進《すす》むとは思《おも》いません。仮《かり》に長期的《ちょうきてき》な円安《えんやす》トレンドだとしても、いったんは米《べい》ドル安《やす》・円高《えんだか》に転《てん》じるタイミングが来《く》ると考《かんが》えていましたが、１５１円台《えんだい》という実《じつ》に32年《ねん》ぶりの円安水準《えんやすすいじゅん》を目《め》にしたときは、一瞬《いっしゅん》、背筋《せすじ》が寒《さむ》くなりました。

それに、円《えん》が対米《たいべい》ドルの安値《やすね》を付《つ》けた後《あと》、２０２３年《ねん》１月《がつ》16日《にち》に１米《べい》ドル＝１２７円《えん》23銭《せん》まで戻《もど》したものの、そこから再《ふたた》び円安《えんやす》トレンドへと転《てん》じて、６月《がつ》30日《にち》には１米《べい》ドル＝１４５円《えん》07銭《せん》まで円安《えんやす》が進《すす》んでいます。円《えん》の売《う》り圧力《あつりょく》は、まだ収《おさ》まっていないと見《み》たほうがいいでしょう。

海外《かいがい》では、「とにかく日本《にほん》が安《やす》い」ということが共通認識《きょうつうにんしき》になっているようです。米国《アメリカ》や欧州各国《おうしゅうかっこく》では物価《ぶっか》がどんどん上昇《じょうしょう》しているのに、日本《にほん》はほとんど上昇《じょうしょう》しない状態《じょうたい》が続《つづ》いていて、そのうえ円安《えんやす》が進《すす》んだからです。

「いやいや、けっこういろいろなものの値段《ねだん》が上《あ》がったでしょう」という声《こえ》もあるかと思《おも》います。

確《たし》かに、日本《にほん》でも光熱費《こうねつひ》や日用品《にちようひん》、各種食品《かくしゅしょくひん》の値段《ねだん》は上《あ》がりました。でも、米国《アメリカ》に比《くら》べればたいしたことはありません。日本《にほん》だったら牛丼《ぎゅうどん》1杯《ぱい》が５００円程度《えんていど》ですが、米国《アメリカ》だと１０００円以上《えんいじょう》するでしょう。それからすれば、日本《にほん》なんてまだまだデフレから脱《だっ》していない状況《じょうきょう》にあると考《かんが》えられます。

このように物価全般《ぶっかぜんぱん》が諸外国《しょがいこく》に比《くら》べて安《やす》いのに加《くわ》え、昨年《さくねん》、急激《きゅうげき》に進《すす》んだ円安《えんやす》によって、特《とく》に米《べい》ドルベースで見《み》ると、ただでさえ安《やす》い日本《にほん》の物価《ぶっか》がさらに安《やす》く感《かん》じられる状況《じょうきょう》を生《う》み出《だ》しました。

つまり海外《かいがい》から見《み》ると、いまの日本《にほん》は「安《やす》い日本《にほん》」そのものなのです。

安《やす》い日本《にほん》のままでは外資《がいし》に買《か》われてしまう

仮《かり》にこの先《さき》、安《やす》い日本《にほん》が定着《ていちゃく》したら、果《は》たして日本《にほん》はどうなるでしょうか。

外国人観光客《がいこくじんかんこうきゃく》にとっては、もう天国《てんごく》のようなものでしょう。

ひいき目《め》に見《み》ていると思《おも》われてしまうかも知《し》れませんが、日本《にほん》のサービスは世界的《せかいてき》に見《み》ても非常《ひじょう》に高《たか》い水準《すいじゅん》にあります。食事《しょくじ》だって美味《おい》しい。米《べい》ドルを日本円《にほんえん》に替《か》えて日本国内《にほんこくない》を旅行《りょこう》すると、最高《さいこう》のホスピタリティと美食《びしょく》が味《あじ》わえるにもかかわらず、それに支払《しはら》うお金《かね》は非常《ひじょう》に少《すく》なくてすむのです。海外《かいがい》からの観光客数《かんこうきゃくすう》が増《ふ》えるのも当然《とうぜん》です。

もちろん、日本《にほん》は観光立国《かんこうりっこく》を目指《めざ》している面《めん》もありますから、海外《かいがい》から大勢《おおぜい》のお客様《きゃくさま》が来日《らいにち》してくれるのはいいことです。

彼《かれ》らは日本《にほん》に来《き》て、旅行《りょこう》を楽《たの》しみながら、日本《にほん》でお金《かね》を使《つか》ってくれます。これから日本《にほん》は総人口《そうじんこう》が減《へ》っていきますから、日本人《にほんじん》による消費《しょうひ》の力《ちから》は、徐々《じょじょ》に弱《よわ》まっていく恐《おそ》れがあります。だからこそ、海外《かいがい》から大勢《おおぜい》の観光客《かんこうきゃく》に来《き》てもらい、お金《かね》を使《つか》ってもらうのは、日本《にほん》の消費《しょうひ》を冷《ひ》え込《こ》ませないためにも大事《だいじ》なことです。

ただ、安《やす》い日本《にほん》には大《おお》きな問題《もんだい》があります。それは、食《た》べ物《もの》や宿泊費《しゅくはくひ》と同《おな》じように、日本《にほん》の富《とみ》を生《う》み出《だ》している、わたしたちがこの日本《にほん》で生活《せいかつ》していくうえで必要《ひつよう》な財《ざい》までもが、海外《かいがい》に安《やす》く買《か》い叩《たた》かれる恐《おそ》れがあるのです。

具体的《ぐたいてき》に言《い》うと、わたしたちが働《はたら》いている会社《かいしゃ》、生活《せいかつ》の基盤《きばん》となる土地《とち》、ライフラインともいうべき森林資源《しんりんしげん》や水資源《みずしげん》などが、次々《つぎつぎ》に外国企業《がいこくきぎょう》などに買《か》われてしまったら、わたしたちの生活《せいかつ》はどうなるでしょうか。

日本《にほん》の伝統的《でんとうてき》な、歴史《れきし》のある旅館《りょかん》が米国《アメリカ》資本《しほん》や中国資本《ちゅうごくしほん》になり、徹底的《てっていてき》な合理化《ごうりか》が行《おこな》われて、伝統《でんとう》の味《あじ》のようなものがなくなってしまったら、日本人《にほんじん》の心情《しんじょう》として、それをどこまで容認《ようにん》できるでしょうか。

日本《にほん》の企業《きぎょう》はいま、外国《がいこく》の企業《きぎょう》から買収《ばいしゅう》のターゲットにされています。

なかなか膨《ふく》らまない時価総額《じかそうがく》と、昨年《さくねん》の円安《えんやす》によって、外国企業《がいこくきぎょう》から見《み》ると、日本企業《にほんきぎょう》がめちゃくちゃ割安《わりやす》に感《かん》じられたからです。

日本企業《にほんきぎょう》が次々《つぎつぎ》に外国企業《がいこくきぎょう》に買収《ばいしゅう》され、技術《ぎじゅつ》などのノウハウがどんどん海外《かいがい》に流出《りゅうしゅつ》してしまったら、この日本《にほん》には何《なに》が残《のこ》るでしょうか。

わたしはナショナリストではありません。でも、自分《じぶん》が生《う》まれ育《そだ》ち、いまもビジネスで深《ふか》い関係《かんけい》を持《も》っている日本《にほん》という国《くに》が、どんどん日本《にほん》らしさを失《うしな》うのは、さすがにいたたまれない気持《きも》ちになります。

食《た》べ物《もの》が美味《おい》しく、何事《なにごと》に対《たい》しても丁寧《ていねい》で、高《たか》い衛生観念《えいせいかんねん》を持《も》ち、ハーモニアスであり、騒々《そうぞう》しくなく、高《たか》い技術力《ぎじゅつりょく》と世界《せかい》に誇《ほこ》れる文化《ぶんか》を持《も》っている、この日本《にほん》らしさを守《まも》ろうとしても、上場企業《じょうじょうきぎょう》の多《おお》くが外国企業《がいこくきぎょう》に買収《ばいしゅう》され、伝統的《でんとうてき》な旅館《りょかん》、ホテルなどもどんどん外資《がいし》が入《はい》り込《こ》んでくるようなことになったら、恐《おそ》らく不可能《ふかのう》です。

日本《にほん》を復活《ふっかつ》させる２０００兆円《ちょうえん》の使《つか》い方《かた》

何《なに》もせず、手《て》をこまぬいていると、この懸念《けねん》は現実《げんじつ》のものになるでしょう。

本書《ほんしょ》を手《て》に取《と》ってくださったみなさんには、そういう日本《にほん》になってもいいのか、ということを真剣《しんけん》に考《かんが》えていただきたいと思《おも》います。

「そう言《い》う松本《まつもと》は何《なに》かアイデアを持《も》っているのか」という声《こえ》もありそうですね。

はい、あります。

詳細《しょうさい》はこれから各章《かくしょう》で説明《せつめい》していきますが、まず大前提《だいぜんてい》として、人口減少《じんこうげんしょう》に歯《は》止《ど》めをかける政策《せいさく》を実行《じっこう》に移《うつ》す必要《ひつよう》があります。

とはいえ正直《しょうじき》なところ、わたしは人口問題《じんこうもんだい》の専門家《せんもんか》ではないので、どうすれば人口《じんこう》が増《ふ》えるのか、という点《てん》について多《おお》くを語《かた》れるだけの知識《ちしき》は持《も》ち合《あ》わせていません。

ただ、ひとつだけ経済的《けいざいてき》な側面《そくめん》から確実《かくじつ》に言《い》えるのは、人口《じんこう》が減《へ》り続《つづ》ける限《かぎ》り、構造的《こうぞうてき》なデフレ圧力《あつりょく》は続《つづ》き、国力《こくりょく》が低下《ていか》し、それは日本《にほん》の安全保障《あんぜんほしょう》の面《めん》にも大《おお》きな影響《えいきょう》を及《およ》ぼすということです。

したがって人口減少《じんこうげんしょう》に歯《は》止《ど》めをかけるのが最優先《さいゆうせん》なのですが、恐《おそ》らく多《おお》くの日本人《にほんじん》のメンタリティからすると、移民政策《いみんせいさく》を素直《すなお》に受《う》け入《い》れるのは難《むずか》しいでしょう。

そうなると、いかにして少子化《しょうしか》に歯《は》止《ど》めをかけるか、ということが重要《じゅうよう》になります。ただし、仮《かり》にいま、岸田内閣《きしだないかく》が打《う》ち出《だ》している「異次元《いじげん》の少子化対策《しょうしかたいさく》」が奏功《そうこう》して出生率《しゅっしょうりつ》が改善《かいぜん》したとしても、生《う》まれた子供《こども》たちが大人《おとな》になって経済活動《けいざいかつどう》に参加《さんか》し、盛《も》り上《あ》げてくれるまでには、少《すく》なくとも20年《ねん》という時間《じかん》を要《よう》します。その20年《ねん》の間《あいだ》に日本《にほん》が没落《ぼつらく》してしまっては、元《もと》も子《こ》もありません。

そこでわたしは、岸田文雄首相《きしだふみおしゅしょう》が言《い》うところの「異次元《いじげん》の少子化対策《しょうしかたいさく》」が功《こう》を奏《そう》するまでの間《あいだ》、どうすれば日本経済《にほんけいざい》の衰退《すいたい》を防《ふせ》ぐことができるのかについての「グランドデザイン」を考《かんが》えてみようと思《おも》います。

そして、そのカギを握《にぎ》るのが「株価《かぶか》」と、人材《じんざい》や経営資源《けいえいしげん》の再配置《さいはいち》による「企業《きぎょう》の生産《せいさん》性向上《せいこうじょう》」です。そして、２０００兆円《ちょうえん》を超《こ》えている個人《こじん》の金融資産《きんゆうしさん》が、このグランドデザインを描《えが》くうえでの主人公《しゅじんこう》になります。

もし、個人《こじん》がもっとたくさん、株式《かぶしき》や投資信託《とうししんたく》を買《か》ったらどうなるでしょうか。

わたしは、個人《こじん》のお金《かね》が喜《よろこ》んで株式《かぶしき》や投資信託《とうししんたく》などの投資《とうし》に向《む》かう環境《かんきょう》を創《つく》れれば、日《に》本経済《ほんけいざい》の風景《ふうけい》を一気《いっき》に変《か》えられると考《かんが》えています。

これを具現化《ぐげんか》しているのが米国経済《アメリカけいざい》です。ざっと世界《せかい》を見渡《みわた》したところ、米国《アメリカ》ほど資本《しほん》市場《しじょう》を上手《じょうず》に活用《かつよう》して、繁栄《はんえい》につなげている国《くに》は、他《ほか》にはありません。

それと同《おな》じことができるのは、個人《こじん》が２０００兆円《ちょうえん》もの金融資産《きんゆうしさん》を持《も》っている日本《にほん》なのです。現在《げんざい》、５５６兆円《ちょうえん》のＧＤＰを2倍《ばい》にするのは非常《ひじょう》に大変《たいへん》ですが、個人金融資産《こじんきんゆうしさん》をはじめとする国富《こくふ》を2倍《ばい》にするのは、案外簡単《あんがいかんたん》なことだと思《おも》うのです。

ところでいま、さくっと「グランドデザイン」という言葉《ことば》を使《つか》ってしまいましたが、「何《なん》のこと？」と思《おも》われた方《かた》もいらっしゃると思《おも》います。

グランドデザインとは、辞書《じしょ》で調《しら》べると「全体構想《ぜんたいこうそう》」などと書《か》かれています。全体構想《ぜんたいこうそう》と言《い》われても、いったい何《なん》のことか、あまりよくわからないと思《おも》いますが、要《よう》するに「日《に》本《ほん》をよくするための大《おお》きな絵《え》を描《えが》く」ということです。

いまほど、このグランドデザインが求《もと》められている時代《じだい》はないと思《おも》います。

思《おも》い返《かえ》してみると、日本《にほん》は昭和《しょうわ》の末期《まっき》に未曾有《みぞう》のバブル経済《けいざい》に踊《おど》り、平成《へいせい》に入《はい》ってからはバブル崩壊《ほうかい》と大不況《だいふきょう》、そしてデフレに見舞《みま》われました。

この間《かん》、経済《けいざい》を浮揚《ふよう》させるためにさまざまな経済対策《けいざいたいさく》が打《う》ち出《だ》されましたが、いずれもうまくいきませんでした。

なぜなら、「これからの日本《にほん》をどうするのか」というグランドデザインを描《えが》かないまま、「株価《かぶか》が下《さ》がったから株価対策《かぶかたいさく》します」「景気《けいき》が悪《わる》いので公共事業《こうきょうじぎょう》を増《ふ》やします」といった弥縫策《びほうさく》に終始《しゅうし》してきたからです。

しかし、それもいよいよ通用《つうよう》しなくなってきました。

だからこそ、資本市場《しほんしじょう》を活用《かつよう》して日本《にほん》を復活《ふっかつ》させるというグランドデザインをしっかり描《えが》き、それをベースにして日本《にほん》を変《か》えていかなければならないのです。

この本《ほん》の漢字《かんじ》にルビを振《ふ》った理由《りゆう》

ところで、本書《ほんしょ》を開《ひら》いたときに、「あれ?」って思《おも》いませんでしたか?

そう。実《じつ》はこの本《ほん》は、すべての漢字《かんじ》にルビを振《ふ》っているのです。

最近《さいきん》、あまりルビを振《ふ》った本《ほん》がないので、恐《おそ》らく「ルビ」とは何《なに》かということさえ、わからない方《かた》が多《おお》いのではないでしょうか。

見《み》ていただければわかるように、ルビとは漢字《かんじ》のフリガナのことです。なぜルビを振《ふ》ったのかというと、わたしのこれからの活動《かつどう》として、ルビ振《ふ》り活動《かつどう》を展開《てんかい》していこうと考《かんが》えているからです。

そのために、２０２３年《ねん》5月《がつ》24日《か》に、「一般財団法人《いっぱんざいだんほうじん》ルビ財団《ざいだん》」を設立《せつりつ》しました。この財団《ざいだん》を通《つう》じて、出版物《しゅっぱんぶつ》におけるルビの普及《ふきゅう》・活用《かつよう》の促進《そくしん》、テクノロジーを活用《かつよう》したデジタルコンテンツにおけるルビの普及《ふきゅう》・活用《かつよう》の促進《そくしん》、ルビの普及《ふきゅう》・活用《かつよう》によって外国人《がいこくじん》や障害《しょうがい》のある人《ひと》を含《ふく》めたあらゆる人《ひと》が暮《く》らしやすいユニバーサルデザインの社会《しゃかい》づくりに向《む》けた提言《ていげん》・企画《きかく》・実装支援《じっそうしえん》などを行《おこな》ってまいります。

なぜルビ振《ふ》り活動《かつどう》を始《はじ》めたのかというと、ルビはわたしの子供《こども》の頃《ころ》の原体験《げんたいけん》でもあったからです。

わたしの両親《りょうしん》は出版社《しゅっぱんしゃ》に勤《つと》めていました。そのためか、家《いえ》にはたくさんの本《ほん》があったのです。わたしの手《て》が届《とど》く本棚《ほんだな》の下段《げだん》には、ルビ付《つ》きの本《ほん》が並《なら》べられていました。ルビが振《ふ》られていたため、わたしは園芸《えんげい》の本《ほん》、科学《かがく》の本《ほん》、政治《せいじ》や経済《けいざい》、文化《ぶんか》の本《ほん》など、大人《おとな》が読《よ》むような本《ほん》を読《よ》み進《すす》めることができたのです。

こうした本《ほん》に出会《であ》ったことで、わたしは自分《じぶん》の世界《せかい》が大《おお》きく広《ひろ》がった感覚《かんかく》がありました。

大人《おとな》になってからもときどき、何《なん》となく意味《いみ》はわかるけれども、読《よ》めない漢字《かんじ》に出会《であ》うことがあります。たとえば先日《せんじつ》、お蕎麦屋《そばや》さんに行《い》ったとき、メニューに「玉蜀黍の天《てん》ぷら」とありました。

読《よ》めますか？

そう、これ「トウモロコシ」なのです。

「これ、ください」と指《ゆび》さして注文《ちゅうもん》することもできますが、恐《おそ》らく出《で》てくるまで何《なに》が出《で》てくるのかわからず、悶々《もんもん》とするでしょう。出《で》てくれば「なーんだ」ってことになるのですが……。

日本語《にほんご》は語彙数《ごいすう》が多《おお》いだけでなく、同《おな》じ漢字《かんじ》でも読《よ》み方《かた》がいろいろあります。しかも、この本《ほん》のように経済《けいざい》をテーマにしている本《ほん》は、専門用語《せんもんようご》の漢字《かんじ》も多《おお》く、その難易度《なんいど》はさらにアップします。意味《いみ》がわからないだけでなく、読《よ》み方《かた》もわからないと、それだけで読《よ》む気《き》をなくすかも知《し》れません。

わたしがこの本《ほん》で提言《ていげん》するグランドデザインは、これまで経済《けいざい》のことを知《し》らなかった人《ひと》にこそ伝《つた》えたいと思《おも》っています。誰《だれ》かが経済《けいざい》をよくしてくれるのを待《ま》つのではなく、いまの日本《にほん》に何《なに》が起《お》こっているのか、明《あか》るい未来《みらい》を手《て》にするにはどうすればいいのかを自《みずか》ら考《かんが》えていただきたいのです。

ルビを振《ふ》っているからといって、内容《ないよう》を子供向《こどもむ》けにしているわけではありません。難《むずか》しい言葉《ことば》や内容《ないよう》も出《で》てきます。でも、意味《いみ》もわからない、読《よ》めない漢字《かんじ》があっても、読《よ》み方《かた》がわかれば、スマートフォンの音声検索《おんせいけんさく》で調《しら》べることもできます。

どれだけの効果《こうか》が現《あらわ》れるのかは、まさにこれからの取《と》り組《く》み次第《しだい》ですが、漢字《かんじ》にルビを振《ふ》るという、小《ちい》さなことで、読者《どくしゃ》が広《ひろ》がり、日本《にほん》がよくなればいいなと願《ねが》っています。

２０２３年《ねん》８月《がつ》

松本《まつもと》　大《おおき》

目次

第1章　資本市場オタクの超異次元少子化対策！

第2章

資本市場にはすごい効能がある！

第3章
GDP増ではなく株価3倍高を目指せ！

第4章 ナチュラルバイヤーを増やせ!

第5章 こうすれば日本企業は強くなる!

第1章

資本市場オタクの超異次元少子化対策！

人口減少《じんこうげんしょう》の話《はなし》は一丁目《いっちょうめ》一番地《いちばんち》

はじめにでも申《もう》し上《あ》げましたが、わたしは人口問題《じんこうもんだい》の専門家《せんもんか》ではないので、この件《けん》について多《おお》くを語《かた》ることはしません。

ただ、資本市場《しほんしじょう》オタクを自認《じにん》する身《み》として、やはり日本《にほん》の人口減少《じんこうげんしょう》のペースには、強《つよ》い懸念《けねん》を抱《いだ》いております。

日本《にほん》が人口減少社会《じんこうげんしょうしゃかい》になってから久《ひさ》しいのですが、このまま人口《じんこう》が減《へ》り続《つづ》ければ、国《くに》が滅《ほろ》びてしまいます。できれば、人口《じんこう》はほんの少《すこ》しずつでもいいから増《ふ》え続《つづ》けるのが理想《りそう》であり、最悪《さいあく》でも現状維持《げんじょういじ》が必須《ひっす》です。

実《じつ》は、フランスも日本《にほん》と同様《どうよう》、急激《きゅうげき》な出生率《しゅっしょうりつ》（合計特殊出生率《ごうけいとくしゅしゅっしょうりつ》）の低下《ていか》に悩《なや》まされた時期《じき》がありました。１９７０年代《ねんだい》に入《はい》り、フランスの出生率《しゅっしょうりつ》は急激《きゅうげき》に低下《ていか》し、１９７５年《ねん》には２・０を割《わ》り込《こ》みました。そして日本《にほん》も、それとほぼ同時期《どうじき》に２・０を割《わ》り込《こ》み、

日本とフランスの合計特殊出生率の推移

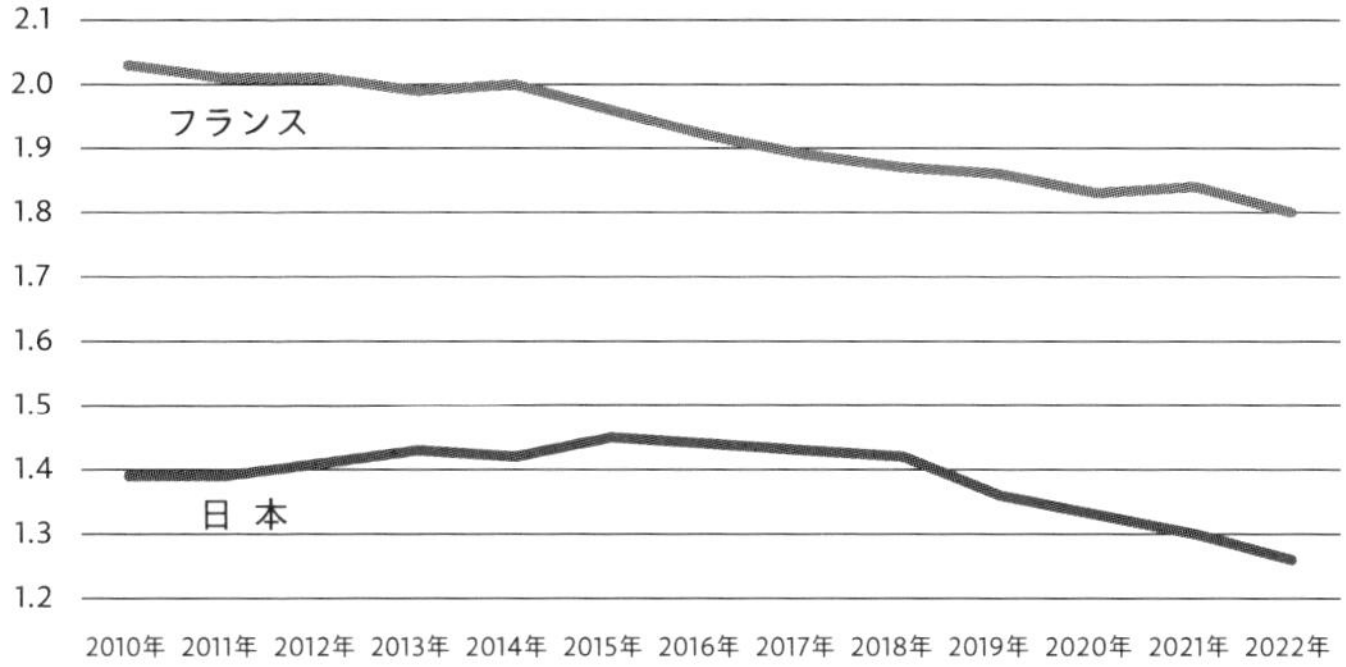

（出所）厚生労働省、フランス国立統計経済研究所のデータをもとに作成。

低下傾向《ていかけいこう》をたどっていきました。

フランスと日本《にほん》の違《ちが》いは、ほぼ同《おな》じ時期《じき》に出生率《しゅっしょうりつ》が2・0を割《わ》り込《こ》んだのに、日本《にはん》が少子化《しょうしか》対策《たいさく》にあまり積極的《せっきょくてき》ではなく、どちらかといえば放置《ほうち》に近《ちか》い状態《じょうたい》を続《つづ》けてきたのに対《たい》し、フランスはさまざまな形《かたち》で出生率低下《しゅっしょうりつていか》に歯止《はど》めをかけるための政策《せいさく》を打《う》ち出《だ》していたことです。

最近《さいきん》、日本《にほん》でも話題《わだい》になりつつある「n分《ぶん》n乗《じょう》方式《ほうしき》」は世帯《せたい》ごとに課税《かぜい》する方式《ほうしき》で、子供《こども》が増《ふ》えるほど所得税《しょとくぜい》が減《へ》るため、子供《こども》を増《ふ》やすインセンティブになります。フランスは第《だい》2次世界大戦《じせかいたいせん》によって人口《じんこう》が減《へ》ったことの対策《たいさく》として、1945年《ねん》にこの課税方式《かぜいほうしき》を導入《どうにゅう》しました。

実際《じっさい》にはそれでもなかなか出生率《しゅっしょうりつ》の低下《ていか》には

歯止《はど》めがかからなかったのですが、１９７０年代以降《ねんだいいこう》は産休制度《さんきゅうせいど》の拡大《かくだい》、育児休業制度《いくじきゅうぎょうせいど》の導入《どうにゅう》、家族手当金《かぞくてあてきん》などの金銭的出産奨励策《きんせんてきしゅっさんしょうれいさく》、育児休業《いくじきゅうぎょう》や短時間勤務《たんじかんきんむ》に切《き》り替《か》えた女性《じょせい》の給与《きゅうよ》を企業《きぎょう》に代《か》わって社会保障制度《しゃかいほしょうせいど》が補填《ほてん》する制度《せいど》、事実婚《じじつこん》カップルに対《たい》する法的権利付与《ほうてきけんりふよ》といったように、さまざまな少子化対策《しょうしかたいさく》を講《こう》じた結果《けっか》、２０１０年代《ねんだい》には出生率《しゅっしょうりつ》が２・０を回復《かいふく》する場面《ばめん》も見《み》られるようになったのです。

これに対《たい》して日本《にほん》の出生率《しゅっしょうりつ》は、安倍晋三元首相《あべしんぞうもとしゅしょう》が掲《かか》げた「一億総活躍社会《いちおくそうかつやくしゃかい》」で目標《もくひょう》とされた希望出生率《きぼうしゅっしょうりつ》は１・80でしたが、なかなか回復《かいふく》の兆《きざ》しは見《み》えず、２０２２年《ねん》のそれは１・30を割《わ》り込《こ》み、１・26となりました。

メディアは一番重要《いちばんじゅうよう》なことを報道《ほうどう》しない

わたしは、国《くに》がやるべきことは人口《じんこう》のデザインと、防衛《ぼうえい》を含《ふく》む治安《ちあん》、そして外交《がいこう》の３つくらいだと考《かんが》えています。それ以外《いがい》のことは、基本的《きほんてき》に民間《みんかん》がリードを取《と》ってやればいい。

その意味《いみ》では、出生率《しゅっしょうりつ》が1・30を割《わ》り込《こ》む水準《すいじゅん》にまで低下《ていか》したのは、人口政策《じんこうせいさく》に関《かん》してしっかりしたグランドデザインを描《えが》いてこなかったからです。

先進国《せんしんこく》の仲間《なかま》であるフランスが、出生率《しゅっしょうりつ》を回復《かいふく》させるために行《おこな》ってきた、さまざまな政策《せいさく》を参考《さんこう》にするべきなのか、それとも米国《アメリカ》のように、積極的《せっきょくてき》に移民《いみん》を受《う》け入《い》れるべきなのか、そこは何《なん》とも言《い》えないのですが、各種政策《かくしゅせいさく》を考《かんが》える前《まえ》に、まずはすべての政治家《せいじか》が、人口問題《じんこうもんだい》に対《たい》して積極的《せっきょくてき》に向《む》き合《あ》う自覚《じかく》を持《も》つことが大事《だいじ》だと思《おも》います。

日本《にほん》の政治家《せいじか》には、人口問題《じんこうもんだい》をどうにかして解決《かいけつ》しようという意識《いしき》が恐《おそ》ろしいくらい欠《けつ》如《じょ》している人《ひと》もいます。以前《いぜん》、あるカンファレンスに参加《さんか》したとき、ゲストスピーカーとして登壇《とうだん》した女性政治家《じょせいせいじか》が最後《さいご》に質問《しつもん》を受《う》け付《つ》けるということだったので、「日本《にほん》は人口《じんこう》減少《げんしょう》が一番《いちばん》の問題《もんだい》だと思《おも》うが、それに対《たい》してどのような施策《しさく》を考《かんが》えているのか」と申《もう》し上《あ》げたところ、「それは極《きわ》めてプライベートなことなので、国《くに》として積極的《せっきょくてき》に関与《かんよ》する必要《ひつよう》はありませんし、日本《にほん》は文化《ぶんか》の高《たか》い国《くに》だから、産《う》めよ増《ふ》やせよなどということを、国《くに》が声《こわ》高《だか》に申《もう》し上《あ》げることもいたしません」と言《い》いました。

正直《しょうじき》、ちょっとカチンときたので、「フランスはこれまで出生率《しゅっしょうりつ》の低下《ていか》を抑《おさ》えるためにさまざまな少子化対策《しょうしかたいさく》を行《おこな》ってきたのですが、フランスは文化的《ぶんかてき》な国《くに》ではないのでしょうか」と嫌味《いやみ》を申《もう》し上《あ》げたところ、その政治家《せいじか》は黙《だま》ったままでした。

人口減少《じんこうげんしょう》を放置《ほうち》しておけば、数十年後《すうじゅうねんご》の日本《にほん》は恐《おそ》ろしい状況《じょうきょう》に直面《ちょくめん》することになるでしょう。

でも、なぜかその話《はなし》がわたしたち国民《こくみん》に伝《つた》わってこない。この点《てん》については、メディア側《がわ》にも責任《せきにん》がありそうです。

確《たし》かに、岸田首相《きしだしゅしょう》が「異次元《いじげん》の少子化対策《しょうしかたいさく》」を打《う》ち出《だ》したとき、それを揶揄《やゆ》するような報道《ほうどう》はここかしこに見《み》られましたが、少子化《しょうしか》が進《すす》むことでいかに国力《こくりょく》が低下《ていか》し、安全保障面《あんぜんほしょうめん》で大《おお》きな支障《ししょう》が生じるかといった大所高所《たいしょこうしょ》に立《た》った議論《ぎろん》、報道《ほうどう》が、メディアを通《つう》じてほとんど流《なが》れてきません。

芸能《げいのう》ニュースなどよりも、わたしたちの未来《みらい》を左右《さゆう》する、こうした大問題《だいもんだい》を真剣《しんけん》に取《と》り上《あ》げないと、国民《こくみん》の意識《いしき》も高《たか》まりません。

いまからでも遅《おそ》くありませんから、メディアの方《かた》たちには、人口問題《じんこうもんだい》について積極的《せっきょくてき》に取《と》り上《あ》げてもらいたいと思《おも》います。

子育《こそだ》て支援《しえん》に子供《こども》ひとり１０００万円《まんえん》を使《つか》ってもいい

もうひとつ、少子化対策《しょうしかたいさく》に本腰《ほんごし》が入《はい》らない理由《りゆう》のひとつとして、シルバー民主主義《みんしゅしゅぎ》の弊害《へいがい》もあると思《おも》います。

現在《げんざい》の日本《にほん》は、総人口《そうじんこう》に占《し》める高齢者《こうれいしゃ》の割合《わりあい》が高《たか》い国《くに》です。

２０２１年《ねん》10月《がつ》時点《じてん》における年齢区分別《ねんれいくぶんべつ》人口《じんこう》割合《わりあい》を見《み》ると、日本《にほん》の総人口《そうじんこう》１億《おく》２５５０万《まん》２０００人《にん》のうち、20歳以上《さいいじょう》の人口《じんこう》は83・70％の１億《おく》５０５万《まん》３０００人《にん》です。

このうち20歳《さい》から64歳《さい》までの人口《じんこう》は54・91％の６８９２万《まん》４０００人《にん》で、65歳以上《さいいじょう》の人口《じんこう》が28・78％の３６１２万《まん》９０００人《にん》です。

ですから、20歳以上《さいいじょう》人口《じんこう》のうち65歳以上《さいいじょう》人口《じんこう》の占《し》める割合《わりあい》は、34・39％になります。

かつ高齢者《こうれいしゃ》は熱心《ねっしん》に選挙《せんきょ》へと行《い》きますが、若《わか》い人《ひと》たちで選挙《せんきょ》に行《い》く人《ひと》は、年々低下傾向《ねんねんていかけいこう》をたどっています。

第49回衆議院議員総選挙の年代別投票率

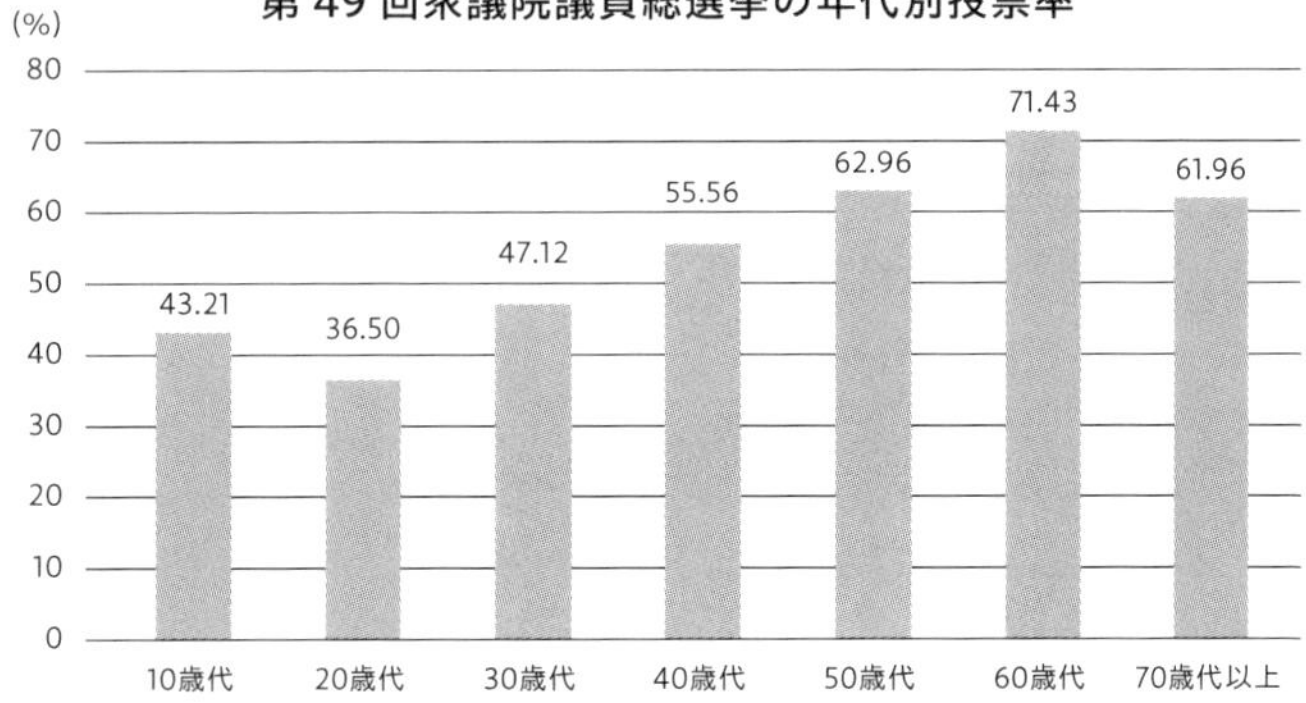

(出所)総務省のデータをもとに作成。

ちなみに、2021年《ねん》に行《おこな》われた第《だい》49回《かい》衆《しゅう》議《ぎ》院《いん》議員総選挙《ぎいんそうせんきょ》の年代別投票率《ねんだいべつとうひょうりつ》を見《み》ると、60歳代《さいだい》が71・43%、70歳代《さいだい》以上《いじょう》が61・96%であるのに対《たい》し、20歳代《さいだい》が36・50%、30歳代《さいだい》が47・12%、40歳代《さいだい》が55・56%となっています。20歳代《さいだい》の投票率《とうひょうりつ》は、60歳代《さいだい》のそれの半分《はんぶん》なのです。

これは、高齢者《こうれいしゃ》の民意《みんい》は政治《せいじ》に反映《はんえい》されやすいけれども、20歳代《さいだい》のそれは反映《はんえい》されにくいことを意味《いみ》しています。

しかも、人口構成比《じんこうこうせいひ》で見《み》れば圧倒的《あっとうてき》に60歳代《さいだい》、70歳代《さいだい》が多《おお》く、20歳代《さいだい》は少《すく》ないので、そのうえでさらに投票率《とうひょうりつ》が低《ひく》いとなれば、ますます20歳代《さいだい》の声《こえ》は政治《せいじ》に反映《はんえい》されにくくなります。

結果《けっか》、高齢者《こうれいしゃ》からの声《こえ》が優先《ゆうせん》される一方《いっぽう》、若者《わかもの》の未来《みらい》にかかわる問題《もんだい》が先送《さきおく》りされるような政治《せいじ》が行《おこな》われるようになります。このような政《せい》治《じ》がまかり通《とお》る国《くに》は、本当《ほんとう》に不幸《ふこう》です。

別《べつ》に、高齢者《こうれいしゃ》をないがしろにしろと言《い》っているのではありません。大事《だいじ》なのはバランスの問題《もんだい》です。

高齢者《こうれいしゃ》が生《い》きていくうえで必要《ひつよう》とされる健康保険制度《けんこうほけんせいど》や年金保険制度《ねんきんほけんせいど》を維持《いじ》するのはもちろん大事《だいじ》ですが、たとえば後期高齢者《こうきこうれいしゃ》の医療費負担《いりょうひふたん》を、もう少《すこ》し増《ふ》やしていただくことはできないものでしょうか。それとともに、現役世代《げんえきせだい》に対《たい》しては、子供《こども》の数《かず》に応《おう》じて所《しょ》得税《とくぜい》を軽減《けいげん》する措置《そち》を講《こう》じてはいかがでしょうか。

減税措置《げんぜいそち》に対《たい》しては常《つね》に財源《ざいげん》の問題《もんだい》が議論《ぎろん》の俎上《そじょう》に載《の》せられます。では、ひとりの人間《にんげん》が生涯《しょうがい》を通《つう》じて支払《しはら》う税金《ぜいきん》の額《がく》がいくらか、ご存《ぞん》じですか。

７５００万円《まんえん》です。もちろん何歳《なんさい》まで生《い》きるかによって納税額《のうぜいがく》は異《こと》なりますが、おおまかに言《い》うとこの金額《きんがく》になります。

ということは、人口《じんこう》がひとり増《ふ》えることによって、国《くに》としては税収《ぜいしゅう》が７５００万円《まんえん》増《ふ》えるのですから、子供《こども》がひとり増《ふ》えるごとに１０００万円《まんえん》とか、２０００万円《まんえん》くらいの、経《けい》済的《ざいてき》インセンティブがあってもいいのではないかと思《おも》います。

それを「n分《ぶん》n乗方式《じょうほうしき》」にするのがいいのか、別《べつ》の方式《ほうしき》にするのがいいのかは、また別《べつ》の議論《ぎろん》になりますが、保育園《ほいくえん》を増《ふ》やすとか、男性《だんせい》の育児参加《いくじさんか》を増《ふ》やすといった議論《ぎろん》をする前《まえ》に、ひとりでも多《おお》くの子供《こども》を持《も》つことによって得《え》られる経済的《けいざいてき》インセンティブを、出《だ》し惜《お》しみすることなく、現役世代《げんえきせだい》に与《あた》えることから始《はじ》めるべきなのです。

なぜ米国《アメリカ》は世界中《せかいじゅう》から移民《いみん》が集《あつ》まるのか

ところで、日本人《にほんじん》のメンタリティとして移民《いみん》を受《う》け入《い》れるのは難《むずか》しいのではないかと、はじめにで書《か》きましたが、仮《かり》にそれを乗《の》り越《こ》えて、移民《いみん》ウェルカムになったとしても、諸《しょ》外国《がいこく》から日本《にほん》に住《す》みたいという人《ひと》が大勢集《おおぜいあつ》まってくれるのか、という問題《もんだい》があります。

では、どうして米国《アメリカ》は世界中《せかいじゅう》から移民《いみん》が集《あつ》まるのでしょうか。

大雑把《おおざっぱ》に言《い》うと、アメリカンドリームが健在《けんざい》だからです。現実的《げんじつてき》には非常《ひじょう》に厳《きび》しい競争《きょうそう》社会《しゃかい》ですから、夢《ゆめ》が叶《かな》わず自国《じこく》に戻《もど》る人《ひと》もいれば、失意《しつい》のまま生涯《しょうがい》を終《お》える人《ひと》も大勢《おおぜい》います。

それでも、夢《ゆめ》を追《お》いかけている人《ひと》にとっては、「米国《アメリカ》でチャンスをつかみ、物《もの》にできれば、その先《さき》に大成功《だいせいこう》が待《ま》っている」と思《おも》わせる何《なに》かが、あの国《くに》にはあるのです。

それは、経済的《けいざいてき》に豊《ゆた》かな国《くに》であることとも、関係《かんけい》があると思《おも》います。

経済《けいざい》の規模《きぼ》は圧倒的《あっとうてき》に世界一《せかいいち》ですし、たくさんの有名企業《ゆうめいきぎょう》があり、ガレージからスタートした小《ちい》さなベンチャー企業《きぎょう》が、世界有数《せかいゆうすう》の大企業《だいきぎょう》にまで成長《せいちょう》した実例《じつれい》がいくつもあります。

ハリウッドやブロードウェイなど、エンターテインメントの世界《せかい》や、ＭＬＢ、ＮＢＡといったスポーツの世界《せかい》で、名声《めいせい》と莫大《ばくだい》な富《とみ》を獲得《かくとく》した人《ひと》も大勢《おおぜい》います。

そしてマーケットに目《め》を向《む》けると、この10年間《ねんかん》だけでも株価《かぶか》は２・５倍《ばい》に上昇《じょうしょう》しました。

それに対《たい》して、いまの日本《にほん》は「ジャパニーズドリーム」を追《お》い求《もと》めて、海外《かいがい》から大勢《おおぜい》の人《ひと》を集《あつ》められるだけの魅力《みりょく》を持《も》っているでしょうか。

わたしはいま、米国《アメリカ》マスターカードの取締役《とりしまりやく》も兼務《けんむ》しているのですが、以前《いぜん》、イタリアでその取締役会《とりしまりやくかい》を行《おこな》ったとき、欧州《おうしゅう》におけるマスターカードの取引先《とりひきさき》の人《ひと》たちと意見《いけん》交換《こうかん》をさせてもらいました。

そのとき、とてもショックを受《う》けたのは、かつては仕事《しごと》でよく日本《にほん》に行《い》ったけれども、この5年《ねん》くらいはまったく行《い》かなくなったという話《はなし》を聞《き》かされたことでした。

その理由《りゆう》として、日本《にほん》にはまださまざまな規制《きせい》が残《のこ》っていて、自由《じゆう》なビジネスがしにくいから、などと言《い》っていたのですが、わたしが思《おも》うには、日本《にほん》が諸外国《しょがいこく》から選《えら》ばれるだけの魅力《みりょく》に欠《か》けているからではないか、とも思《おも》いました。

もちろん、規制《きせい》を緩和《かんわ》することは大事《だいじ》です。現《げん》に、日本《にほん》は再生医療《さいせいいりょう》の分野《ぶんや》で世界一《せかいいち》進《すす》んでいますが、これはｉＰＳ細胞《さいぼう》の開発《かいはつ》で有名《ゆうめい》な山中伸弥《やまなかしんや》京都大学《きょうとだいがく》教授《きょうじゅ》にノーベル賞《しょう》を取《と》ってもらうため、この分野《ぶんや》の規制緩和《きせいかんわ》を大《おお》きく進《すす》めたからとも言《い》えます。

したがって規制緩和《きせいかんわ》は大事《だいじ》ですが、それと同時《どうじ》に、日本《にほん》に行《い》けば経済的《けいざいてき》に大《おお》きなリターンが得《え》られるはずという期待感《きたいかん》も大事《だいじ》です。

少《すこ》しいやらしい言《い》い方《かた》かも知《し》れませんが、経済的《けいざいてき》なメリットがまったく期待《きたい》できないところに、人《ひと》は集《あつ》まりません。

岩盤規制《がんばんきせい》があってビジネスチャンスに乏《とぼ》しく、人口《じんこう》が減《へ》っていて経済的《けいざいてき》な活力《かつりょく》に欠《か》け、株価《かぶか》もなかなか上《あ》がらず、大企業《だいきぎょう》に雇用《こよう》してもらっても実力《じつりょく》に見合《みあ》った収入《しゅうにゅう》が得《え》られない、という状況《じょうきょう》では、いくら日本《にほん》から「みなさん、日本《にほん》に移住《いじゅう》してきてください」などとラブコールを送《おく》ったとしても、日本《にほん》で働《はたら》きたいと思《おも》ってくれる外国《がいこく》の人《ひと》は少《すく》ないのではないでしょうか。

振《ふ》り返《かえ》ると、バブル経済《けいざい》まっさかりだった当時《とうじ》の日本《にほん》は、いま以上《いじょう》に厳《きび》しい規制《きせい》があったにもかかわらず、世界中《せかいじゅう》から日本《にほん》でビジネスをしたいという企業《きぎょう》や、ビジネスパーソンが集《あつ》まってきました。

それを考《かんが》えると、日本《にほん》に５年間来《ねんかんき》ていないと言《い》っていた欧州《おうしゅう》の人《ひと》たちは、規制《きせい》うんぬんの前《まえ》に、日本経済《にほんけいざい》そのものに魅力《みりょく》を感《かん》じていなかったのかも知《し》れません。

その点《てん》においても、人口問題《じんこうもんだい》を解決《かいけつ》するうえで経済《けいざい》は切《き》っても切《き》れない重要《じゅうよう》なファクターと言《い》えるのです。

このように整理《せいり》して考《かんが》えると、移民政策《いみんせいさく》を実現《じつげん》するためには２つの壁《かべ》があることに気付《きづ》きます。

日本人《にほんじん》が移民《いみん》を受《う》け入《い》れるために乗《の》り越《こ》えなければならない壁《かべ》と、諸外国《しょがいこく》の人々《ひとびと》に日本《にほん》を移住先《いじゅうさき》として選《えら》んでもらうための壁《かべ》です。

恐《おそ》らく、日本人《にほんじん》が移民《いみん》を自然《しぜん》に受《う》け入《い》れられるようになるには、相当《そうとう》の時間《じかん》を必要《ひつよう》とするでしょう。

外国《がいこく》の人々《ひとびと》に日本《にほん》を移住先《いじゅうさき》として選《えら》んでもらえるようにする方法《ほうほう》は、ひょっとしたらそんなに難《むずか》しい話《はなし》ではないかも知《し》れません。第《だい》2章《しょう》以降《いこう》で説明《せつめい》しますが、日本経済《にほんけいざい》の魅力《みりょく》を高《たか》めるためのグランドデザインを実行《じっこう》に移《うつ》せば、嫌《いや》でも集《あつ》まってくる可能性《かのうせい》があります。

海外《かいがい》も注目《ちゅうもく》する出生率《しゅっしょうりつ》2・95の小《ちい》さな町《まち》

とはいえ、日本《にほん》の人口《じんこう》を底上《そこあ》げできるレベルまで移民《いみん》を受《う》け入《い》れられる環境《かんきょう》を整《ととの》えるには、やはり国民《こくみん》のコンセンサスが必要《ひつよう》になります。

それを考《かんが》えると、日本《にほん》が米国《アメリカ》のような移民政策《いみんせいさく》のもとで人口増《じんこうぞう》を実現《じつげん》するには、まだ相《そう》当《とう》の時間《じかん》を必要《ひつよう》とするでしょう。

だからこそ、子供《こども》の多《おお》い世帯《せたい》に対《たい》する所得税優遇《しょとくぜいゆうぐう》などの税制面《ぜいせいめん》でインセンティブを付与《ふよ》し、少《すく》なくとも少子化《しょうしか》に歯止《はど》めをかけるようにする必要《ひつよう》があるのですが、ここでもうひとつ考《かんが》えたいのが、人口減少《じんこうげんしょう》に悩《なや》む地方《ちほう》の取《と》り組《く》み事例《じれい》です。

前述《ぜんじゅつ》したように、２０２２年《ねん》の日本《にほん》の合計特殊出生率《ごうけいとくしゅしゅっしょうりつ》は、１・26まで低下《ていか》しました。出生数《しゅっしょうすう》も２０２１年《ねん》の81万《まん》１６２２人《にん》を下回《したまわ》る79万《まん》７４７人《にん》で、初《はじ》めて80万人《まんにん》の大台《おおだい》を割《わ》り込《こ》みました。

国立社会保障《こくりつしゃかいほしょう》・人口問題研究所《じんこうもんだいけんきゅうじょ》は、出生数《しゅっしょうすう》の80万人割《まんにんわ》れは２０３０年頃《ねんごろ》と予測《よそく》していましたから、それよりも8年《ねん》も早《はや》く望《のぞ》ましくない現実《げんじつ》を直視《ちょくし》することになったのです。

いくら少子化《しょうしか》に歯止《はど》めをかけるための政策《せいさく》を打《う》ち出《だ》しても、それを上回《うわまわ》るペースで少子《しょうし》化《か》が進《すす》んだら、それこそ逃《に》げ水《みず》のようになってしまいます。

ですから、わたしたちは自分《じぶん》たちのできるところで、少子化《しょうしか》に歯止《はど》めをかけるための工《く》夫《ふう》を考《かんが》える必要《ひつよう》があります。

参考《さんこう》にしたいのは、地方自治体《ちほうじちたい》の取《と》り組《く》みです。

日本全国《にほんぜんこく》の出生率《しゅっしょうりつ》が1・26という話《はなし》をしましたが、実《じつ》は地方自治体《ちほうじちたい》のなかには、同《おな》じ数字《すうじ》が2・95にもなっているところがあるのです。

岡山県北東部《おかやまけんほくとうぶ》の鳥取県境《とっとりけんざかい》にある奈義町《なぎちょう》がそれです。

人口《じんこう》は約《やく》５７００人《にん》という小《ちい》さな町《まち》ですが、２０１９年《ねん》の出生率《しゅっしょうりつ》は2・95を記録《きろく》しました。海外《かいがい》からも注目《ちゅうもく》されていて、米国《アメリカ》や韓国《かんこく》、カタール、オランダといった海外《かいがい》からの訪問《ほうもん》も増《ふ》えています。

奈義町《なぎちょう》のホームページには、「奈義町独自《なぎちょうどくじ》の施策《しさく》」として何《なに》をしているのかが掲載《けいさい》されています。それによると、

●**高等学校等就学支援《こうとうがっこうとうしゅうがくしえん》**：生徒《せいと》ひとりに年額《ねんがく》13万《まん》５０００円《えん》を、３年間《ねんかん》を限度《げんど》として支給《しきゅう》する。

●**医療費《いりょうひ》を高校生《こうこうせい》まで無料化《むりょうか》**：18歳《さい》になるまで、医療機関等《いりょうきかんなど》での自己負担分《じこふたんぶん》を奈義町《なぎちょう》が負担《ふたん》する。

●**出産祝《しゅっさんいわ》い金交付《きんこうふ》**：子供《こども》がひとり生《う》まれるごとに一律《いちりつ》10万円《まんえん》を支給《しきゅう》する。

●**ワクチン接種《せっしゅ》**：予防接種法《よぼうせっしゅほう》に定《さだ》められたＢＣＧ（結核《けっかく》）、ＤＰＴ-ＩＰＶ（4混《こん》：百《ひゃく》日咳《にちぜき》・ジフテリア・破傷風《はしょうふう》・ポリオ）、ＤＴ（2混《こん》：ジフテリア・破傷風《はしょうふう》）、ＭＲ（麻疹《はしか》・風疹《ふうしん》）、小児肺炎球菌《しょうにはいえんきゅうきん》、ヒブ、子宮頸《しきゅうけい》がん、水痘《すいとう》、ロタ、Ｂ型肝炎《がたかんえん》を無料《むりょう》で接種《せっしゅ》できる他《ほか》、おたふくかぜワクチンのような法定外予防接種《ほうていがいよぼうせっしゅ》も全額助成《ぜんがくじょせい》。

●**不妊治療助成《ふにんちりょうじょせい》**：奈義町《なぎちょう》に1年以上《ねんいじょう》住所《じゅうしょ》を有《ゆう》した戸籍上《こせきじょう》の夫婦《ふうふ》で、県指定《けんしてい》の医療機《いりょうき》関《かん》で特定不妊治療《とくていふにんちりょう》を受《う》けた人《ひと》に対《たい》して、費用《ひよう》の2分《ぶん》の1以内《いない》で、年《ねん》20万円《まんえん》を限度《げんど》に通《つう》算《さん》5年間《ねんかん》まで助成《じょせい》する。

●**不育治療助成《ふいくちりょうじょせい》**：法律上《ほうりつじょう》の婚姻《こんいん》をして1年以上《ねんいじょう》の夫婦《ふうふ》で、奈義町《なぎちょう》に住所《じゅうしょ》を有《ゆう》しており、一般社団法人日本生殖医学会《いっぱんしゃだんほうじんにほんせいしょくいがくかい》が認定《にんてい》した生殖医療専門医《せいしょくいりょうせんもんい》が所属《しょぞく》する医療機関《いりょうきかん》で不《ふ》育治療《いくちりょう》を受《う》けた人《ひと》に、年《ねん》30万円《まんえん》を限度《げんど》に通算《つうさん》5年間《ねんかん》まで支給《しきゅう》する。

以上《いじょう》のような施策《しさく》を取《と》っているのです。

なぜこれらの施策《しさく》を講《こう》じて出生率《しゅっしょうりつ》を上《あ》げる努力《どりょく》をしてきたのでしょうか。

毎日新聞《まいにちしんぶん》（２０２３年《ねん》4月6日付《がつむいかづけ》）の記事《きじ》によると、きっかけは津山市《つやまし》もしくは美作市《みまさかし》との市町村合併《しちょうそんがっぺい》を問《と》うための住民投票《じゅうみんとうひょう》を行《おこな》った結果《けっか》、奈義町《なぎちょう》は単独《たんどく》の存続《そんぞく》を決定《けってい》したため、とされています。

町単独《まちたんどく》の生《い》き残《のこ》りを果《は》たすためには人口《じんこう》を増《ふ》やさなければならない。そこで町議《ちょうぎ》の定数《ていいん》を14から10に減《へ》らし、補助金《ほじょきん》や交付金《こうふきん》の類《たぐい》をカットしたうえで住民《じゅうみん》の協力《きょうりょく》を求《もと》め、約《やく》１億《おく》６０００万円《まんえん》の財源《ざいげん》を確保《かくほ》したうえで、前述《ぜんじゅつ》した各種施策《かくしゅしさく》を実施《じっし》したのだそうです。

まだまだ予断《よだん》を許《ゆる》さないとは思《おも》うのですが、少《すく》なくとも奈義町《なぎちょう》は現時点《げんじてん》において少子化《しょうしか》に歯止《はど》めをかけ、出生率《しゅっしょうりつ》の向上《こうじょう》に成功《せいこう》しています。

一自治体《いちじちたい》と国《くに》では規模《きぼ》がまったく異《こと》なりますが、各自治体《かくじちたい》がアイデアを絞《しぼ》ることによって、人口《じんこう》を増《ふ》やせる余地《よち》はあるのではないかとも思《おも》うのです。

ところで、奈義町《なぎちょう》が少子化対策《しょうしかたいさく》を始《はじ》めたのが２００２年《ねん》のことですから、かれこれ20年近《ねんちか》い時間《じかん》をかけて、ようやく人口減少《じんこうげんしょう》に歯止《はど》めをかけたことになります。このように、人口減少問題《じんこうげんしょうもんだい》の解決《かいけつ》には、一定《いってい》の時間《じかん》を必要《ひつよう》とすることがわかります。

だからこそ、出生率《しゅっしょうりつ》の低下《ていか》に歯止《はど》めがかかるまでの時間稼《じかんかせ》ぎではありませんが、日本《にほん》が没落《ぼつらく》しないようにするための施策《しさく》が、別《べつ》に求《もと》められるのです。

シルバー民主主義《みんしゅしゅぎ》から決別《けつべつ》する世代別選挙区《せだいべつせんきょく》をつくれ

シルバー民主主義《みんしゅしゅぎ》という高齢者優先《こうれいしゃゆうせん》の政治《せいじ》が行《おこな》われるようになったのは、現行《げんこう》の選挙制《せんきょせい》度《ど》にさまざまな問題《もんだい》があるからではないかと思《おも》います。

国《くに》のお金《かね》を時代《じだい》に合《あ》った方向《ほうこう》へと誘導《ゆうどう》するためには、税制《ぜいせい》を変《か》えるのが一番手《いちばんて》っ取《と》り早《ばや》い方法《ほうほう》です。

前述《ぜんじゅつ》したように、子供《こども》を産《う》み、育《そだ》てる若《わか》い世代《せだい》が、ひとりでも多《おお》くの子供《こども》を育《そだ》てることに対《たい》してメリットを実感《じっかん》できるような税制《ぜいせい》を導入《どうにゅう》しなければならないのです。

そうであるにもかかわらず、それが遅々《ちち》として行《おこな》われないのは、選挙制度《せんきょせいど》に問題《もんだい》があるからです。

たとえば選挙《せんきょ》が行《おこな》われる時期《じき》、平日《へいじつ》の昼間《ひるま》に郊外《こうがい》の住宅地《じゅうたくち》などで行《おこな》われている選挙演説《せんきょえんぜつ》を見《み》てみてください。そこにいるのはお年寄《としよ》りばかりです。

多《おお》くの税金《ぜいきん》を納《おさ》め、高《たか》い健康保険料《けんこうほけんりょう》や年金保険料《ねんきんほけんりょう》を負担《ふたん》して高齢者《こうれいしゃ》を支《ささ》えている現役世代《げんえきせだい》は、ほとんどその場《ば》にいません。なぜならみな、仕事《しごと》に出《で》かけているからです。さらに言《い》えば、投票日《とうひょうび》である休日《きゅうじつ》には選挙《せんきょ》に行《い》かず、ゴルフに行《い》ったり、家族《かぞく》サービスでどこかに出《で》かけたりしています。

結局《けっきょく》、政治家《せいじか》は投票《とうひょう》してくれる高齢者《こうれいしゃ》の票《ひょう》が欲《ほ》しいため、彼《かれ》らにおもねるような政策《せいさく》を重視《じゅうし》するようになります。

さらに言《い》うと、国会議員《こっかいぎいん》は本来《ほんらい》、国益《こくえき》のために働《はたら》く存在《そんざい》であるはずなのですが、多《おお》くの国会議員《こっかいぎいん》は国益《こくえき》よりも、自分《じぶん》の選挙区《せんきょく》に利益《りえき》を誘導《ゆうどう》するようなことばかりを言《い》います。

国会議員《こっかいぎいん》の仕事《しごと》は、人口《じんこう》のデザインと治安《ちあん》・防衛《ぼうえい》、そして外交《がいこう》くらいのものだという話《はなし》をしました。いずれも国益《こくえき》を守《まも》るうえで重要《じゅうよう》なことばかりです。

そうであるにもかかわらず、これらについてはほとんど言及《げんきゅう》せず、選挙《せんきょ》の時期《じき》になると、地元《じもと》のここに道路《どうろ》を通《とお》します、リニアモーターカーの駅《えき》をつくります、橋《はし》を架《か》けますといったことばかり公約《こうやく》に掲《かか》げるのは、小選挙区制《しょうせんきょくせい》の弊害《へいがい》と言《い》ってもいいでしょう。

人口問題《じんこうもんだい》を解決《かいけつ》するためには、ここにもメスを入《い》れておく必要《ひつよう》があると考《かんが》えます。その方法《ほうほう》のひとつとして、これは昔《むかし》からわたしはよく言《い》っていることなのですが、世代別《せだいべつ》の選《せん》挙区《きょく》をつくることを提案《ていあん》したいと思《おも》います。

これは20代《だい》、30代《だい》、40代《だい》というように分《わ》けてひとつの選挙区《せんきょく》にするというものです。ただし、立候補者《りっこうほしゃ》は何歳《なんさい》でも、またどの世代《せだい》の選挙区《せんきょく》に立候補《りっこうほ》してもかまいません。

そうすることによって、立候補者《りっこうほしゃ》は自分《じぶん》が立候補《りっこうほ》した年齢区《ねんれいく》の人《ひと》たちを代弁《だいべん》することになりますから、たとえば高齢者《こうれいしゃ》を優先《ゆうせん》したようなお金《かね》の使《つか》い方《かた》に対《たい》して、異《い》を唱《とな》えられるようになります。

それと同時《どうじ》に、1年《ねん》ごとに選挙民《せんきょみん》が入《い》れ替《か》わり、10年《ねん》経《た》つと全員《ぜんいん》が入《い》れ替《か》わることになりますから、政治家《せいじか》と選挙民《せんきょみん》の癒着《ゆちゃく》といった問題《もんだい》も起《お》こらずにすみますし、選挙民《せんきょみん》もやがて自分自身《じぶんじしん》も歳《とし》をとることがわかっていますから、自分《じぶん》の世代《せだい》の利益《りえき》だけを追求《ついきゅう》するような政策《せいさく》には、票《ひょう》を投《とう》じなくなります。

つまり、立候補者《りっこうほしゃ》と選挙民《せんきょみん》の間《あいだ》に、ある種《しゅ》の牽制《けんせい》が働《はたら》くようになるのです。

人口問題《じんこうもんだい》に関《かん》してはシロウトですが、思《おも》いつくままに少子化対策《しょうしかたいさく》に有効《ゆうこう》ではないかと思《おも》われる点《てん》を挙《あ》げてみました。

繰《く》り返《かえ》しになりますが、これらの策《さく》を講《こう》じて少子化《しょうしか》に歯止《はど》めがかかったとしても、子供《こども》が大人《おとな》になって経済活動《けいざいかつどう》の主体《しゅたい》を担《にな》うようになるまでには、20年近《ねんちか》い時間《じかん》が必要《ひつよう》です。

その間《かん》、どうやって日本経済《にほんけいざい》をよくするのか、そのグランドデザインについて、第《だい》2章《しょう》以降《いこう》で説明《せつめい》していきましょう。

第2章

資本市場にはすごい効能がある！

赤《あか》ちゃんが生産《せいさん》人口《じんこう》になるには20年《ねん》以上《いじょう》かかる

しつこいくらい繰《く》り返《かえ》しますが、人口《じんこう》が減少《げんしょう》し続《つづ》ける限《かぎ》り、日本《にほん》にとっていいことはひとつもありません。

仮《かり》にこのまま日本《にほん》の人口《じんこう》が減《へ》り続《つづ》けたとしたら、どうなるでしょうか。少《すこ》し想像力《そうぞうりょく》を働《はたら》かせて、考《かんが》えてみましょう。

国立社会保障《こくりつしゃかいほしょう》・人口問題研究所《じんこうもんだいけんきゅうじょ》が発表《はっぴょう》している、日本《にほん》の将来推計人口《しょうらいすいけいじんこう》は、２０２２年《ねん》が1億《おく》２４９４万人《まんにん》ですが、年々減少傾向《ねんねんげんしょうけいこう》をたどり、２０５６年《ねん》には1億人《おくにん》を割《わ》り込《こ》み、９９６５万人《まんにん》まで減少《げんしょう》します。さらにその先《さき》、２０７０年《ねん》の日本《にほん》の総人口《そうじんこう》は、８７００万《まん》人《にん》です。

ＧＤＰの3分《ぶん》の2は個人消費《こじんしょうひ》ですから、人口減少《じんこうげんしょう》はそのままＧＤＰの縮小《しゅくしょう》へとつながります。人口減少《じんこうげんしょう》が止《と》まらない国《くに》でＧＤＰを伸《の》ばすのは、極《きわ》めて難《むずか》しいのです。

いまはまだ世界第《せかいだい》３位《い》という経済規模《けいざいきぼ》なので、一応《いちおう》、日本《にほん》は経済大国《けいざいたいこく》のひとつとして、それなりのプレゼンスを持《も》っています。でも、将来的《しょうらいてき》にＧＤＰが減《へ》り続《つづ》け、世界第《せかいだい》10位《い》、第《だい》20位《い》などというようにランクダウンしていったら、果《は》たしてどうなるでしょうか。国際社会《こくさいしゃかい》における日本《にほん》のプレゼンスはさらに低下《ていか》し、誰《だれ》も日本《にほん》の言《い》うことに耳《みみ》を貸《か》さなくなってしまいます。

これは地政学的《ちせいがくてき》に考《かんが》えると、日本《にほん》にとって非常《ひじょう》に高《たか》いリスクにつながります。

欧州《おうしゅう》自由主義国家《じゆうしゅぎこっか》のなかで、ロシアと約《やく》１３００キロメートルもの長《なが》い陸上国境《りくじょうこっきょう》を持《も》つフィンランドや、フィンランドのお隣《となり》の国《くに》であるスウェーデンは、２０２２年《ねん》２月《がつ》に勃《ぼっ》発《ぱつ》したロシアによるウクライナ侵攻《しんこう》によって、同国《どうこく》の領土拡大《りょうどかくだい》に対《たい》する危機感《ききかん》を募《つの》らせ、西側資本主義国家《にしがわしほんしゅぎこっか》の軍事同盟《ぐんじどうめい》であるＮＡＴＯ（北大西洋条約機構《きたたいせいようじょうやくきこう》）への加盟《かめい》を申請《しんせい》しました。

特《とく》にロシアと長《なが》い陸上国境《りくじょうこっきょう》を持《も》つフィンランドの危機感《ききかん》は、相当《そうとう》のものと想像《そうぞう》されますが、彼《かれ》らの恵《めぐ》まれている点《てん》は、自分《じぶん》たちの近《ちか》くに同《おな》じ政治思想《せいじしそう》を持《も》つ国々《くにぐに》がいるということです。

一方《いっぽう》、日本《にほん》はどうでしょうか。日本《にほん》は四方《しほう》を海《うみ》に囲《かこ》まれているため、隣国《りんごく》と陸上国境《りくじょうこっきょう》を持《も》つ国々《くにぐに》に比《くら》べ、地政学《ちせいがく》リスクに対《たい》する意識《いしき》が希薄《きはく》かと思《おも》われますが、極《きわ》めて至近距離《しきんきょり》にロシア、中国《ちゅうごく》という独裁国家《どくさいこっか》がいて、さらにときどき日本海《にほんかい》に向《む》けてミサイルを撃《う》ち込《こ》んでくるような、ならず者国家《ものこっか》も存在《そんざい》しています。

ロシアと中国《ちゅうごく》は、昔《むかし》の帝国時代《ていこくじだい》に近《ちか》い発想《はっそう》で、物理的《ぶつりてき》な領土《りょうど》の拡大《かくだい》に熱心《ねっしん》であるのと同《どう》時《じ》に、すでに日本《にほん》の北《きた》ではロシアとの間《あいだ》で北方領土《ほっぽうりょうど》、南《みなみ》では中国《ちゅうごく》との間《あいだ》で尖閣諸島《せんかくしょとう》の実《じっ》効支配《こうしはい》をめぐる問題《もんだい》を抱《かか》えています。ロシアが少《すこ》し手《て》を伸《の》ばせば北海道《ほっかいどう》、同様《どうよう》に中国《ちゅうごく》なら沖縄《おきなわ》に手《て》が届《とど》きます。

そういう極《きわ》めて怖《こわ》い状況《じょうきょう》のもとでわたしたちは生活《せいかつ》しているわけですが、もし、このまま日本《にほん》の経済力《けいざいりょく》が低下《ていか》し続《つづ》け、国際社会《こくさいしゃかい》でのプレゼンスが失《うしな》われると、有事《ゆうじ》に巻《ま》き込《こ》まれたとき、十分《じゅうぶん》な軍事的《ぐんじてき》サポートが期待《きたい》できなくなる恐《おそ》れがあります。やはり、同《おな》じ資本主義《しほんしゅぎ》・自由主義国家《じゆうしゅぎこっか》の間《あいだ》で、「日本《にほん》がなくなったら困《こま》る」と思《おも》わせておけるだけの経済力《けいざいりょく》は維持《いじ》しなければなりません。

人口減少《じんこうげんしょう》に伴《ともな》う日本《にほん》の経済力低下《けいざいりょくていか》は、わたしたちの身近《みぢか》な生活《せいかつ》にも、さまざまな悪影《あくえい》響《きょう》を及《およ》ぼします。

まず、円安《えんやす》が進《すす》むでしょう。２０２２年《ねん》10月《がつ》に一時的《いちじてき》に１ドル＝１５１円《えん》という円安《えんやす》局面《きょくめん》があった後《あと》、２０２３年《ねん》１月《がつ》にかけて円高《えんだか》へと転《てん》じましたが、６月末《がつまつ》にかけて再《ふたた》び円安《えんやす》が加速《かそく》しています。

ひょっとしたら、10年後《ねんご》、20年後《ねんご》には１ドル＝２００円《えん》という、超円安時代《ちょうえんやすじだい》が到来《とうらい》しているかも知《し》れません。

ここまで円安《えんやす》が進《すす》むと、日本企業《にほんきぎょう》のドル建《だ》ての時価総額《じかそうがく》が大幅《おおはば》に目減《めべ》りするため、外国《がいこく》企業《きぎょう》から見《み》ると、とても買収《ばいしゅう》しやすくなります。

日本企業《にほんきぎょう》が外国企業《がいこくきぎょう》に買収《ばいしゅう》されたら、日本《にほん》の優《すぐ》れた技術《ぎじゅつ》が海外《かいがい》に流出《りゅうしゅつ》してしまいます。ますます日本企業《にほんきぎょう》の国際的《こくさいてき》な競争優位性《きょうそうゆういせい》が劣後《れつご》して、日本企業《にほんきぎょう》の没落《ぼつらく》に歯止《はど》めがかからなくなります。

それは、日本企業《にほんきぎょう》で働《はたら》いている大勢《おおぜい》の人《ひと》たちの生活水準《せいかつすいじゅん》の低下《ていか》につながります。

しかも円安《えんやす》ですから、日本《にほん》が海外《かいがい》から輸入《ゆにゅう》している資源《しげん》・エネルギー、原材料《げんざいりょう》、食糧《しょくりょう》などの円建《えんだ》て価格《かかく》が大《おお》きく上昇《じょうしょう》します。給与《きゅうよ》が下《さ》がる一方《いっぽう》で物価水準《ぶっかすいじゅん》が上《あ》がったら、わたしたちの生活水準《せいかつすいじゅん》は大幅《おおはば》に低下《ていか》します。

そうなると、今度《こんど》は人心《じんしん》の荒廃《こうはい》が始《はじ》まります。

日本人《にほんじん》は世界《せかい》のなかでも、比較的品位《ひかくてきひんい》があって、自分《じぶん》の欲求《よっきゅう》を前面《ぜんめん》に出《だ》すことなく、人《ひと》に譲《ゆず》ることのできる人《ひと》が多《おお》いという印象《いんしょう》を受《う》けますが、これは日本《にほん》が戦後《せんご》、経済《けいざい》が成長《せいちょう》して豊《ゆた》かな時代《じだい》を過《す》ごしてきたからです。

経済的《けいざいてき》な豊《ゆた》かさが高《こう》じると、ゆとりが生《う》まれます。そのなかから芸術《げいじゅつ》や文化《ぶんか》も生《う》まれていきます。

それが逆《ぎゃく》にどんどん失《うしな》われるような状態《じょうたい》になると、恐《おそ》らくモラルすらもどんどん失《うしな》われていくでしょう。街《まち》にはゴミがあふれ、国全体《くにぜんたい》がスラム化《か》するなんてことも、十分《じゅうぶん》に考《かんが》えられます。

どうでしょう。少《すこ》しは危機感《ききかん》を持《も》っていただけたでしょうか。

人口《じんこう》の大幅《おおはば》な減少《げんしょう》は、一国《いっこく》を亡《ほろ》ぼす恐《おそ》れすらあるのです。だからこそ、何《なに》が何《なん》でも人口《じんこう》減少《げんしょう》に歯止《はど》めをかけなければなりません。

そのために、第《だい》1章《しょう》でも触《ふ》れたような、さまざまな施策《しさく》を講《こう》じる必要《ひつよう》があるのですが、実際《じっさい》に人口減少《じんこうげんしょう》に歯止《はど》めがかかったとしても、そのときに生《う》まれた子供《こども》たちが大人《おとな》になって、実際《じっさい》に経済活動《けいざいかつどう》に参加《さんか》するようになるには、20年《ねん》の歳月《さいげつ》を要《よう》します。

だからこそ、この20年《ねん》の間《あいだ》に何《なに》をするかによって、日本経済《にほんけいざい》の明暗《めいあん》がはっきり分《わ》かれてくるのです。まさに、これからの20年《ねん》は、日本経済《にほんけいざい》にとって勝負《しょうぶ》の期間《きかん》といってもいいでしょう。

日本企業《にほんきぎょう》は鉄下駄《てつげた》をはいて仕事《しごと》をしている

では、これからの20年間《ねんかん》、わたしたちは何《なに》を武器《ぶき》にして、この難局《なんきょく》を乗《の》り切《き》ればいいのでしょうか。

実《じつ》は、非常《ひじょう》に強力《きょうりょく》な武器《ぶき》を、わたしたちは持《も》っています。

資本市場《しほんしじょう》がそれです。

加《くわ》えて、日本《にほん》というか、日本人《にほんじん》が持《も》っているポテンシャルです。これ、実《じつ》はとてつもなく凄《すご》いのではないかと思《おも》うことがあります。

たとえば米国《アメリカ》の資本市場《しほんしじょう》は、新陳代謝《しんちんたいしゃ》が非常《ひじょう》に活発《かっぱつ》です。

バロンズ・ダイジェストの編集人《へんしゅうにん》である川田重信《かわたしげのぶ》氏が書《か》いているｎｏｔｅによると、Ｓ＆Ｐ５００指数《しすう》の構成銘柄《こうせいめいがら》入《い》れ替《か》えは、２００２年《ねん》から２０１８年《ねん》までの17年間《ねんかん》で、１年《ねん》あたり平均《へいきん》で23社《しゃ》が入《い》れ替《か》わっているのに対《たい》し、日本《にほん》を代表《だいひょう》する株価《かぶか》インデックスである日経平均株価《にっけいへいきんかぶか》の場合《ばあい》、２００１年《ねん》から２０１９年《ねん》までの１年《ねん》あたり平均《へいきん》で４・７社《しゃ》しかなく、それも合併《がっぺい》などによる入《い》れ替《か》えが多《おお》いため、実質的《じっしつてき》には１・５社程度《しゃていど》ということです。

資本主義経済《しほんしゅぎけいざい》では、規制《きせい》の壁《かべ》をできるだけ低《ひく》くして、誰《だれ》もが好《す》きなビジネスに、自由《じゆう》に参入《さんにゅう》でき、そこで活発《かっぱつ》な競争《きょうそう》が繰《く》り広《ひろ》げられ、競争《きょうそう》に負《ま》けた人《ひと》は退出《たいしゅつ》し、そこにまた新《あたら》しいチャレンジャーが参入《さんにゅう》してくるということの繰《く》り返《かえ》しによって、市場規模《しじょうきぼ》がどんどん拡大《かくだい》していきます。

ところが日本《にほん》の場合《ばあい》、詳《くわ》しくは後《あと》で説明《せつめい》しますが、「ゾンビ企業《きぎょう》」などと呼《よ》ばれる、時《じ》代《だい》の流《なが》れのなかで重要視《じゅうようし》されない産業《さんぎょう》も、あるいは競争《きょうそう》に敗《やぶ》れた企業《きぎょう》も、潰《つぶ》れることなく存在《そんざい》し続《つづ》けます。

「日本《にほん》には創業《そうぎょう》１００年《ねん》を超《こ》える企業《きぎょう》がたくさんあり、その数《かず》は世界一《せかいいち》だ」などと言《い》われますが、それも手放《てばな》して喜《よろこ》べるかどうか疑問《ぎもん》です。

企業《きぎょう》が生産性《せいさんせい》を向上《こうじょう》させるためには、ある程度《ていど》の規模《きぼ》を必要《ひつよう》とします。だから、同《おな》じ領《りょう》域《いき》で製品《せいひん》やサービスを提供《ていきょう》している企業同士《きぎょうどうし》でＭ＆Ａが行《おこな》われたりするのですが、日本《にほん》にはＭ＆Ａとは無縁《むえん》のところで事業《じぎょう》を継続《けいぞく》している中小企業《ちゅうしょうきぎょう》がたくさんあります。

中小企業基盤整備機構《ちゅうしょうきぎょうきばんせいびきこう》の調査《ちょうさ》によると、３５８万《まん》９３３３社《しゃ》ある日本国内《にほんこくない》の全企業《ぜんきぎょう》のうち、中小企業《ちゅうしょうきぎょう》は３５７万《まん》８１７６社《しゃ》もあり、その比率《ひりつ》は99・７％にも達《たっ》しています。

最近《さいきん》になってようやく、中小企業《ちゅうしょうきぎょう》の間《あいだ》でもＤＸ（デジタルトランスフォーメーション）などを活用《かつよう》した生産性《せいさんせい》の向上《こうじょう》が、言《い》われるようになってきましたが、現実問題《げんじつもんだい》として、日《に》本《ほん》の中小企業《ちゅうしょうきぎょう》レベルではかなりハードルの高《たか》い問題《もんだい》です。

つまり、大半《たいはん》の日本企業《にほんきぎょう》が、生産性《せいさんせい》の向上《こうじょう》とは無縁《むえん》のところで日々《ひび》、仕事《しごと》をしているのです。

何《なに》が言《い》いたいのかというと、日本《にほん》は資本主義経済《しほんしゅぎけいざい》において必要不可欠《ひつようふかけつ》な競争《きょうそう》や、生産性《せいさんせい》向上《こうじょう》にそぐわない要素《ようそ》をたくさん持《も》っているにもかかわらず、世界第《せかいだい》3位《い》の経済規模《けいざいきぼ》を維《い》持《じ》しているのです。

これは鉄下駄《てつげた》を履《は》いてサッカー・ワールドカップの試合《しあい》に出場《しゅつじょう》し、世界第《せかいだい》3位《い》の成績《せいせき》を収《おさ》めているのと同《おな》じことです。つまり、それだけ日本《にほん》が持《も》っているポテンシャルはすごい、ということなのです。

そうだとしたら、鉄《てつ》の下駄《げた》を普通《ふつう》のスパイクに交換《こうかん》すればいいだけの話《はなし》です。そうすることによってポテンシャルが解《と》き放《はな》たれ、日本経済《にほんけいざい》は欧米先進国並《おうべいせんしんこくな》みの成長率《せいちょうりつ》を維持《いじ》できるはずです。

米国《アメリカ》は資本主義《しほんしゅぎ》の効能《こうのう》で強《つよ》くなっている

実際《じっさい》、資本市場《しほんしじょう》というものをフル活用《かつよう》して繁栄《はんえい》を築《きず》いている国《くに》があります。米国《アメリカ》です。

米国《アメリカ》は今日《こんにち》に至《いた》るまで、資本市場《しほんしじょう》を通《つう》じて国富《こくふ》を大《おお》きく膨《ふく》らませてきました。

どこを起点《きてん》にして説明《せつめい》すればいいのか、少《すこ》し迷《まよ》うところですが、とにもかくにも米国《アメリカ》の資本市場《しほんしじょう》には、世界中《せかいじゅう》からお金《かね》が集《あつ》まってきます。

そして、その集《あつ》まったお金《かね》が世界中《せかいじゅう》に投資《とうし》されます。

もちろん最初《さいしょ》は米国《アメリカ》企業《きぎょう》に投資《とうし》されるわけですが、米国《アメリカ》企業《きぎょう》が世界中《せかいじゅう》の企業《きぎょう》を買収《ばいしゅう》したり、あるいはさまざまな形態《けいたい》のファンドを通《つう》じて、世界中《せかいじゅう》のさまざまなものが買《か》われたりしています。

つまり一度《いちど》、米国《アメリカ》という集金《しゅうきん》マシーンを通《つう》じてお金《かね》が集《あつ》められ、そこから再《ふたた》び世界中《せかいじゅう》に投資配分《とうしはいぶん》されていくのです。

米国《アメリカ》は、もちろんＧＤＰの規模《きぼ》で世界一《せかいいち》ですが、それに加《くわ》えて投資《とうし》も積極的《せっきょくてき》に行《おこな》っています。

つまり、経済学者《けいざいがくしゃ》のトマ・ピケティが提示《ていじ》した「ｒ＞ｇ」の不等式《ふとうしき》に則《のっと》って、経済成《けいざいせい》長率《ちょうりつ》（ｇ）よりも高《たか》い資本《しほん》のリターン（ｒ）を取《と》りに行《い》っているのです。これが米国《アメリカ》の強《つよ》いところです。世界中《せかいじゅう》のｒを国富《こくふ》にしているのです。

もちろん、本来《ほんらい》のところを言《い》えば、米国《アメリカ》以外《いがい》の海外諸国《かいがいしょこく》から集《あつ》まってきた資金《しきん》は、米国《アメリカ》のものではありませんから、純粋《じゅんすい》に米国《アメリカ》の国富《こくふ》につながるとは言《い》えません。ただ、海外《かいがい》から集《あつ》まってきた巨額《きょがく》マネーの資産配分《しさんはいぶん》をコントロールするのは米国《アメリカ》ですし、投資《とうし》して得《え》た成果《せいか》の一部《いちぶ》は、米国《アメリカ》のファンドに入《はい》っていきます。

こうして米国《アメリカ》の国富《こくふ》がどんどん膨《ふく》らんでいるのです。

理由《りゆう》は、多《おお》くの人《ひと》がそれぞれの見解《けんかい》を、さまざまなメディアを通《つう》じて説明《せつめい》しています。たとえば「米国《アメリカ》は基軸通貨国《きじくつうかこく》だから」というのは、典型的《てんけいてき》な意見《いけん》でしょう。

確《たし》かに、国境《こっきょう》を超《こ》えた貿易取引《ぼうえきとりひき》に用《もち》いられている通貨《つうか》は米《べい》ドルが大半《たいはん》ですし、世界中《せかいじゅう》の金融資産《きんゆうしさん》の75%くらいは米《べい》ドル建《だ》てです。これは米国《アメリカ》とあまり仲《なか》がよくないアラブ諸国《しょこく》や中国《ちゅうごく》も例外《れいがい》ではありません。金融資産《きんゆうしさん》の大《おお》きな部分《ぶぶん》はみな、米《べい》ドル建《だ》てで保有《ほゆう》されています。

なぜでしょうか。それは、米国《アメリカ》がお金《かね》を置《お》いておく場所《ばしょ》として、極《きわ》めて安心《あんしん》できるからです。

軍事力《ぐんじりょく》は世界最強《せかいさいきょう》ですし、アメリカ大陸《たいりく》は地理的《ちりてき》に東《ひがし》は大西洋《たいせいよう》、西《にし》は太平洋《たいへいよう》に面《めん》しており、陸伝《りくづた》いに直接《ちょくせつ》攻《せ》め込《こ》まれない場所《ばしょ》に位置《いち》しています。

また、テロリストでもない限《かぎ》り、たとえ敵対《てきたい》する国《くに》であったとしても、財産《ざいさん》を没収《ぼっしゅう》するようなことはありません。

これが政治的《せいじてき》に独裁《どくさい》であったり、それに近《ちか》い政治体制《せいじたいせい》を持《も》つ国《くに》だと、敵対関係《てきたいかんけい》に陥《おちい》った途端《とたん》、そこに置《お》いてある財産《ざいさん》を没収《ぼっしゅう》されたりします。これでは安心《あんしん》して、お金《かね》を置《お》いておくことができません。

そしてもうひとつ。わたしはこれこそが米国《アメリカ》の金融市場《きんゆうしじょう》にしかない、最大《さいだい》の特徴《とくちょう》だと思《おも》っているのですが、極《きわ》めてオープンであることです。

誰《だれ》に対《たい》しても開《ひら》かれているし、何《なん》にでも値段《ねだん》が付《つ》けられ、どんなガラクタでも売《う》れば買《か》い手《て》がつく。もちろん情報《じょうほう》もすべてオープンにされています。結果《けっか》、実《じつ》に奥《おく》の深《ふか》いマーケットになっているのです。

米国《アメリカ》の年金《ねんきん》は市場《しじょう》のリターンを下回《したまわ》ると違法《いほう》になる

加《くわ》えて、資金《しきん》が資本《しほん》市場《しじょう》に流入《りゅうにゅう》しやすいような仕組《しく》みもつくられています。ちょっと金融《きんゆう》に詳《くわ》しい人《ひと》なら、「エリサ法《ほう》」という法律《ほうりつ》の名前《なまえ》くらいは聞《き》いたことがあると思《おも》います。

ＥＲＩＳＡ（従業員退職所得保障法《じゅうぎょういんたいしょくしょとくほしょうほう》）という法律《ほうりつ》で、１９７４年《ねん》に制定《せいてい》されたものです。これには企業年金《きぎょうねんきん》を運用《うんよう》している機関投資家《きかんとうしか》の受託者責任《じゅたくしゃせきにん》が記《しる》されています。

そして、この法律《ほうりつ》の条文《じょうぶん》のひとつとして、「企業年金《きぎょうねんきん》のリターンは市場全体《しじょうぜんたい》と同等《どうとう》か、それ以上《いじょう》を達成《たっせい》しなければならない」というのがあります。

市場《しじょう》と同等《どうとう》のリターンを実現《じつげん》するためには、集《あつ》まってきた年金資金《ねんきんしきん》を全額《ぜんがく》、債券《さいけん》だけで運用《うんよう》することはできません。そんなことをしたら、年金《ねんきん》のリターンは市場《しじょう》を上回《うわまわ》ることができず、エリサ法《ほう》に違反《いはん》するからです。したがって、必然的《ひつぜんてき》に株式《かぶしき》でも運用《うんよう》します。

同《おな》じことは、ケアテイカーといって、認知症《にんちしょう》になった人《ひと》の資産管理《しさんかんり》を行《おこな》っている人《ひと》にもあてはまります。

年金《ねんきん》に課《か》せられている受託者義務《じゅたくしゃぎむ》と同様《どうよう》に、ケアテイカーの資産管理《しさんかんり》でも、やはり市《し》場《じょう》の平均《へいきん》と同等《どうとう》か、それを上回《うわまわ》るリターンの実現《じつげん》が規定《きてい》されているのです。

したがって、管理《かんり》している資産《しさん》の一部《いちぶ》には必《かなら》ず、Ｓ＆Ｐ５００などの株価《かぶか》インデックスに連動《れんどう》するタイプのファンドを組《く》み入《い》れる必要《ひつよう》があります。

つまり、人々《ひとびと》の資産《しさん》の一部《いちぶ》が常《つね》に株式市場《かぶしきしじょう》で運用《うんよう》されるような仕組《しく》みが、米国《アメリカ》では整備《せいび》されているのです。

翻《ひるがえ》って日本《にほん》はどうでしょうか。

日本《にほん》はこれとはまったく逆《ぎゃく》で、相続《そうぞく》が発生《はっせい》しそうになると、金融機関《きんゆうきかん》などは被相続人《ひそうぞくにん》が持《も》っている株式《かぶしき》を、早々《そうそう》に売却《ばいきゃく》させようとします。なぜなら、そのほうが相続《そうぞく》しやすくなるからです。

株式《かぶしき》だと銘柄《めいがら》によって株価《かぶか》は異《こと》なりますし、中途半端《ちゅうとはんぱ》な株数《かぶすう》では分割《ぶんかつ》するのが困難《こんなん》になります。たとえば、相続人《そうぞくにん》が３人《にん》いたとして、１０００株《かぶ》の相続財産《そうぞくざいさん》を三等分《さんとうぶん》にしたくても割《わ》り切《き》れません。

だから、相続手続《そうぞくてつづ》きで余計《よけい》な手間《てま》がかからないように、ひとまず株式《かぶしき》を売却《ばいきゃく》させるのです。株式《かぶしき》を全部売却《ぜんぶばいきゃく》して現金化《げんきんか》すれば、相続人《そうぞくにん》の間《あいだ》でそれを分《わ》けることが非常《ひじょう》に簡単《かんたん》になります。

これから団塊世代《だんかいせだい》がどんどん高齢化《こうれいか》するなかで、相続絡《そうぞくがら》みの株式売却《かぶしきばいきゃく》は、株式市場《かぶしきしじょう》にとってはかなりの下《さ》げ圧力《あつりょく》になってくるかも知《し》れません。

だからこそ日本《にほん》においては、あらゆる手段《しゅだん》を講《こう》じて、株式市場《かぶしきしじょう》に資金《しきん》が流《なが》れる仕組《しく》みをつくることが求《もと》められるのです。

米国《アメリカ》は株価《かぶか》の上昇《じょうしょう》が国民《こくみん》の幸《しあわ》せに直結《ちょっけつ》している

株価《かぶか》が上昇《じょうしょう》すると大勢《おおぜい》の人《ひと》がハッピーになる国《くに》。これが資本主義《しほんしゅぎ》の総本山《そうほんざん》ともいうべき米国《アメリカ》の本当《ほんとう》の姿《すがた》です。

ところが日本《にほん》だと、株価《かぶか》が上昇《じょうしょう》するような政策《せいさく》に対《たい》して、すぐに「金持《かねも》ち優遇《ゆうぐう》だ」などという批判《ひはん》の声《こえ》が高《たか》まります。

でも、よく考《かんが》えてみてください。いま、株式投資《かぶしきとうし》は非常《ひじょう》に少《すく》ない資金《しきん》でも可能《かのう》になっています。投資信託《とうししんたく》なら毎月《まいつき》１００円《えん》からの積立投資《つみたてとうし》が可能《かのう》ですし、株式投資《かぶしきとうし》でも最近《さいきん》は１株単位《かぶたんい》での取引《とりひき》を可能《かのう》にしたサービスを提供《ていきょう》する証券会社《しょうけんがいしゃ》も出《で》てきました。

いま、日本企業《にほんきぎょう》だとオリエンタルランドの株価《かぶか》が１株《かぶ》５０００円程度《えんていど》なので、１００株《かぶ》単位《たんい》で取引《とりひき》すると、最低《さいてい》でも50万円《まんえん》の資金《しきん》が必要《ひつよう》ですが、１株《かぶ》で取引《とりひき》できるなら、５０００円《えん》で購入《こうにゅう》することができます。

つまり株式投資《かぶしきとうし》は、もはや一部《いちぶ》の金持《かねも》ちしかできないようなものではないのです。だから、株価《かぶか》に優《やさ》しい政策《せいさく》に対《たい》して「金持《かねも》ち優遇《ゆうぐう》だ」と指摘《してき》するのは、決《けっ》して的《まと》を射《い》た論《ろん》ではない、ということになります。

米国《アメリカ》では、株価《かぶか》が上昇《じょうしょう》すればするほど、多《おお》くの米国国民《アメリカこくみん》がハッピーになれる仕組《しく》みが導入《にゅう》されています。

日本《にほん》の確定拠出年金《かくていきょしゅつねんきん》が範《はん》にした、米国《アメリカ》の民間営利企業《みんかんえいりきぎょう》の従業員《じゅうぎょういん》を対象《たいしょう》にした確定拠《かくていきょ》出《しゅっ》個人年金制度《こじんねんきんせいど》である「４０１ｋプラン」は、米国《アメリカ》の投資信託《とうししんたく》であるミューチュアルファンドで運用《うんよう》されるケースが大半《たいはん》であり、ミューチュアルファンドの運用成績《うんようせいせき》は、米国《アメリカ》の株価《かぶか》が上昇《じょうしょう》するほど高《たか》まります。

つまり、株価《かぶか》が上《あ》がれば上《あ》がるほど、４０１ｋプランを通《つう》じてリタイヤメント資金《しきん》を運《うん》用《よう》している、多《おお》くの民間営利企業従業員《みんかんえいりきぎょうじゅうぎょういん》はハッピーな気持《きも》ちになれるのです。

同《おな》じことは「エンダウメント」にもあてはまります。エンダウメントとは「寄付《きふ》」のことで、大学《だいがく》への寄付金投資《きふきんとうし》を意味《いみ》します。

ハーバード大学《だいがく》やイェール大学《だいがく》といった、米国《アメリカ》の有名私立大学《ゆうめいしりつだいがく》には、毎年十数億《まいとしじゅうすうおく》ドルという多額《たがく》の寄付金《きふきん》が集《あつ》まります。その寄付金《きふきん》は銀行《ぎんこう》の預金口座《よきんこうざ》に預《あず》けられているのではなく、さまざまな対象《たいしょう》に投資《とうし》されています。もちろん株式《かぶしき》にも投資《とうし》されています。

ハーバード大学《だいがく》の寄付金《きふきん》を運用《うんよう》しているのは、同大学《どうだいがく》の完全子会社《かんぜんこがいしゃ》として１９７４年《ねん》に設立《せつりつ》されたハーバード・マネジメントカンパニーという運用会社《うんようがいしゃ》です。設立以来《せつりついらい》の収益率《しゅうえきりつ》は約《やく》11％もあり、基金《ききん》の総額《そうがく》は５００億《おく》ドルを超《こ》えています。２０２２年度《ねんど》には、運用益《うんようえき》の分配金《ぶんぱいきん》が大学運営予算《だいがくうんえいよさん》の３分《ぶん》の１以上《いじょう》に貢献《こうけん》しています。

このように、エンダウメントの投資《とうし》で得《え》られた収益《しゅうえき》は、大学《だいがく》が学生《がくせい》に最新《さいしん》の教育《きょういく》を提供《ていきょう》したり、研究《けんきゅう》したりする際《さい》の原資《げんし》になります。つまり、学生《がくせい》にとっては、株価《かぶか》が上《あ》がるほど、よりよい教育《きょういく》を受《う》ける機会《きかい》に恵《めぐ》まれるのです。

株価上昇《かぶかじょうしょう》の恩恵《おんけい》を受《う》けるのは、民間営利企業《みんかんえいりきぎょう》の従業員《じゅうぎょういん》や有名私立大学《ゆうめいしりつだいがく》の学生《がくせい》といった、特定《とくてい》の対象者《たいしょうしゃ》だけではありません。株価《かぶか》が上《あ》がれば米国《アメリカ》のあらゆる人々《ひとびと》にとって、経済的《けいざいてき》なメリットが生《しょう》じてきます。

株価《かぶか》が上《あ》がれば年金資産《ねんきんしさん》が増《ふ》えますし、企業《きぎょう》にとっては他《ほか》の企業《きぎょう》を買収《ばいしゅう》する能力《のうりょく》が高《たか》まります。当然《とうぜん》、株価《かぶか》の値上《ねあ》がり益《えき》から徴収《ちょうしゅう》されるキャピタルゲイン税《ぜい》によって、国《くに》の税《ぜい》収《しゅう》は増《ふ》えますし、経済活動《けいざいかつどう》が活発化《かっぱつか》することによって、企業《きぎょう》で働《はたら》く人《ひと》たちの給与《きゅうよ》も増《ふ》えます。

資本主義《しほんしゅぎ》の総本山《そうほんざん》ともいうべき米国《アメリカ》には、株価《かぶか》の上昇《じょうしょう》が広《ひろ》く社会全体《しゃかいぜんたい》に恩恵《おんけい》をもたらすような仕組《しく》みが、ビルトインされているのです。

退場《たいじょう》と再配置《さいはいち》がポジティブな循環《じゅんかん》を生《う》み出《だ》す

株価《かぶか》が上昇《じょうしょう》するためには、当然《とうぜん》のことですが企業《きぎょう》そのものに、投資《とうし》したくなるような魅力《みりょく》がなければなりません。この点《てん》でも、米国《アメリカ》には世界《せかい》で最《もっと》も強《つよ》い競争力《きょうそうりょく》を維持《いじ》するための仕組《しく》みが設《もう》けられています。

たとえば、Ｍ＆Ａを容易《ようい》にするための会計制度《かいけいせいど》は、そのひとつと言《い》ってもいいでしょう。具体的《ぐたいてき》にはのれん（Goodwill）の償却方法《しょうきゃくほうほう》が、日本《にほん》とは大《おお》きく異《こと》なるのです。

のれんとは、Ｍ＆Ａの買収価格《ばいしゅうかかく》と買収《ばいしゅう》される企業《きぎょう》の純資産《じゅんしさん》との差《さ》です。すなわち、その企業《きぎょう》のブランド価値《かち》と知的付加価値《ちてきふかかち》との和《わ》です。

日本《にほん》の会計制度《かいけいせいど》だと、その差額《さがく》を20年以内《ねんいない》に償却《しょうきゃく》することが決《き》められています。そうなると、買収《ばいしゅう》した企業《きぎょう》は、例《たと》えば、10年《ねん》で償却《しょうきゃく》することが求《もと》められるのです。

すると、買収《ばいしゅう》した企業《きぎょう》にとっては毎年《まいとし》、損益計算書《そんえきけいさんしょ》の利益《りえき》が毀損《きそん》する形《かたち》になるため、どうしてもＭ＆Ａに対《たい》して二《に》の足《あし》を踏《ふ》むことになります。

ところが、米国《アメリカ》の会計制度《かいけいせいど》においては基本的《きほんてき》に、のれんを償却《しょうきゃく》する必要《ひつよう》がありません。企業価値《きぎょうかち》が何《なに》かの事情《じじょう》で大《おお》きく変《か》わる場合《ばあい》には、その時点《じてん》で償却《しょうきゃく》する必要《ひつよう》がありますが、そうならない限《かぎ》りは償却《しょうきゃく》する必要《ひつよう》がなく、そのまま買収《ばいしゅう》した企業《きぎょう》を持《も》ち続《つづ》けられるのです。

したがって、米国《アメリカ》ではＭ＆Ａが非常《ひじょう》にやりやすいですし、基本的《きほんてき》に、償却《しょうきゃく》によって利益《りえき》が毀損《きそん》しないため、さまざまな規模《きぼ》の企業間《きぎょうかん》でＭ＆Ａが活発《かっぱつ》に行《おこな》われているのです。

Ｍ＆Ａというと、どことなく、うさんくさいというイメージでとらえる方《かた》は多《おお》いと思《おも》います。でも、決《けっ》してそのようなことはありません。企業《きぎょう》が成長《せいちょう》し続《つづ》けるために必要《ひつよう》な、経《けい》営資源《えいしげん》の効率的《こうりつてき》な配置換《はいちが》えなのです。

日本企業《にほんきぎょう》、とりわけ大企業《だいきぎょう》の生産性《せいさんせい》がなぜ悪《わる》いのか、ご存《ぞん》じですか。

それは足《た》して、足《た》して、足《た》し上《あ》げて、見《み》た目《め》だけの企業規模《きぎょうきぼ》の拡大《かくだい》を追求《ついきゅう》してきたからです。

そして、すでに時代遅《じだいおく》れになっているような事業領域《じぎょうりょういき》を抱《かか》えていても、「これは祖業《そぎょう》だから売却《ばいきゃく》できない」などと、経済的《けいざいてき》に合理的《ごうりてき》ではない理由《りゆう》で、維持《いじ》し続《つづ》けてしまうのです。これがどれほど企業《きぎょう》の生産性《せいさんせい》を引《ひ》き下《さ》げてしまうことか。

でも、いくら不採算部門《ふさいさんぶもん》だとしても、その事業領域《じぎょうりょういき》を得意《とくい》とする他《ほか》の企業《きぎょう》にとっては、宝《たから》の山《やま》になる可能性《かのうせい》が十分《じゅうぶん》にあります。

A社《しゃ》が抱《かか》えている不採算部門《ふさいさんぶもん》を、スタッフやノウハウごとB社《しゃ》に移《うつ》せば、A社《しゃ》は不採算《ふさいさん》部門《ぶもん》を切《き》り離《はな》せるので利益率《りえきりつ》が向上《こうじょう》しますし、B社《しゃ》はA社《しゃ》の経営資源《けいえいしげん》を有効活用《ゆうこうかつよう》することによって、その事業領域《じぎょうりょういき》をさらに強《つよ》くすることができます。

こうした経営資源《けいえいしげん》の再配置《さいはいち》は、事業部門《じぎょうぶもん》に限《かぎ》った話《はなし》ではありません。人材《じんざい》にもあてはまります。

日本《にほん》で「リストラ」と言《い》うと、ものすごいネガティブワードとしてとらえる人《ひと》が大勢《おおぜい》いると思《おも》います。本来《ほんらい》、リストラは「リストラクチャリング」、つまり事業《じぎょう》の再構築《さいこうちく》を意味《いみ》する言葉《ことば》なのですが、日本《にほん》においては「リストラ＝クビ」と同義《どうぎ》になっています。

そのため、「明日《あした》からどうやって食《た》べていけばいいんだ」という発想《はっそう》になってしまいがちなのですが、米国《アメリカ》ではもっとポジティブな意味合《いみあ》いを持《も》っています。

すでに役目《やくめ》を終《お》えた企業《きぎょう》、競争《きょうそう》に敗《やぶ》れた企業《きぎょう》はなくなる。あるいはなくなるところまでいかなくても、余剰人員《よじょうじんいん》を辞《や》めさせることによってスリム化《か》をはかる。

こうして経営効率《けいえいこうりつ》を高《たか》め、儲《もう》け、その結果《けっか》として株価《かぶか》が上《あ》がり、儲《もう》けから支払《しはら》う税金《ぜいきん》が増《ふ》えて、経済《けいざい》が好循環《こうじゅんかん》へと入《はい》っていく。

景気《けいき》がよくなり、そのなかで再《ふたた》び人《ひと》を雇《やと》い入《い》れる力《ちから》が生《う》まれてきて、解雇《かいこ》された人《ひと》は他《ほか》の企業《きぎょう》で雇用《こよう》され、そこで収入《しゅうにゅう》を得《え》ていく。

本来《ほんらい》、リストラとは、このようなポジティブな循環《じゅんかん》を生《う》み出《だ》すためのものなのです。

優秀《ゆうしゅう》な人材《じんざい》を再配置《さいはいち》することに、真剣《しんけん》に取《と》り組《く》もうとした日本《にほん》の政治家《せいじか》を、ひとりだけ知《し》っています。小泉純一郎《こいずみじゅんいちろう》氏《し》がそうです。

彼《かれ》は「自民党《じみんとう》をぶっ壊《こわ》す」というスローガンを掲《かか》げ、まさに聖域《せいいき》なき構造改革《こうぞうかいかく》を進《すす》めました。そのひとつとして郵政民営化《ゆうせいみんえいか》を実行《じっこう》したわけですが、これは別《べつ》に何《なに》か郵政省《ゆうせいしょう》との間《あいだ》に遺恨《いこん》があって行《おこな》ったわけではありませんでした。

極《きわ》めて優秀《ゆうしゅう》な人材《じんざい》に対《たい》し、その人《ひと》の能力《のうりょく》を存分《ぞんぶん》に発揮《はっき》できないような仕事《しごと》しか与《あた》えられず、本人《ほんにん》もそれを当《あ》たり前《まえ》のように受《う》け止《と》めて日々《ひび》の仕事《しごと》をこなすだけという状況《じょうきょう》を変《か》えようとしたのです。

郵便局《ゆうびんきょく》で働《はたら》く優秀《ゆうしゅう》な職員《しょくいん》を他《ほか》の領域《りょういき》に再配置《さいはいち》して、人材《じんざい》の活力《かつりょく》を引《ひ》き上《あ》げようというのが、郵政民営化《ゆうせいみんえいか》のもうひとつのテーマでした。

現実《げんじつ》には、そこまでの狙《ねら》いを理解《りかい》できる人《ひと》が周《まわ》りにいなかったためか、郵政民営化《ゆうせいみんえいか》による人材《じんざい》の再配置《さいはいち》は、不完全燃焼《ふかんぜんねんしょう》のまま現在《げんざい》に至《いた》っているのですが、そのチャレンジは評価《ひょうか》してもいいと思《おも》います。

個人投資家《こじんとうしか》の存在感《そんざいかん》が高《たか》まっている

資本市場《しほんしじょう》を強《つよ》くするためには、株価《かぶか》が上《あ》がるための仕組《しく》みを構築《こうちく》し、企業《きぎょう》の競争力《きょうそうりょく》を強《つよ》めることに加《くわ》え、もうひとつ重要《じゅうよう》な構成要因《こうせいよういん》があります。

それは、優《すぐ》れた投資家《とうしか》の存在《そんざい》です。

欧米《おうべい》では「フィデューシャリー・デューティー」と言《い》います。フィデューシャリーは「受託者《じゅたくしゃ》」、デューティーは「責任《せきにん》」ということで、「受託者責任《じゅたくしゃせきにん》」と訳《やく》されますが、日本《にほん》の金融庁《きんゆうちょう》は、これを「顧客本位《こきゃくほんい》の業務運営《ぎょうむうんえい》」と意訳《いやく》して、ますます意味《いみ》が通《とお》らない状態《じょうたい》にしてしまっている点《てん》はご愛敬《あいきょう》、ということにしておきましょう。

では、米国《アメリカ》における受託者《じゅたくしゃ》とは、どういう存在《そんざい》なのでしょうか。これは投資信託《とうししんたく》や年金《ねんきん》などの運用《うんよう》に携《たずさ》わっている人《ひと》のことです。たとえば年金《ねんきん》は、大勢《おおぜい》の人《ひと》たちから預《あず》かったお金《かね》を、株式《かぶしき》などに投資《とうし》することで運用《うんよう》しています。なぜ株式《かぶしき》などで運用《うんよう》するのかというと、将来《しょうらい》、インフレによって年金《ねんきん》に集《あつ》まっているお金《かね》の価値《かち》が目減《めべ》りしないようにするためです。

もし、年金《ねんきん》の運用《うんよう》に失敗《しっぱい》すれば、年金《ねんきん》を受《う》け取《と》っている人《ひと》たちが満足《まんぞく》できるだけの年金《ねんきん》が支払《しはら》えなくなる恐《おそ》れが生《しょう》じてきます。したがって年金運用《ねんきんうんよう》を受託《じゅたく》している投資家《とうしか》は、将来年金《しょうらいねんきん》を受《う》け取《と》る受益者《じゅえきしゃ》に対《たい》して、忠実義務《ちゅうじつぎむ》を負《お》います。つまり受益者《じゅえきしゃ》の利益《りえき》に反《はん》しないよう、忠実《ちゅうじつ》に職務《しょくむ》を遂行《すいこう》する義務《ぎむ》があるのです。

そのためには、投資家《とうしか》として投資先《とうしさき》である企業《きぎょう》に対《たい》して、企業価値《きぎょうかち》を向上《こうじょう》するよう常《つね》にモノを言《い》う必要《ひつよう》があります。

米国《アメリカ》では、こうした機関投資家《きかんとうしか》が非常《ひじょう》に優秀《ゆうしゅう》であり、常《つね》に企業経営《きぎょうけいえい》に対《たい》して目《め》を光《ひか》らせており、受益者《じゅえきしゃ》にできるだけ多《おお》くの利益《りえき》がいくように、職務《しょくむ》を遂行《すいこう》しているのです。その結果《けっか》、投資先《とうしさき》となる企業《きぎょう》も緊張感《きんちょうかん》を持《も》って経営《けいえい》に臨《のぞ》むことになります。

面白《おもしろ》いことに米国《アメリカ》では、個人《こじん》が直接《ちょくせつ》、株式《かぶしき》に投資《とうし》することは、ほとんどありません。米国《アメリカ》の投資信託《とうししんたく》であるミューチュアルファンドを通《つう》じてか、もしくはＩＦＡという、独立《どくりつ》系《けい》ファイナンシャルアドバイザーのような人《ひと》たち、あるいは年金《ねんきん》などを通《つう》じて株式《かぶしき》に投資《とうし》しています。

このような、個人《こじん》の代《か》わりに株式投資《かぶしきとうし》を行《おこな》っている投資家《とうしか》が優秀《ゆうしゅう》だからこそ、米国《アメリカ》の資《し》本市場《ほんしじょう》はどんどん強《つよ》くなっているわけですが、では日本《にほん》にはその芽《め》があるのでしょうか。

実《じつ》は、わたしが期待《きたい》しているのは個人投資家《こじんとうしか》なのです。

もちろん日本《にほん》にも年金《ねんきん》はありますし、保険会社《ほけんがいしゃ》や投資信託会社《とうししんたくがいしゃ》など、さまざまな機関投《きかんとう》資家《しか》が存在《そんざい》していて、優秀《ゆうしゅう》な方《かた》も大勢《おおぜい》います。

ただ、特《とく》にこの10年《ねん》くらいを見《み》ていると、株式《かぶしき》に直接投資《ちょくせつとうし》している個人投資家《こじんとうしか》の存在感《そんざいかん》が、年々高《ねんねんたか》まっていることを実感《じっかん》しています。

それは、わたし自身《じしん》がマネックスグループの経営者《けいえいしゃ》として株主総会《かぶぬしそうかい》に出席《しゅっせき》したとき、個《こ》人株主《じんかぶぬし》の方々《かたがた》からいただく質問《しつもん》が年々《ねんねん》、実《じつ》に高度《こうど》な内容《ないよう》になっているからです。

ひょっとしたら日本《にほん》の場合《ばあい》、米国《アメリカ》とは違《ちが》って、非常《ひじょう》に優秀《ゆうしゅう》な個人投資家《こじんとうしか》が、企業経営《きぎょうけいえい》に目《め》を光《ひか》らせ、ある種《しゅ》の牽制《けんせい》を働《はたら》かせる役目《やくめ》を担《にな》うようになるのかも知《し》れません。この点《てん》は、日本《にほん》の資本市場《しほんしじょう》をより強《つよ》いものにするうえで、期待《きたい》しているところでもあります。

第3章

ＧＤＰ増ではなく
株価3倍高を目指せ！

多《おお》くの日本人《にほんじん》が資本市場《しほんしじょう》の恩恵《おんけい》を受《う》けていない

日本《にほん》は資本主義国家《しほんしゅぎこっか》であり、米国《アメリカ》と同《おな》じように株式市場《かぶしきしじょう》や債券市場《さいけんしじょう》などの資本市場《しほんしじょう》が存在《そんざい》しています。そうであるにもかかわらず、日本《にほん》ではなぜ株式市場《かぶしきしじょう》が、さまざまな経済活動《けいざいかつどう》と関係性《かんけいせい》を持《も》たない、単《たん》なる賭博場《とばくじょう》のようなイメージでとらえられているのでしょうか。

第《だい》２章《しょう》でも触《ふ》れたように、米国《アメリカ》では株価《かぶか》の上昇《じょうしょう》が、３億《おく》３０００万人《まんにん》超《ちょう》いる米国人《アメリカじん》の幸《しあわ》せに直結《ちょっけつ》しています。

株価《かぶか》が上《あ》がれば、投資信託《とうししんたく》を通《つう》じて投資《とうし》している個人《こじん》の資産《しさん》の価値《かち》が上《あ》がり、老後《ろうご》の生活資金《せいかつしきん》を賄《まかな》う年金《ねんきん》のリターンが高《たか》まり、企業活動《きぎょうかつどう》も活発《かっぱつ》になり、経済全体《けいざいぜんたい》の底上《そこあ》げにつながっていきます。

もっといえば、大学《だいがく》における「エンダウメント投資《とうし》」のリターン向上《こうじょう》にもつながるので、大学《だいがく》で学《まな》ぶ学生《がくせい》にとっても、株価上昇《かぶかじょうしょう》はハッピーなこと、この上《うえ》ありません。

このように、生活《せいかつ》のさまざまなところで資本市場《しほんしじょう》にコミットしているため、逆《ぎゃく》に米国《アメリカ》では株価《かぶか》が上昇《じょうしょう》し続《つづ》けないと、基盤《きばん》そのものが崩《くず》れ落《お》ちる恐《おそ》れがあります。

だからこそ、そうならないようにするため、企業《きぎょう》は常《つね》に業績《ぎょうせき》を伸《の》ばすための努力《どりょく》をし、自社株買《じしゃかぶが》いや配当《はいとう》などで株主《かぶぬし》からの期待《きたい》に応《こた》え、さらに年金基金《ねんきんききん》やファンドなどの機関投資家《きかんとうしか》は、受益者《じゅえきしゃ》からの負託《ふたく》に応《こた》えるため、受託者責任《じゅたくしゃせきにん》（フィデューシャリー・デューティー）を忠実《ちゅうじつ》に守《まも》ろうとしているのです。

これに対《たい》して日本《にほん》の現状《げんじょう》はどうでしょうか。

そもそも「株式投資《かぶしきとうし》＝賭博《とばく》」というイメージでとらえられるような国《くに》ですから、米国《アメリカ》のように株価《かぶか》が上《あ》がれば国民全員《こくみんぜんいん》が幸《しあわ》せになれるという感覚《かんかく》は、まったくといっていいほど持《も》ち合《あ》わせていません。

日本銀行《にっぽんぎんこう》が公表《こうひょう》している「資金循環統計《しきんじゅんかんとうけい》」によると、２０２３年《ねん》３月末時点《がつまつじてん》における、家計《かけい》が保有《ほゆう》している金融資産《きんゆうしさん》の総額《そうがく》が２０４３兆円《ちょうえん》、このうち現金《げんきん》・預金《よきん》が１１０７兆円《ちょうえん》で54・２％を占《し》めています。次《つ》いで保険《ほけん》が３７８兆円《ちょうえん》で18・５％です。

これに対《たい》して株式等《かぶしきとう》は２２６兆円《ちょうえん》で11・０％、投資信託《とうししんたく》は90兆円《ちょうえん》で４・４％を占《し》める

家計の金融資産（2023 年 3 月末）

	残高（兆円）	構成比（%）	前年比（%）
金融資産計	2,043	100.0	1.1
現金・預金	1,107	54.2	1.7
債務証券	27	1.3	4.0
投資信託	90	4.4	▲0.6
株式等	226	11.0	2.7
保険・年金・定型保証	534	26.2	▲0.4
うち保険	378	18.5	▲0.5
その他	59	2.9	▲1.6

（出所）日本銀行「資金循環統計」をもとに作成。

程度《ていど》です。

預貯金《よちょきん》に対《たい》して、いかに投資商品《とうししょうひん》の占《し》める比率《ひりつ》が低《ひく》いかが、よくわかる数字《すうじ》です。つまり個人《こじん》の資産運用《しさんうんよう》において、多《おお》くの日本人《にほんじん》は資本市場《しほんしじょう》からの恩恵《おんけい》を受《う》けていないことになります。

もちろん年金《ねんきん》を通《つう》じて、個人資金《こじんしきん》が株式市場《かぶしきしじょう》に流入《りゅうにゅう》している部分《ぶぶん》はありますが、これもちょっと問題《もんだい》があります。

第《だい》2章《しょう》で「エリサ法《ほう》」について触《ふ》れました。この法律《ほうりつ》の条文《じょうぶん》のひとつに、企業年金《きぎょうねんきん》を運用《うんよう》している機関投資家《きかんとうしか》の受託者責任《じゅたくしゃせきにん》として、「企業年金《きぎょうねんきん》のリターンは市場全体《しじょうぜんたい》と同等《どうとう》か、それ以上《いじょう》を達成《たっせい》しなければならない」という文言《もんごん》が明記《めいき》されています。

日本《にほん》でも企業年金制度《きぎょうねんきんせいど》を整備《せいび》するにあたり、このエリサ法《ほう》を参考《さんこう》にしたのですが、なぜかこの条文《じょうぶん》が抜《ぬ》け落《お》ちてしまったのです。

意図的《いとてき》にこの条文《じょうぶん》を外《はず》したのかどうかは何《なん》とも言《い》えませんが、穿《うが》った見方《みかた》をすると、日《に》本《ほん》の年金運用《ねんきんうんよう》にかかわっていた人《ひと》たちの多《おお》くが、運用《うんよう》のシロウトだったからではないかと思《おも》うのです。

いまは大半《たいはん》が解散《かいさん》となった厚生年金基金《こうせいねんきんききん》の理事《りじ》、職員《しょくいん》の多《おお》くは、厚生労働省《こうせいろうどうしょう》や旧社会《きゅうしゃかい》保険庁《ほけんちょう》からの天下《あまくだ》りでしたし、２０２３年《ねん》1月《がつ》に週刊文春《しゅうかんぶんしゅん》が報《ほう》じたところによると、全国《ぜんこく》国民年金基金《こくみんねんきんききん》の常務理事《じょうむりじ》の他《ほか》、支部全体《しぶぜんたい》の約《やく》7割《わり》に該当《がいとう》する29の支部長《しぶちょう》が、かつて日本《にっぽん》年《ねん》金《きん》機構《きこう》や厚労省《こうろうしょう》に在籍《ざいせき》していたことが判明《はんめい》したということです。

また、最近《さいきん》のＧＰＩＦ（年金積立金管理運用独立行政法人《ねんきんつみたてきんかんりうんようどくりつぎょうせいほうじん》）は、金融《きんゆう》のプロが入《はい》って、株式《かぶしき》なども含《ふく》めた積極運用《せっきょくうんよう》を行《おこな》っていますが、かつては債券《さいけん》ばかりで運用《うんよう》していました。

このように年金《ねんきん》も含《ふく》めて、株価《かぶか》が上《あ》がれば日本人《にほんじん》がハッピーになれるという構造《こうぞう》が、どこにもなかったのです。

ただ、実《じつ》はいろいろ調《しら》べてみると、個人金融資産《こじんきんゆうしさん》に占《し》める投資《とうし》の割合《わりあい》が大幅《おおはば》に減《へ》ったのは戦後《せんご》から、という話《はなし》もあります。

実《じつ》は戦前《せんぜん》、あるいは大正《たいしょう》くらいまで遡《さかのぼ》ると、個人金融資産《こじんきんゆうしさん》に占《し》める株式《かぶしき》の比率《ひりつ》は、いまよりもはるかに高《たか》かったことがわかります。ちなみに終戦直後《しゅうせんちょくご》、１９４９年《ねん》に東京証券取引所《とうきょうしょうけんとりひきじょ》が設立《せつりつ》されたときでも、個人《こじん》の株式保有比率《かぶしきほゆうひりつ》は65%を超《こ》えていました。

それがなぜ、ここまで大《おお》きく減少《げんしょう》してしまったのでしょうか。

なぜ「貯蓄《ちょちく》は美徳《びとく》」と考《かんが》えるようになったのか

太平洋戦争《たいへいようせんそう》に負《ま》けた日本政府《にほんせいふ》には、もはやお金《かね》がありませんでした。一面《いちめん》、焼《や》け野原《のはら》になった日本《にほん》を立《た》て直《なお》そうとしても、お金《かね》がなければどうにもなりません。

そこで日本銀行《にっぽんぎんこう》は、現在《げんざい》の金融広報中央委員会《きんゆうこうほうちゅうおういいんかい》の前身《ぜんしん》である「貯蓄増強中央委員会《ちょちくぞうきょうちゅうおういいんかい》」を１９５２年《ねん》に設立《せつりつ》しました。

日銀《にちぎん》のホームページには、「戦後《せんご》まもない頃《ころ》で、インフレを抑制《よくせい》し、人々《ひとびと》の健全《けんぜん》な生活《せいかつ》を実現《じつげん》するために『貯蓄《ちょちく》』の大切《たいせつ》さを伝《つた》えることが目的《もくてき》でした」とありますが、その真意《しんい》は戦後《せんご》日本《にほん》の立《た》て直《なお》しに必要《ひつよう》な資金《しきん》を、日本全国津々浦々《にほんぜんこくつつうらうら》から集《あつ》めて、基幹産業《きかんさんぎょう》に投資《とうし》することでした。

長期信用銀行《ちょうきしんようぎんこう》、信託銀行《しんたくぎんこう》、都市銀行《としぎんこう》、地方銀行《ちほうぎんこう》、信用金庫《しんようきんこ》、信用組合《しんようくみあい》などの民間金融機関《みんかんきんゆうきかん》が扱《あつか》う預金《よきん》などを通《つう》じて集《あつ》めるのと同時《どうじ》に、郵便貯金《ゆうびんちょきん》を通《つう》じて集《あつ》めた資金《しきん》が「財政投融資資金《ざいせいとうゆうししきん》」として、日本《にほん》の戦後復興《せんごふっこう》に必要《ひつよう》とされる団体《だんたい》に配分《はいぶん》されたのです。

日本《にほん》が米国《アメリカ》に次《つ》ぐ世界第《せかいだい》２位《い》の経済大国《けいざいたいこく》になったのは１９６８年《ねん》のことでした。あの敗戦《はいせん》からわずか23年間《ねんかん》で、ここまでのし上《あ》がったわけですが、あれだけ戦争《せんそう》でボロボロになった国《くに》が、たったの23年間《ねんかん》で世界第《せかいだい》２位《い》の経済大国《けいざいたいこく》になるためには、国民全員《こくみんぜんいん》の目《め》を貯蓄《ちょちく》に向《む》かわせるプロパガンダが必要《ひつよう》でした。

そして、そのプロパガンダは大成功《だいせいこう》しました。

民間金融機関《みんかんきんゆうきかん》や郵便貯金《ゆうびんちょきん》を通《つう》じて集《あつ》められた資金《しきん》は、鉄鋼《てっこう》や造船《ぞうせん》、自動車《じどうしゃ》、電機《でんき》、化学《かがく》といった、戦後日本経済《せんごにほんけいざい》の復興《ふっこう》を支《ささ》えた産業《さんぎょう》に集中投下《しゅうちゅうとうか》されたのです。

当時《とうじ》の大蔵官僚《おおくらかんりょう》や郵政官僚《ゆうせいかんりょう》、そして大企業《だいきぎょう》を取引相手《とりひきあいて》にしていた長期信用銀行《ちょうきしんようぎんこう》や都市銀行《としぎんこう》の行員《こういん》が、ある意味《いみ》、「自分《じぶん》たちは特別《とくべつ》」というエリート意識《いしき》を強《つよ》く持《も》っていたのは、戦後《せんご》の経済復興《けいざいふっこう》を支《ささ》えてきたという自負《じふ》があったからです。

また、こうしたプロパガンダによって、日本《にほん》の国民《こくみん》の間《あいだ》には見事《みごと》、「貯蓄《ちょちく》は美徳《びとく》」という考《かんが》え方《かた》が定着《ていちゃく》しました。

個人金融資産《こじんきんゆうしさん》の54・2%が現金《げんきん》・預金《よきん》で保有《ほゆう》されているのは、こうした戦後《せんご》の流《なが》れによるものと考《かんが》えています。

それともうひとつ、株式《かぶしき》の持《も》ち合《あ》いが、その流《なが》れの背景《はいけい》にあったと思《おも》います。

１９６４年《ねん》、日本《にほん》はＯＥＣＤ（経済協力開発機構《けいざいきょうりょくかいはつきこう》）への加盟《かめい》とともに資本取引《しほんとりひき》の自由《じゆう》化《か》を、米国《アメリカ》をはじめとする諸外国《しょがいこく》から要求《ようきゅう》されるようになりました。

これにより、外国企業《がいこくきぎょう》からのＭ＆Ａ圧力《あつりょく》に、日本企業《にほんきぎょう》がさらされる恐《おそ》れが高《たか》まってきたのです。

そこで日本企業《にほんきぎょう》の経営者《けいえいしゃ》は、長年《ながねん》にわたって取引関係《とりひきかんけい》のある、仲《なか》のいい企業《きぎょう》との間《あいだ》で、お互《たが》いの株式《かぶしき》を持《も》ち合《あ》うようになりました。

特《とく》に当時《とうじ》、６大企業集団《だいきぎょうしゅうだん》と呼《よ》ばれていた三井《みつい》、三菱《みつびし》、住友《すみとも》、芙蓉《ふよう》、第一勧銀《だいいちかんぎん》、三和《さんわ》などは、企業集団《きぎょうしゅうだん》の中核《ちゅうかく》に銀行《ぎんこう》と商社《しょうしゃ》を持《も》ち、その集団内《しゅうだんない》の企業《きぎょう》を「系列会社《けいれつがいしゃ》」などと称《しょう》して、集団《しゅうだん》の結束《けっそく》を強《つよ》めていったのです。

このような関係《かんけい》は、企業《きぎょう》に対《たい》する株主《かぶぬし》の牽制力《けんせいりょく》を弱《よわ》める結果《けっか》になりました。

本来《ほんらい》、株主《かぶぬし》は企業経営《きぎょうけいえい》がしっかり行《おこな》われているかどうかを監視《かんし》する役割《やくわり》を果《は》たしているはずなのですが、同《おな》じ企業系列《きぎょうけいれつ》の間《あいだ》で株式《かぶしき》を持《も》ち合《あ》うようになると、この牽制力《けんせいりょく》が働《はたら》かなくなります。言《い》うなれば、なあなあの関係《かんけい》になってしまうのです。

企業《きぎょう》も株主《かぶぬし》がうるさく言《い》わないので、利益《りえき》の一部《いちぶ》を配当《はいとう》に回《まわ》すよりも、内部留保《ないぶりゅうほ》を高《たか》めようとします。その結果《けっか》、株主《かぶぬし》の権利《けんり》を軽視《けいし》した企業経営《きぎょうけいえい》がまかり通《とお》るようになりました。

いつの時代《じだい》も、株式投資《かぶしきとうし》にリスクはつきものです。だからこそ、それに見合《みあ》うリターンを企業《きぎょう》は株主《かぶぬし》に対《たい》して提供《ていきょう》しなければなりません。

ところが、当《とう》の企業《きぎょう》自身《じしん》が平然《へいぜん》と株主《かぶぬし》を軽視《けいし》し続《つづ》けたのですから、個人《こじん》の株式保有率《かぶしきほゆうりつ》が大《おお》きく低下《ていか》するのは当然《とうぜん》、と言《い》ってもいいでしょう。

一部《いちぶ》のエリートがお金《かね》の流《なが》れを決《き》める時代《じだい》は終《お》わった

お金《かね》の流《なが》れを、一部《いちぶ》の特権階級《とっけんかいきゅう》のような人《ひと》たちの判断《はんだん》によって差配《さはい》する時代《じだい》は、もう完《かん》全《ぜん》に終《お》わりを告《つ》げたと言《い》ってもいいでしょう。特《とく》に税金《ぜいきん》と金融《きんゆう》はそうだと思《おも》います。

わたしたちはけっこう、たくさんの税金《ぜいきん》を納《おさ》めています。第《だい》1章《しょう》で述《の》べたように、一《いっ》生《しょう》のなかで支払《しはら》う税金《ぜいきん》は７５００万円《まんえん》近《ちか》くあると言《い》われています。

モノやサービスを購入《こうにゅう》すれば消費税《しょうひぜい》がかかりますし、給与《きゅうよ》を稼《かせ》げば、その一部《いちぶ》が所得税《しょとくぜい》と住民税《じゅうみんぜい》として差《さ》し引《ひ》かれています。みなさんが働《はたら》く会社《かいしゃ》が利益《りえき》を上《あ》げれば、そこに法人《ほうじん》税《ぜい》がかかります。遺産《いさん》を相続《そうぞく》すれば相続税《そうぞくぜい》、贈与《ぞうよ》を受《う》ければ贈与税《ぞうよぜい》がかかります。車《くるま》を保《ほ》有《ゆう》すれば自動車税《じどうしゃぜい》、ガソリンを入《い》れれば揮発油税《きはつゆぜい》、お酒《さけ》を呑《の》めば酒税《しゅぜい》、たばこを吸《す》えばたばこ税《ぜい》といったように、ともかくたくさんの税金《ぜいきん》が、この世《よ》の中《なか》には存在《そんざい》しています。

こうして国民《こくみん》から吸《す》い上《あ》げた税金《ぜいきん》を、財務省《ざいむしょう》の主計局《しゅけいきょく》にいる官僚《かんりょう》が、各省庁《かくしょうちょう》からの陳《ちん》情《じょう》を受《う》けて、どこにどれだけ配分《はいぶん》するかを決《き》めていきます。

しかし、官僚《かんりょう》という少数《しょうすう》のスーパーエリートの意思《いし》で、税金《ぜいきん》の使《つか》い方《かた》を決《き》めるような時《じ》代《だい》では、もはやないでしょう。それに、税金《ぜいきん》を使《つか》って何《なに》かをするにしても、これからは日《に》本《ほん》の財政事情《ざいせいじじょう》がそれを許《ゆる》さなくなってくると思《おも》います。何《なに》しろいまの日本《にほん》は、莫大《ばくだい》な財政《ざいせい》赤字《あかじ》を抱《かか》えていますし、人口《じんこう》が減少《げんしょう》していけば税収《ぜいしゅう》も減《へ》っていきます。

人々《ひとびと》の収入《しゅうにゅう》が増《ふ》えない状態《じょうたい》で増税《ぞうぜい》をすれば、それこそ個人消費《こじんしょうひ》が大《おお》きく落《お》ち込《こ》み、企《き》業《ぎょう》業績《ぎょうせき》が悪化《あっか》し、所得税《しょとくぜい》も法人税《ほうじんぜい》もどんどん減《へ》ってしまいます。

銀行《ぎんこう》も同《おな》じです。不特定多数《ふとくていたすう》の人《ひと》たちから預金《よきん》を通《つう》じてお金《かね》を集《あつ》め、それをさまざまな企業《きぎょう》に融資《ゆうし》します。昔《むかし》の銀行員《ぎんこういん》は、自分《じぶん》たちが世《よ》の中《なか》のお金《かね》の流《なが》れを差配《さはい》し、それによって産業《さんぎょう》を育成《いくせい》しているという強《つよ》い自負《じふ》を持《も》っていたと思《おも》います。

では、現状《げんじょう》はどうなのかというと、もはや銀行《ぎんこう》が率先《そっせん》して産業《さんぎょう》を育《そだ》てていくという時代《じだい》ではなくなりました。

不良債権問題《ふりょうさいけんもんだい》というバブル時代《じだい》の負《ふ》の遺産《いさん》を解消《かいしょう》するために、非常《ひじょう》に長《なが》い時間《じかん》がかかるなかで銀行《ぎんこう》の体力《たいりょく》が削《そ》がれ、多《おお》くの銀行《ぎんこう》が破綻《はたん》、もしくは合併《がっぺい》し、さらに日本《にほん》を支《ささ》える強《つよ》い産業《さんぎょう》が失《うしな》われ、銀行《ぎんこう》の存在意義《そんざいいぎ》が大幅《おおはば》に薄《うす》らいだのです。

また郵便貯金《ゆうびんちょきん》も、かつては郵政省《ゆうせいしょう》のもと財政投融資資金《ざいせいとうゆうししきん》の集金《しゅうきん》マシーンとして、強《つよ》い権勢《けんせい》を誇《ほこ》っていましたが、小泉内閣《こいずみないかく》のもとで民営化《みんえいか》が進《すす》み、いまはゆうちょ銀行《ぎんこう》になりました。

かつて、一部《いちぶ》のエリートがお金《かね》の配分《はいぶん》を考《かんが》えるという方法《ほうほう》で、日本《にほん》の高度経済成長《こうどけいざいせいちょう》が実現《じつげん》したのは、世界《せかい》が何《なに》を求《もと》めているのかが極《きわ》めて明確《めいかく》だったからです。

たとえば「安《やす》くて画像《がぞう》が綺麗《きれい》なテレビ」とか「安《やす》くて壊《こわ》れにくい自動車《じどうしゃ》」が求《もと》められた時代《じだい》だったからこそ、官僚《かんりょう》は産業育成《さんぎょういくせい》のための政策《せいさく》を描《えが》くことができ、銀行《ぎんこう》などの金融《きんゆう》機関《きかん》も資金《しきん》の提供先《ていきょうさき》に迷《まよ》わずにすみました。

簡単《かんたん》に言《い》うと、世《よ》の中《なか》が単純《たんじゅん》だったのです。

でも、いまはそういう時代《じだい》ではありません。もちろん安《やす》くて画像《がぞう》が綺麗《きれい》なテレビ、安《やす》くて壊《こわ》れにくい自動車《じどうしゃ》が求《もと》められる国《くに》や地域《ちいき》もありますが、少《すく》なくとも日本《にほん》をはじめとする先進国《せんしんこく》においては、もはやそういう時代《じだい》ではなくなっています。

人々《ひとびと》のニーズが極《きわ》めて多様化《たようか》しているため、一部《いちぶ》の官僚《かんりょう》や企業人《きぎょうじん》が、未来《みらい》の需要動向《じゅようどうこう》を予測《よそく》して製品《せいひん》やサービスを供給《きょうきゅう》しても、当《あ》たらないのです。言《い》い方《かた》を変《か》えると、ひとりの仕掛《しか》け人《にん》が「これからはこれが流行《はや》る！」と断定《だんてい》したうえで、さまざまな販促活動《はんそくかつどう》を展開《てんかい》し、特定《とくてい》の製品《せいひん》やサービスを世《よ》の中《なか》に広《ひろ》めていくといった時代《じだい》は終《お》わったのです。

これからは大勢《おおぜい》の人《ひと》が何《なに》を求《もと》めているのかをリサーチして、大勢《おおぜい》の人《ひと》たちが求《もと》めている製品《せいひん》やサービスを提供《ていきょう》する時代《じだい》になりました。それだけでなく、多様《たよう》な個々《ここ》の小《ちい》さなニーズにも応《こた》えていくことが必要《ひつよう》になっています。

そして、こういう時代《じだい》だからこそ、資本市場《しほんしじょう》を有効《ゆうこう》に活用《かつよう》するほうがいいのです。

前述《ぜんじゅつ》したように、日本《にほん》には膨大《ぼうだい》な個人《こじん》の金融資産《きんゆうしさん》が２０００兆円以上《ちょうえんいじょう》もあります。この２０００兆円《ちょうえん》を政策《せいさく》によって動《うご》かせば、財政《ざいせい》を圧迫《あっぱく》することなく、日本経済《にほんけいざい》を浮揚《ふよう》させる効果《こうか》が期待《きたい》できます。

そして、金融《きんゆう》の世界《せかい》において何《なに》よりもイノベーティブなのは投資家《とうしか》であり、リスクを取《と》れるのも投資家《とうしか》ですから、投資《とうし》する側《がわ》にあまり制限《せいげん》をかけず、自由《じゆう》に投資《とうし》できる環境《かんきょう》を整《せい》備《び》することが、政策《せいさく》サイドに求《もと》められます。

そうすれば、世《よ》の中《なか》が必要《ひつよう》としているところに、お金《かね》がどんどん動《うご》くようになるはずです。

資産所得倍増《しさんしょとくばいぞう》プランに足《た》りない重要《じゅうよう》な視点《してん》

岸田文雄内閣《きしだふみおないかく》が打《う》ち出《だ》した「資産所得倍増《しさんしょとくばいぞう》プラン」は、そんなに悪《わる》い話《はなし》ではありません。

わたしがこの本《ほん》で再三《さいさん》述《の》べているように、「人口減少社会《じんこうげんしょうしゃかい》である、この日本《にほん》でGDPを2倍《ばい》にするのは非常《ひじょう》に難《むずか》しいことだが、金融資産《きんゆうしさん》から得《え》られる所得《しょとく》を2倍《ばい》にするのは、それほど難《むずか》しいことではないはずだ。なぜなら2000兆円《ちょうえん》もの個人金融資産《こじんきんゆうしさん》があるのだから」と、岸田首相《きしだしゅしょう》も考《かんが》えたのでしょう。

これはとてもいい話《はなし》です。過去《かこ》、幾度《いくど》となく景気《けいき》が悪《わる》いときには、さまざまな「景気対策《けいきたいさく》」が打《う》ち出《だ》されたものの、このように国民《こくみん》が持《も》っている金融資産《きんゆうしさん》を活用《かつよう》して、そこから所得《しょとく》を得《え》て消費《しょうひ》を活性化《かっせいか》し、景気《けいき》の浮揚《ふよう》につなげる、といったアイデアは、一度《いちど》も聞《き》いたことがありませんでした。

せいぜい、国債《こくさい》をたくさん刷《す》って多額《たがく》の借金《しゃっきん》をし、それを公共事業《こうきょうじぎょう》に放《ほう》り込《こ》むという程度《ていど》のアイデアが多《おお》かったと思《おも》います。

そして、この手《て》の公共事業《こうきょうじぎょう》などで景気《けいき》を浮揚《ふよう》させようとしたものの、過去《かこ》20年《ねん》にわたるGDPがまったく増《ふ》えなかったことからもわかるように、公共事業《こうきょうじぎょう》による景気対策《けいきたいさく》は、完全《かんぜん》な失敗《しっぱい》に終《お》わったのです。

ということで、資産所得倍増《しさんしょとくばいぞう》プランによって株価《かぶか》が上昇《じょうしょう》することには、おおいに期待《きたい》したいところです。

資産所得倍増《しさんしょとくばいぞう》プランとして挙《あ》がっている7つの取《と》り組《く》みは、次《つぎ》のようなものです。

①家計金融資産《かけいきんゆうしさん》を貯蓄《ちょちく》から投資《とうし》にシフトさせるＮＩＳＡの抜本的拡充《ばっぽんてきかくじゅう》や恒久化《こうきゅうか》。

②加入可能年齢《かにゅうかのうねんれい》の引上《ひきあ》げなどiDeCo制度《せいど》の改革《かいかく》。

③消費者《しょうひしゃ》に対《たい》して中立的《ちゅうりつてき》で信頼《しんらい》できるアドバイスの提供《ていきょう》を促《うなが》すための仕組《しく》みの創設《そうせつ》。

④雇用者《こようしゃ》に対《たい》する資産形成《しさんけいせい》の強化《きょうか》。

⑤安定的《あんていてき》な資産形成《しさんけいせい》の重要性《じゅうようせい》を浸透《しんとう》させていくための金融経済《きんゆうけいざい》教育《きょういく》の充実《じゅうじつ》。

⑥世界《せかい》に開《ひら》かれた国際金融《こくさいきんゆう》センターの実現《じつげん》。

⑦顧客《こきゃく》本位《ほんい》の業務運営《ぎょうむうんえい》の確保《かくほ》。

以上《いじょう》が資産所得倍増《しさんしょとくばいぞう》プランの大《おお》きな柱《はしら》ということなのですが、正直《しょうじき》、これだけではイマイチです。株価《かぶか》を上《あ》げるためには、もっと本質《ほんしつ》を突《つ》いたアイデアが必要《ひつよう》です。

ここに挙《あ》げた資産所得倍増《しさんしょとくばいぞう》プランの個別項目《こべつこうもく》のうち、ＮＩＳＡの制度拡充《せいどかくじゅう》は、ある程度《ていど》の効果《こうか》を発揮《はっき》するかも知《し》れません。

でも、「消費者《しょうひしゃ》に対《たい》して中立的《ちゅうりつてき》で信頼《しんらい》できるアドバイスの提供《ていきょう》を促《うなが》すための仕組《しく》み」って、いったい何《なん》なのでしょうか。

「安定的《あんていてき》な資産形成《しさんけいせい》の重要性《じゅうようせい》を浸透《しんとう》させていくための金融経済《きんゆうけいざい》教育《きょういく》の充実《じゅうじつ》」も、「世界《せかい》に開《ひら》かれた国際金融《こくさいきんゆう》センターの実現《じつげん》」も、ダイレクトに株価《かぶか》上昇《じょうしょう》を促《うなが》す施策《しさく》ではありません。

これらの施策《しさく》を見《み》て、「これなら確実《かくじつ》に株価《かぶか》は上昇《じょうしょう》するはずだ」などと連想《れんそう》できる人《ひと》は、まずいないでしょう。

ましてや「世界《せかい》に開《ひら》かれた国際金融《こくさいきんゆう》センターの実現《じつげん》」なんて、あまりにも取《と》って付《つ》けたような施策《しさく》としか言《い》いようがありません。なぜなら、国際金融《こくさいきんゆう》センターなんてものは、1996年《ねん》の日本版金融《にほんばんきんゆう》ビッグバンのときにも、さんざん議論《ぎろん》された話《はなし》だからです。

あれから25年以上《ねんいじょう》の歳月《さいげつ》が流《なが》れたにもかかわらず、「国際金融《こくさいきんゆう》センターを実現《じつげん》しよう」などと言《い》っているのって、あまりにも単純《たんじゅん》すぎないでしょうか。

自動車《じどうしゃ》も株《かぶ》も商品《しょうひん》がよくなければ誰《だれ》も買《か》わない

株価水準《かぶかすいじゅん》を大《おお》きく上《あ》げて、経済《けいざい》を活性化《かっせいか》したいのであれば、もっとダイレクトに株価《かぶか》を押《お》し上《あ》げられるような施策《しさく》を考《かんが》えなければなりません。

別《べつ》な話《はなし》にたとえてみましょう。あるメーカーの自動車《じどうしゃ》がものすごく売《う》れているとします。なぜ売《う》れるのでしょうか。

もちろん、その自動車《じどうしゃ》を販売《はんばい》しているディーラーの営業努力《えいぎょうどりょく》も多少《たしょう》はあると思《おも》います。しかし、本質的《ほんしつてき》なことを言《い》えば、やはり自動車《じどうしゃ》そのものがよくなければ、誰《だれ》も買《か》おうとはしません。株式市場《かぶしきしじょう》もそれと同《おな》じことが言《い》えます。

ＮＩＳＡの生涯投資枠《しょうがいとうしわく》を１８００万円《まんえん》に引《ひ》き上《あ》げ、制度《せいど》の恒久化《こうきゅうか》と非課税期間《ひかぜいきかん》の無期限化《むきげんか》を行《おこな》い、金融経済教育《きんゆうけいざいきょういく》をどれだけ充実《じゅうじつ》させたとしても、投資《とうし》をするうえで魅力的《みりょくてき》なものが何《なに》もなければ、結局《けっきょく》のところ誰《だれ》も投資《とうし》しようとはしないでしょう。

あるいは、投資《とうし》の魅力《みりょく》のある米国株式《アメリカかぶしき》（Ｓ＆Ｐ５００インデックスファンドなど）にお金《かね》が流《なが》れてしまうかも知《し》れません。

でも、この先《さき》、日本《にほん》の株価《かぶか》が上《あ》がるという期待感《きたいかん》が高《たか》まったらどうでしょうか。

株価《かぶか》が上《あ》がる期待感《きたいかん》が高《たか》まれば、放《ほう》っておいたとしても、大勢《おおぜい》の投資家《とうしか》が日本株《にほんかぶ》を買《か》いに来《き》ます。

繰《く》り返《かえ》し述《の》べているように、人口減少《じんこうげんしょう》が進《すす》む日本《にほん》に残《のこ》された時間《じかん》は、それほど長《なが》くはありません。何《なに》もしなければ、日本《にほん》の経済水準《けいざいすいじゅん》はどんどん下《さ》がり、国際社会《こくさいしゃかい》における日本《にほん》のプレゼンスもどんどん後退《こうたい》していきます。そして、それは経済安全保障《けいざいあんぜんほしょう》という観点《かんてん》からも、大《おお》きな問題《もんだい》になっていきます。

だからこそ、即効性《そっこうせい》のある株価対策《かぶかたいさく》が必要《ひつよう》です。

理想的《りそうてき》なことを言《い》うならば、日本企業《にほんきぎょう》の生産性《せいさんせい》を引《ひ》き上《あ》げ、イノベーションが加速《かそく》するようにし、世界《せかい》に冠《かん》たる技術《ぎじゅつ》を磨《みが》き上《あ》げ、グローバルな競争《きょうそう》に勝《か》ち抜《ぬ》き、世界《せかい》ナンバーワンのシェアを握《にぎ》り、他国《たこく》の企業《きぎょう》の追随《ついずい》を許《ゆる》さないようにすれば、確《たし》かに株価《かぶか》は上《あ》がります。

でも、それはあくまでも理想論《りそうろん》に過《す》ぎません。同《おな》じことは米国《アメリカ》企業《きぎょう》も、韓国《かんこく》企業《きぎょう》も、中《ちゅう》国企業《ごくきぎょう》やインド企業《きぎょう》も考《かんが》えています。それだけに熾烈《しれつ》な競争《きょうそう》になるのは間違《まちが》いありませんし、競争《きょうそう》に勝《か》てないかも知《し》れない。

もちろん競争《きょうそう》に勝《か》つための努力《どりょく》は必要《ひつよう》ですが、その前《まえ》に、まずは株価《かぶか》を簡単《かんたん》に上《あ》げられる方法《ほうほう》を実践《じっせん》することが肝心《かんじん》です。

方法《ほうほう》はあります。これを実行《じっこう》すれば、株価《かぶか》が確実《かくじつ》に上昇《じょうしょう》するという方法《ほうほう》です。しかも、長《なが》い時間《じかん》をかけて2倍《ばい》になるといった悠長《ゆうちょう》な話《はなし》ではなく、株価《かぶか》にとってかなり即効性《そっこうせい》が期《き》待《たい》できます。

それは、企業《きぎょう》の配当《はいとう》を損金扱《そんきんあつか》いにすることです。配当《はいとう》の損金算入《そんきんさんにゅう》を認《みと》めるだけで、株価《かぶか》は確実《かくじつ》に上昇《じょうしょう》するはずです。

配当《はいとう》の損金算入《そんきんさんにゅう》を認《みと》めれば株価《かぶか》は一気《いっき》に上《あ》がる

現在《げんざい》、配当《はいとう》は損金算入《そんきんさんにゅう》が認《みと》められていません。つまり、会社《かいしゃ》にとって経費扱《けいひあつか》いにならないのです。なぜなら、株主《かぶぬし》に対《たい》する配当《はいとう》は、税引《ぜいび》き後《ご》の利益《りえき》の一部《いちぶ》が充《あ》てられるからです。もし、上場企業《じょうじょうきぎょう》の配当《はいとう》の損金算入《そんきんさんにゅう》を認《みと》めたとしたら、いまの税率《ぜいりつ》だとおおまかに言《い》って１・５倍《ばい》くらいまで配当《はいとう》を払《はら》うことができます。配当利回《はいとうりまわ》りが一定《いってい》と仮定《かてい》したら、株価《かぶか》はいまの１・５倍《ばい》になります。

日経平均株価《にっけいへいきんかぶか》が３万円《まんえん》だとしたら、その１・５倍《ばい》で４万《まん》５０００円《えん》ですから、これだけで日経平均株価《にっけいへいきんかぶか》は、30年以上《ねんいじょう》にわたって実現《じつげん》できなかった過去最高値《かこさいたかね》を一気《いっき》に更新《こうしん》できます。

株価《かぶか》がバブル後最高値《ごさいたかね》を更新《こうしん》したとなったら、これはもう一気《いっき》に世《よ》の中《なか》の視界《しかい》が開《ひら》けます。将来《しょうらい》に対《たい》する希望《きぼう》が生《う》まれてきます。

多《おお》くの人《ひと》たちがポジティブな気持《きも》ちになったら、株価《かぶか》はその相乗効果《そうじょうこうか》によってさらに値上《ねあ》がりするでしょう。2倍《ばい》、3倍増《ばいぞう》も決《けっ》して不可能《ふかのう》だとは思《おも》いません。

しかも、配当《はいとう》の損金算入《そんきんさんにゅう》は、単《たん》なるルール変更《へんこう》ですから、それを実現《じつげん》させるうえで大《おお》きく仕組《しく》みや制度《せいど》を変《か》える必要《ひつよう》はありません。

また上場《じょうじょう》企業《きぎょう》であれば経理担当者《けいりたんとうしゃ》がいて、さらに監査法人《かんさほうじん》も入《はい》っていますから、このルール変更《へんこう》を行《おこな》うために新《あら》たな組織《そしき》を立《た》ち上《あ》げたり、人員《じんいん》を増《ふ》やしたりする必要《ひつよう》もありません。

財務省《ざいむしょう》が、「今日《きょう》から配当《はいとう》の損金算入《そんきんさんにゅう》を認《みと》めます」と宣言《せんげん》しさえすれば、何《なん》のコストもかけずに簡単《かんたん》にできてしまうのです。

過去《かこ》、さまざまな株価対策《かぶかたいさく》が行《おこな》われました。古《ふる》くは1992年《ねん》、バブル経済《けいざい》の崩壊《ほうかい》で株《かぶ》価《か》が大幅《おおはば》に下落《げらく》したときです。このとき、政府《せいふ》が立案《りつあん》した総合経済対策《そうごうけいざいたいさく》の一環《いっかん》として、年《ねん》金福祉事業団《きんふくしじぎょうだん》や郵便貯金《ゆうびんちょきん》の資金《しきん》を原資《げんし》にして株式《かぶしき》を買《か》い、株価《かぶか》の下支《したざさ》えを行《おこな》いました。

2013年以降《ねんいこう》は、日本銀行《にっぽんぎんこう》が株式市場《かぶしきしじょう》における新《あら》たな買《か》い手《て》として登場《とうじょう》してきました。

黒田東彦《くろだはるひこ》前日銀総裁《ぜんにちぎんそうさい》のもと「量的《りょうてき》・質的金融緩和《しつてききんゆうかんわ》」が打《う》ち出《だ》され、日銀《にちぎん》がＲＥＩＴ（不動《ふどう》産投資信託《さんとうししんたく》）やＥＴＦ（上場投資信託《じょうじょうとうししんたく》）を市場《しじょう》から買《か》い付《つ》けることによって、市中《しちゅう》に資《し》金供給《きんきょうきゅう》を行《おこな》う金融緩和政策《きんゆうかんわせいさく》が行《おこな》われたのです。

日銀《にちぎん》がＥＴＦを買《か》えば、株価《かぶか》は上昇《じょうしょう》しやすくなります。名目《めいもく》は「金融緩和《きんゆうかんわ》」ですが、実《じっ》質的《しつてき》には株価対策《かぶかたいさく》の一種《いっしゅ》とみていいでしょう。

ただ、これらの株価対策《かぶかたいさく》にはさまざまな問題《もんだい》があります。というのも、おもに株価《かぶか》が急《きゅう》落《らく》したときに行《おこな》われるため、株価《かぶか》の暴落《ぼうらく》を回避《かいひ》する効果《こうか》は期待《きたい》できますが、市場《しじょう》の実態《じったい》を反映《はんえい》しない株価形成《かぶかけいせい》になる恐《おそ》れがあります。

その結果《けっか》、ある程度《ていど》株価《かぶか》が下《さ》げ止《ど》まったとしても、取引《とりひき》に参加《さんか》している投資家《とうしか》を「いまの株価《かぶか》は公的資金《こうてきしきん》の買《か》いで下《さ》げ止《ど》まっているだけ。まだ下値《したね》がある」などと疑心暗鬼《ぎしんあんき》にさせてしまい、逆《ぎゃく》に買《か》いが入《はい》りにくくなるのです。

また２０１３年以降《ねんいこう》、日銀《にちぎん》が行《おこな》っている量的《りょうてき》・質的金融緩和《しつてききんゆうかんわ》に伴《ともな》うＥＴＦ買《が》いも、日銀《にちぎん》が自己勘定《じこかんじょう》で大量《たいりょう》のリスク商品《しょうひん》を持《も》つことが、中央銀行《ちゅうおうぎんこう》の信頼性《しんらいせい》を保《たも》つうえでいかがなものか、という批判《ひはん》もありました。

でも、配当《はいとう》の損金算入《そんきんさんにゅう》は、過去《かこ》の株価対策《かぶかたいさく》に対《たい》して投《な》げつけられたような批判《ひはん》にはつながらないでしょう。

なぜなら、公的資金《こうてきしきん》を注入《ちゅうにゅう》することなく、あるいは日銀《にちぎん》に対《たい》する信認《しんにん》を損《そこ》なうこともなく、税制《ぜいせい》のルールを少《すこ》しいじるだけで実現《じつげん》できるからです。そして、それが株価《かぶか》を大《おお》きく引《ひ》き上《あ》げることにつながるのです。

株価《かぶか》が上《あ》がるなら税率《ぜいりつ》を上《あ》げても文句《もんく》は出《で》ない

もちろん、税務署《ぜいむしょ》のなかには、「そんなことをしたら税収《ぜいしゅう》が減《へ》ってしまう」とおっしゃる方《かた》もいるかも知《し》れません。

確《たし》かに、配当《はいとう》を損金算入《そんきんさんにゅう》すれば、法人税《ほうじんぜい》として徴収《ちょうしゅう》できる税額《ぜいがく》は減《へ》るでしょう。しかし、配当《はいとう》に対《たい》する源泉税《げんせんぜい》で徴収《ちょうしゅう》できる税額《ぜいがく》があります。また、株価《かぶか》が大《おお》きく上昇《じょうしょう》すれば、キャピタルゲイン課税《かぜい》を通《つう》じて、大《おお》きく税金《ぜいきん》を徴収《ちょうしゅう》できるはずです。このキャピタルゲイン課《か》税《ぜい》による税金《ぜいきん》の増収《ぞうしゅう》は、法人税《ほうじんぜい》の減収《げんしゅう》を大《おお》きく上回《うわまわ》ります。さらに、この点《てん》についてわたしは、キャピタルゲインの税率《ぜいりつ》を引《ひ》き上《あ》げてもいいとさえ思《おも》っています。

理由《りゆう》はいくつかあります。

第一《だいいち》に、仮《かり》にキャピタルゲインの税率《ぜいりつ》を、現在《げんざい》の20・３１５％から、たとえば30・３１５％まで引《ひ》き上《あ》げたとしても、株価《かぶか》が現状《げんじょう》に比《くら》べて１・５倍《ばい》、あるいは2倍《ばい》まで値上《ねあ》がりしていたら、恐《おそ》らく誰《だれ》も文句《もんく》は言《い》わないでしょう。仮《かり》に税率《ぜいりつ》が引《ひ》き上《あ》げられたとしても、十分《じゅうぶん》な値上《ねあ》がり益《えき》は確保《かくほ》できるはずです。

第二《だいに》に、「新《あたら》しいＮＩＳＡ」の生涯非課税枠《しょうがいひかぜいわく》が１８００万円《まんえん》になったことです。世帯人員《せたいじんいん》がふたり以上《いじょう》で、貯蓄《ちょちく》を保有《ほゆう》している勤労者世帯《きんろうしゃせたい》の平均貯蓄額《へいきんちょちくがく》は、２０２２年《ねん》の家計調査報告《かけいちょうさほうこく》によると１５０８万円《まんえん》です。つまり、持《も》っている金融資産《きんゆうしさん》を全額《ぜんがく》、新《あたら》しいＮＩＳＡで運用《うんよう》すれば、キャピタルゲイン課税《かぜい》の税率《ぜいりつ》が30％になろうとも、40％になろうとも、非課税《ひかぜい》ですんでしまうのです。

もちろん、億円単位《おくえんたんい》の資金《しきん》を運用《うんよう》している富裕層《ふゆうそう》にとっては、ちょっと懐《ふところ》に痛《いた》い話《はなし》かも知《し》れませんが、前述《ぜんじゅつ》したように、株価《かぶか》が大《おお》きく上昇《じょうしょう》しているのであれば、税率《ぜいりつ》が引《ひ》き上《あ》げられたとしても文句《もんく》は出《で》ないでしょう。

そして第三《だいさん》に、キャピタルゲイン課税《かぜい》の税率《ぜいりつ》を引《ひ》き上《あ》げれば、株価《かぶか》を上《あ》げる政策《せいさく》を実行《じっこう》に移《うつ》したとしても、「格差助長《かくさじょちょう》」とか「金持《かねも》ち優遇《ゆうぐう》」といった批判《ひはん》を受《う》けずにすみます。徴収《ちょうしゅう》された税金《ぜいきん》が広《ひろ》く世《よ》の中《なか》のために使《つか》われれば、大勢《おおぜい》の人《ひと》たちが恩恵《おんけい》に浴《よく》することができるからです。

もちろん、そのためには正《ただ》しい税金《ぜいきん》の使《つか》われ方《かた》が絶対条件《ぜったいじょうけん》になるのは、言《い》うまでもありません。

配当《はいとう》の損金算入《そんきんさんにゅう》は中小企業《ちゅうしょうきぎょう》も元気《げんき》にする

配当《はいとう》の損金算入《そんきんさんにゅう》は、株価《かぶか》にとって大《おお》きなプラス要因《よういん》ですが、株価《かぶか》を気《き》にしているのは、株式《かぶしき》を上場《じょうじょう》している企業《きぎょう》だけで、株式《かぶしき》を上場《じょうじょう》していない中小企業《ちゅうしょうきぎょう》にとっては何《なん》のメリットもない、と思《おも》われるかも知《し》れません。

でも、配当《はいとう》の損金算入《そんきんさんにゅう》は、実《じつ》は中小企業《ちゅうしょうきぎょう》をも元気《げんき》にしてくれます。

少《すこ》し前《まえ》のデータで恐縮《きょうしゅく》ですが、国税庁《こくぜいちょう》の調査報告《ちょうさほうこく》である「会社標本調査結果《かいしゃひょうほんちょうさけっか》（令和《れいわ》３年度《ねんど》）」によると、日本企業《にほんきぎょう》のうち61・７％が欠損法人《けっそんほうじん》、つまり赤字《あかじ》を計上《けいじょう》している会《かい》社《しゃ》です。

この数字《すうじ》は大企業《だいきぎょう》も含《ふく》めたものですが、日本《にほん》にある企業《きぎょう》のうち大企業《だいきぎょう》に分類《ぶんるい》されるのは、全体《ぜんたい》の０・３％であり、大半《たいはん》が中小企業《ちゅうしょうきぎょう》・小規模事業者《しょうきぼじぎょうしゃ》ですから、61・７％の赤字会《あかじがい》社《しゃ》の大半《たいはん》は、中小企業《ちゅうしょうきぎょう》・小規模事業者《しょうきぼじぎょうしゃ》で占《し》められていると考《かんが》えられます。

ただ、中小企業《ちゅうしょうきぎょう》・小規模事業者《しょうきぼじぎょうしゃ》が計上《けいじょう》している赤字決算《あかじけっさん》は、本当《ほんとう》に赤字《あかじ》なのかという疑問《ぎもん》があります。

よく中小企業経営者《ちゅうしょうきぎょうけいえいしゃ》に見《み》られるのですが、年度末《ねんどまつ》が近《ちか》づいてきたとき、ある程度《ていど》の黒《くろ》字《じ》が出《で》ているときには、決算対策《けっさんたいさく》と称《しょう》して、経営《けいえい》とはあまり関係《かんけい》のない、どちらかというと私物《しぶつ》に近《ちか》いものをどんどん買《か》って経費扱《けいひあつか》いにし、黒字《くろじ》を圧縮《あっしゅく》して赤字《あかじ》ギリギリにする節《せつ》税対策《ぜいたいさく》を駆使《くし》するケースがあります。

正直《しょうじき》、あまり健全《けんぜん》な話《はなし》ではないのですが、もし配当《はいとう》の損金算入《そんきんさんにゅう》を認《みと》めれば、経営者《けいえいしゃ》も配《はい》当《とう》で利益《りえき》の一部《いちぶ》を受《う》け取《と》り、正々堂々《せいせいどうどう》と好《す》きなように使《つか》えばいい、ということになるでしょう。

そうすれば、多《おお》くの中小企業《ちゅうしょうきぎょう》が経費《けいひ》を使《つか》って赤字《あかじ》ギリギリにすることなく、黒字決算《くろじけっさん》にして、そこから出《だ》した配当《はいとう》は損金算入《そんきんさんにゅう》できますから、黒字《くろじ》を計上《けいじょう》する中小企業《ちゅうしょうきぎょう》が増《ふ》える可能性《かのうせい》があります。

あるいは、黒字化《くろじか》によって設備投資減税《せつびとうしげんぜい》を活用《かつよう》するメリットも出《で》てきますから、中小《ちゅうしょう》企業《きぎょう》にとっては生産性向上《せいさんせいこうじょう》のきっかけにもなるはずです。

いずれにしても、配当《はいとう》の損金算入《そんきんさんにゅう》は、大企業《だいきぎょう》から中小企業《ちゅうしょうきぎょう》・小規模事業者《しょうきぼじぎょうしゃ》すべてにとってメリットにつながるのです。

株価《かぶか》の上昇《じょうしょう》は超高齢化《ちょうこうれいか》の問題《もんだい》も解決《かいけつ》する

最近《さいきん》、会社員《かいしゃいん》の収入《しゅうにゅう》がなかなか増《ふ》えないという話《はなし》を、いろいろなところから聞《き》きます。

実際《じっさい》、国税庁《こくぜいちょう》の「民間給与実態統計調査《みんかんきゅうよじったいとうけいちょうさ》」を見《み》ると、会社員《かいしゃいん》の平均年収《へいきんねんしゅう》がピークをつけたのは1998年《ねん》で、このときの額《がく》は418万《まん》5000円《えん》でしたが、ここから減少傾向《げんしょうけいこう》をたどり、2009年《ねん》には350万《まん》2000円《えん》まで落《お》ち込《こ》みました。

そこから見《み》れば、わずかに回復《かいふく》してはいますが、直近《ちょっきん》2021年《ねん》の平均年収《へいきんねんしゅう》は、380万《まん》7000円《えん》です。この24年間《ねんかん》を通《つう》じて、日本人《にほんじん》の会社員《かいしゃいん》は給与《きゅうよ》が増《ふ》えたことを実感《じっかん》できないまま、いまに至《いた》っているわけです。

とはいえ、これからはある程度《ていど》、給与《きゅうよ》の上昇《じょうしょう》も期待《きたい》できます。なぜなら上場企業《じょうじょうきぎょう》を中心《ちゅうしん》にして、従業員《じゅうぎょういん》の給与《きゅうよ》を引《ひ》き上《あ》げる意向《いこう》を見《み》せているからです。

実際《じっさい》、2023年《ねん》3月《がつ》31日《にち》から4月《がつ》20日《はつか》までの期間《きかん》で実施《じっし》された日本経済新聞社《にほんけいざいしんぶんしゃ》の賃金《ちんぎん》動向調査《どうこうちょうさ》によると、定期昇給《ていきしょうきゅう》とベースアップを合《あ》わせた平均賃上《へいきんちんあ》げ率《りつ》は、前年比《ぜんねんひ》で1・54%も高《たか》い3・89%にもなったそうです。

また連合《れんごう》の調査《ちょうさ》によると、賃上《ちんあ》げの動《うご》きは大企業《だいきぎょう》だけでなく、中小企業《ちゅうしょうきぎょう》にも広《ひろ》がっていて、2023年春闘《ねんしゅんとう》の第《だい》5回集計結果《かいしゅうけいけっか》を見《み》ると、定期昇給《ていきしょうきゅう》とベースアップを合《あ》わせた平均賃上《へいきんちんあ》げ率《りつ》は、300人未満《にんみまん》の中小労働組合《ちゅうしょうろうどうくみあい》で3・35%になり、前年同時期《ぜんねんどうじき》の2・

02%を大幅《おおはば》に上回《うわまわ》ったということです。

これは物価上昇《ぶっかじょうしょう》の影響《えいきょう》もありますが、一番《いちばん》の理由《りゆう》は人材確保《じんざいかくほ》でしょう。

生産年齢人口《せいさんねんれいじんこう》といって、15歳《さい》から64歳《さい》までの、労働《ろうどう》意欲《いよく》や能力《のうりょく》に関係《かんけい》なく働《はたら》くことのできる人口《じんこう》の推移《すいい》は、減少傾向《げんしょうけいこう》をたどっています。

国立社会保障《こくりつしゃかいほしょう》・人口問題研究所《じんこうもんだいけんきゅうじょ》の２０２３年推計値《ねんすいけいち》（出生中位推計《しゅっしょうちゅういすいけい》）によると、生《せい》産年齢人口《さんねんれいじんこう》は、２０２０年《ねん》が７５０８万《まん》８０００人《にん》ですが、２０３０年《ねん》には７０７５万《まん》７０００人《にん》へと、実《じつ》に４３３万《まん》１０００人《にん》も減《へ》る計算《けいさん》です。

さらに先《さき》を見《み》ると、２０４０年《ねん》には６２１３万《まん》３０００人《にん》、２０５０年《ねん》には５５４０万《まん》２０００人《にん》、２０６０年《ねん》には５０７８万《まん》１０００人《にん》、そして２０７０年《ねん》には４５３５万人《まんにん》まで減少《げんしょう》するという推計値《すいけいち》が出《で》ています。

日本《にほん》の人口問題《じんこうもんだい》は、総人口《そうじんこう》の減少《げんしょう》もさることながら、生産年齢人口《せいさんねんれいじんこう》という稼《かせ》ぎ手《て》の数《かず》が大《おお》きく減《へ》ることにあるのです。

働《はたら》き手《て》が減《へ》れば、日本国内《にほんこくない》では人材確保《じんざいかくほ》が一段《いちだん》と難《むずか》しくなります。特《とく》に大勢《おおぜい》の働《はたら》き手《て》を必要《ひつよう》とする労働集約型産業《ろうどうしゅうやくがたさんぎょう》においては、人手不足《ひとでぶそく》が企業《きぎょう》の存続《そんぞく》にかかわる大問題《だいもんだい》になるでしょう。

そういう状況《じょうきょう》に直面《ちょくめん》しているだけに、企業《きぎょう》は少《すこ》しでも社員《しゃいん》の待遇《たいぐう》をよくして、人材確保《じんざいかくほ》に走《はし》っているのです。

ただ、こうして給与《きゅうよ》が引《ひ》き上《あ》げられたとしても、それで生活《せいかつ》が楽《らく》になるかと言《い》われると、疑問《ぎもん》が残《のこ》ります。それはこの先《さき》、日本《にほん》が直面《ちょくめん》する超高齢問題《ちょうこうれいもんだい》です。

具体的《ぐたいてき》に言《い》うと、生産年齢人口《せいさんねんれいじんこう》が減少《げんしょう》する一方《いっぽう》で、65歳以上《さいいじょう》の高齢者数《こうれいしゃすう》が増加《ぞうか》していきます。２０２０年《ねん》には３６０２万《まん》７０００人《にん》だったのが、２０３０年《ねん》には３６９６万《まん》２０００人《にん》、２０４０年《ねん》には３９２８万《まん》５０００人《にん》というように増《ふ》えていくのです。

高齢者人口《こうれいしゃじんこう》はその後《ご》、減少《げんしょう》に転《てん》じ、２０５０年《ねん》は３８８７万《まん》８０００人《にん》、２０６０年《ねん》は３６４３万《まん》７０００人《にん》、２０７０年《ねん》は３３６７万《まん》１０００人《にん》という具合《ぐあい》になりますが、問題《もんだい》は生産年齢人口《せいさんねんれいじんこう》と高齢者人口《こうれいしゃじんこう》の比率《ひりつ》です。

２０４０年《ねん》時点《じてん》では１・58人《にん》でひとりの高齢者《こうれいしゃ》を支《ささ》えるのが、２０７０年《ねん》は１・35人《にん》でひとりの高齢者《こうれいしゃ》を支《ささ》えることになります。

２０７０年《ねん》なんてまだまだ先《さき》の話《はなし》のように思《おも》えますが、２０２３年《ねん》に生《う》まれた子供《こども》が47

歳《さい》になったときですから、そう遠《とお》い未来《みらい》の話《はなし》ではありません。

２０２３年時点《ねんじてん》では２・03人《にん》でひとりの高齢者《こうれいしゃ》を支《ささ》えていますが、１・35人《にん》でひとりということになると、これは相当程度《そうとうていど》、現役世代《げんえきせだい》にとっては健康保険料《けんこうほけんりょう》や年金保険料《ねんきんほけんりょう》などの社会保険料《しゃかいほけんりょう》負担《ふたん》が重《おも》くなることを意味《いみ》します。

仮《かり》に給与《きゅうよ》がこれから先《さき》、引《ひ》き上《あ》げられたとしても、社会保険料《しゃかいほけんりょう》の負担《ふたん》が重《おも》くなってしまうと、生活費《せいかつひ》やレジャーに使《つか》えるお金《かね》はどんどん目減《めべ》りしてしまいます。

でも、投資《とうし》した企業《きぎょう》の株価《かぶか》が値上《ねあ》がりし、国民全体《こくみんぜんたい》がその恩恵《おんけい》に浴《よく》することができれば、こうした問題《もんだい》も解決《かいけつ》することが可能《かのう》です。

株価《かぶか》の上昇《じょうしょう》は、一生活者《いちせいかつしゃ》にとっても大《おお》きなメリットになるのです。

第4章

ナチュラルバイヤーを増やせ！

「いい会社《かいしゃ》が多《おお》いのに、株価《かぶか》が上《あ》がらないんだよね」

海外《かいがい》の投資家《とうしか》に「日本《にほん》の企業《きぎょう》をどう思《おも》う？」と聞《き》くと、その評価《ひょうか》は決《けっ》して悪《わる》いものではありません。実《じつ》は大勢《おおぜい》の投資家《とうしか》から、「素晴《すば》らしい技術力《ぎじゅつりょく》を持《も》っている」「米国企業《アメリカきぎょう》では真似《まね》ができない」という賞賛《しょうさん》の声《こえ》をいただくことがたくさんあります。

ところが、その後《あと》にほぼ必《かなら》ずといっていいほど、「いい会社《かいしゃ》が多《おお》いのに、株価《かぶか》が上《あ》がらないんだよね……」という言葉《ことば》が続《つづ》きました。少《すく》なくとも２０２２年中《ねんちゅう》はそうだったのです。

では、どうして株価《かぶか》が上《あ》がらなかったのでしょうか。

前述《ぜんじゅつ》したように、２０２３年《ねん》5月《がつ》からの株価上昇《かぶかじょうしょう》は、「日本《にほん》の株式市場《かぶしきしじょう》の何《なに》かが変《か》わる」という期待感《きたいかん》によって押《お》し上《あ》げられた部分《ぶぶん》が大《おお》きいと考《かんが》えています。そして、期待感《きたいかん》は簡単《かんたん》に失望感《しつぼうかん》に変《か》わります。

したがって、期待感《きたいかん》の高《たか》いうちに日本《にほん》の株価《かぶか》がさらに、着実《ちゃくじつ》に上昇《じょうしょう》していくための土台《どだい》をつくらなければなりません。

それが「ナチュラルバイヤー」という考《かんが》え方《かた》です。

日本企業《にほんきぎょう》はとても付加価値《ふかかち》の高《たか》い製品《せいひん》・サービスを提供《ていきょう》していると言《い》われながら、なぜこれまで株価《かぶか》が上《あ》がらなかったのか。考《かんが》えてみれば不思議《ふしぎ》なことです。これは、「日本人《にほんじん》は投資《とうし》が嫌《きら》いで貯蓄《ちょちく》が好《す》きだから」というだけでは説明《せつめい》が付《つ》きません。

この三十数年余《さんじゅうすうねんあま》り、日本《にほん》の株価《かぶか》が低迷《ていめい》し続《つづ》ける一方《いっぽう》、米国《アメリカ》の株価《かぶか》は大《おお》きく、順調《じゅんちょう》に値上《ねあ》がりしてきました。

なぜ、これだけの差《さ》が開《ひら》いてしまったのでしょうか。

日本《にほん》になくて、米国《アメリカ》にあるものは何《なん》でしょうか。

そこを突《つ》き詰《つ》めて考《かんが》えていくと、ナチュラルバイヤーの有無《うむ》という問題《もんだい》にぶつかるのです。

米国《アメリカ》ではありとあらゆる方法《ほうほう》を用《もち》いて、株価《かぶか》が上《あ》がる仕組《しく》みが設《もう》けられています。前述《ぜんじゅつ》したように、企業年金《きぎょうねんきん》の運用《うんよう》に際《さい》しては、エリサ法《ほう》によって市場全体《しじょうぜんたい》と同等《どうとう》か、それ以上《いじょう》のリターンを達成《たっせい》しなければならないことが義務付《ぎむづ》けられていますし、ケアテイカーが認知症《にんちしょう》になった人《ひと》の代《か》わりに資産管理《しさんかんり》を行《おこな》うに際《さい》しても、年金運用《ねんきんうんよう》と同様《どうよう》、市場全体《しじょうぜんたい》と同等《どうとう》か、それを上回《うわまわ》るリターンの実現《じつげん》が求《もと》められます。

それ以外《いがい》にも、個人《こじん》が退職後《たいしょくご》の生活《せいかつ》に必要《ひつよう》な資金《しきん》を積《つ》み立《た》て、運用《うんよう》するＩＲＡ（個人《こじん》退職口座《たいしょくこうざ》）や４０１ｋプランは、ミューチュアルファンドという投資信託《とうししんたく》での運用《うんよう》が選《えら》べますし、子弟《してい》が通《かよ》う大学《だいがく》への寄付金《きふきん》は、エンダウメント投資《とうし》を通《つう》じて、その一部《いちぶ》が株式《かぶしき》市場《しじょう》に流《なが》れ込《こ》んでいます。

このように、多《おお》くのお金《かね》が株式市場《かぶしきしじょう》に流入《りゅうにゅう》する仕組《しく》みが隅々《すみずみ》にまで張《は》り巡《めぐ》らされているため、米国《アメリカ》では株価《かぶか》の上昇《じょうしょう》こそが、多《おお》くの国民《こくみん》の幸《しあわ》せに直結《ちょっけつ》しているのです。

だから、さまざまな政策《せいさく》も株価《かぶか》にとってフェイバーな内容《ないよう》になりますし、何《なに》よりもこれが重要《じゅうよう》な点《てん》なのですが、多《おお》くの米国人《アメリカじん》が株価《かぶか》の上昇《じょうしょう》を望《のぞ》んでいます。大勢《おおぜい》の国民《こくみん》が株価《かぶか》の上昇《じょうしょう》に期待《きたい》し、政策《せいさく》・制度面《せいどめん》で株価《かぶか》が上昇《じょうしょう》しやすい環境《かんきょう》が整備《せいび》されているのです。

これを「ナチュラルバイヤー」と称《しょう》します。

このように、米国《アメリカ》ではナチュラルバイヤーの仕組《しく》みが構築《こうちく》され、それが十分《じゅうぶん》に機能《きのう》しているのですが、日本《にほん》の場合《ばあい》、それとは逆《ぎゃく》に「ナチュラルセラー」ではないかと言《い》いたくなるような、株式《かぶしき》の売《う》り圧力《あつりょく》を強《つよ》めるような制度《せいど》、仕組《しく》みが至《いた》るところにちりばめられています。

これは、日本《にほん》の株価《かぶか》が上昇《じょうしょう》している２０２３年《ねん》7月《がつ》時点《じてん》においても、変《か》わりません。これをどうにかしない限《かぎ》り、日本《にほん》の株式市場《かぶしきしじょう》は常《つね》に売《う》り圧力《あつりょく》にさらされた状態《じょうたい》で、日々《ひび》の取《とり》引《ひき》を続《つづ》けていかざるをえなくなります。

持《も》ち合《あ》い解消《かいしょう》によって株価《かぶか》が下《さ》がる理由《りゆう》

何《なに》がナチュラルセラーなのか。思《おも》いつくままに挙《あ》げてみましょう。

まず株式持《かぶしきも》ち合《あ》いの解消《かいしょう》です。

持《も》ち合《あ》い解消《かいしょう》が悪《わる》いと言《い》っているのではありません。後述《こうじゅつ》するように、株式持《かぶしきも》ち合《あ》いの解消《かいしょう》については、それを是《ぜ》とする理由《りゆう》があります。問題《もんだい》は、持《も》ち合《あ》いを解消《かいしょう》した後《あと》、株式《かぶしき》市場《しじょう》に放出《ほうしゅつ》された株式《かぶしき》の受《う》け皿《ざら》がないことなのです。

株式持《かぶしきも》ち合《あ》いとは、企業《きぎょう》グループ内《ない》・系列内《けいれつない》で、お互《たが》いの株式《かぶしき》を保有《ほゆう》し合《あ》うことです。洗練《せんれん》された資本市場《しほんしじょう》を持《も》つ米国《アメリカ》においては、上場企業《じょうじょうきぎょう》同士《どうし》がお互《たが》いの株式《かぶしき》を一定率《いっていりつ》保有《ほゆう》し合《あ》うなどということは、ほとんど行《おこな》われていませんが、日本《にほん》の場合《ばあい》、戦後経済復興《せんごけいざいふっこう》の過程《かてい》において、国内産業《こくないさんぎょう》を保護《ほご》・育成《いくせい》するうえで、株式《かぶしき》の持《も》ち合《あ》いが必要《ひつよう》だったと考《かんが》えられます。

日本《にほん》は高度経済成長期《こうどけいざいせいちょうき》の最中《さいちゅう》、１９６４年《ねん》にＯＥＣＤ加盟国《かめいこく》となり、貿易《ぼうえき》の自由化《じゆうか》や資本《しほん》の自由化《じゆうか》を諸外国《しょがいこく》から求《もと》められました。特《とく》に資本《しほん》の自由化《じゆうか》については、外国企業《がいこくきぎょう》による日本企業《にほんきぎょう》の買収《ばいしゅう》が危惧《きぐ》されるようになり、日本企業《にほんきぎょう》の間《あいだ》に安定株主《あんていかぶぬし》を求《もと》める動《うご》きが広《ひろ》まりました。

その結果《けっか》、銀行《ぎんこう》を中心《ちゅうしん》とする企業集団《きぎょうしゅうだん》、自動車業界《じどうしゃぎょうかい》を中心《ちゅうしん》とした事業会社間《じぎょうがいしゃかん》で、お互《たが》いの株式《かぶしき》を持《も》ち合《あ》うようになったのです。

そうなると、わずかな買《か》いが入《はい》ってくるだけで、株価《かぶか》が大《おお》きく上昇《じょうしょう》します。

バブル期《き》に、日本《にほん》企業《きぎょう》の株価《かぶか》は軒並《のきな》み過去最高値《かこさいたかね》を更新《こうしん》しましたが、その理由《りゆう》として日《に》本経済《ほんけいざい》が絶好調《ぜっこうちょう》だったこともありますが、同時《どうじ》に株式市場《かぶしきしじょう》で取引《とりひき》されている株数《かぶすう》が、株式《かぶしき》持《も》ち合《あ》いによって少《すく》なかったことも、要因《よういん》のひとつと考《かんが》えられます。

こうして株価《かぶか》が上昇《じょうしょう》すればするほど、持《も》ち合《あ》いで保有《ほゆう》していた株式《かぶしき》には、多額《たがく》の評価益《ひょうかえき》が発生《はっせい》しました。

この評価益《ひょうかえき》は、企業《きぎょう》の業績《ぎょうせき》が悪化《あっか》したときなどに、保有株式《ほゆうかぶしき》の一部《いちぶ》を売却《ばいきゃく》して含《ふく》み益《えき》を実現《じつげん》させ、赤字《あかじ》を補填《ほてん》するといった使《つか》われ方《かた》をしていたのですが、２０００年《ねん》に金融《きんゆう》商品会計《しょうひんかいけい》と法人税法《ほうじんぜいほう》の見直《みなお》しが行《おこな》われ、含《ふく》み益《えき》を実現《じつげん》させた後《あと》、再《ふたた》び同《おな》じ企業《きぎょう》の株式《かぶしき》を同数買《どうすうか》い付《つ》けるというクロス取引《とりひき》が認《みと》められなくなりました。

持《も》ち合《あ》い株式《かぶしき》を売却《ばいきゃく》したら、そのまま売《う》り切《き》るしかなくなってしまったのです。

しかもこの時期《じき》、銀行《ぎんこう》はバブル崩壊《ほうかい》によって抱《かか》え込《こ》んだ、多額《たがく》の不良債権処理《ふりょうさいけんしょり》を推《お》し進《すす》めていました。不良債権処理《ふりょうさいけんしょり》で生《しょう》じた赤字《あかじ》を、持《も》ち合《あ》い株式《かぶしき》の売却益《ばいきゃくえき》で穴埋《あなう》めしたのですが、会計基準《かいけいきじゅん》の見直《みなお》しによって、益出《えきだ》しのために売却《ばいきゃく》した株式《かぶしき》の買《か》い戻《もど》しが認《みと》められなくなったため、銀行《ぎんこう》と企業《きぎょう》の株式持《かぶしきも》ち合《あ》いは、強制的《きょうせいてき》に解消《かいしょう》されることになりました。

加《くわ》えて、バブル崩壊後《ほうかいご》、諸外国《しょがいこく》、特《とく》に米国《アメリカ》から日本固有《にほんこゆう》の商慣習《しょうかんしゅう》に対《たい》する批判《ひはん》が強《つよ》まり、株式持《かぶしきも》ち合《あ》いに対《たい》する問題点《もんだいてん》も厳《きび》しく指摘《してき》されるようになりました。

たとえばＡ社《しゃ》とＢ社《しゃ》がお互《たが》いの株式《かぶしき》をたくさん保有《ほゆう》していると、株主《かぶぬし》であるにもかかわらず、Ａ社《しゃ》はＢ社《しゃ》に対《たい》して、Ｂ社《しゃ》はＡ社《しゃ》に対《たい》して、経営面《けいえいめん》に問題《もんだい》があると確認《かくにん》できたとしても、何《なに》も言《い》えなくなってしまいます。特《とく》に、取引関係《とりひきかんけい》から株式《かぶしき》を持《も》ち合《あ》っていたりすると、なおさらです。

その結果《けっか》、コーポレート・ガバナンスの面《めん》で支障《ししょう》を来《きた》してしまうのです。最近《さいきん》、流行語《りゅうこうご》のように使《つか》われているＥＳＧ投資《とうし》では、株式《かぶしき》に投資《とうし》するにあたって、Ｅ（環境対応《かんきょうたいおう》）、Ｓ（社会性《しゃかいせい》）、Ｇ（ガバナンス）の３つを重視《じゅうし》するため、その観点《かんてん》からガバナンスに悪影響《あくえいきょう》を及《およ》ぼすと思《おも》われる株式持《かぶしきも》ち合《あ》いは、決《けっ》して歓迎《かんげい》されるものではありません。

こうしたさまざまな事情《じじょう》が重《かさ》なり、特《とく》にこの20年間《ねんかん》で、株式持《かぶしきも》ち合《あ》いの比率《ひりつ》は大幅《おおはば》に低《てい》下《か》しました。実際《じっさい》に数字《すうじ》を追《お》うと、バブルピークだった１９９０年度《ねんど》の株式持《かぶしきも》ち合《あ》い比率《ひりつ》は約《やく》35％で

株式持ち合い比率の推移

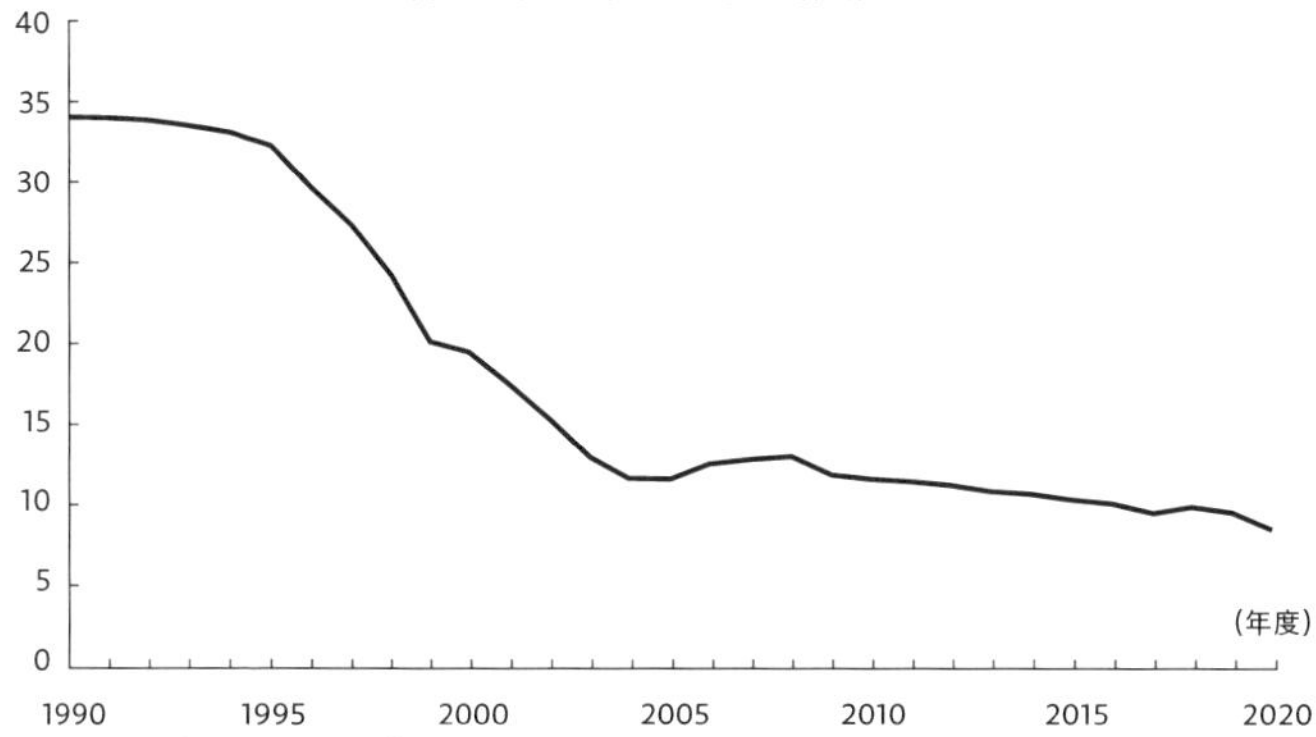

（出所）野村資本市場研究所「我が国上場企業の株式持ち合い状況（2020年度）」。

したが、２０００年度《ねんど》には約《やく》20％、２０１０年度《ねんど》には約《やく》10％、そして２０２０年度《ねんど》には8・7％まで低下《ていか》しています。

さらに金融庁《きんゆうちょう》は、２０２３年《ねん》から銀行《ぎんこう》による株《かぶ》式《しき》保有《ほゆう》を厳《きび》しく評価《ひょうか》する、新《あたら》しい自己資本比率規《じこしほんひりつき》制《せい》を導入《どうにゅう》しました。資産《しさん》の部分《ぶぶん》に株式《かぶしき》を持《も》っている銀行《ぎんこう》は、それだけ多額《たがく》の自己資本《じこしほん》を積《つ》み増《ま》さなければならないのです。恐《おそ》らくこの措置《そち》によって、銀行《ぎんこう》による保有株式《ほゆうかぶしき》の売却《ばいきゃく》は今後《こんご》、さらに進《すす》むでしょう。

株式《かぶしき》の持《も》ち合《あ》い解消《かいしょう》は、企業《きぎょう》のガバナンス改善《かいぜん》や、銀行《ぎんこう》の財務体質健全化《ざいむたいしつけんぜんか》につながるものなので、基本的《きほんてき》にはいいことです。

ただ、問題《もんだい》もあります。それは、持《も》ち合《あ》い解《かい》消《しょう》によって売《う》られた株式《かぶしき》をどうするのか、ということです。

前述《ぜんじゅつ》したエリサ法《ほう》のように、日本《にほん》の企業年金運用者《きぎょうねんきんうんようしゃ》の受託者責任《じゅたくしゃせきにん》として、市場全体並《しじょうぜんたいな》み、あるいはそれを超《こ》えるリターンの実現《じつげん》が義務《ぎむ》化《か》されていれば、持《も》ち合《あ》い解消《かいしょう》によって市場《しじょう》に放出《ほうしゅつ》された株式《かぶしき》の新《あら》たな受《う》け皿《ざら》になった可能性《かのうせい》があります。

しかし、ナチュラルバイヤーを増《ふ》やすための政策《せいさく》を何《なに》ひとつ講《こう》じてこなかった日本《にほん》ですから、持《も》ち合《あ》い解消《かいしょう》によって株価《かぶか》が下《さ》がるのは当《あ》たり前《まえ》なのです。

相続《そうぞく》は株式《かぶしき》市場《しじょう》にとってナチュラルセラー

相続財産《そうぞくざいさん》というと、大概《たいがい》は現金《げんきん》・預金《よきん》、株式《かぶしき》などの有価証券《ゆうかしょうけん》、そして不動産《ふどうさん》の３つに分《わ》かれます。

相続《そうぞく》が発生《はっせい》した場合《ばあい》、相続財産《そうぞくざいさん》の評価額《ひょうかがく》によっては相続税《そうぞくぜい》がかかります。相続税《そうぞくぜい》には基《き》礎控除額《そこうじょがく》が認《みと》められているので、その額《がく》を超《こ》えた額《がく》に、決《き》められた税率《ぜいりつ》をかけて計算《けいさん》されます。

基礎控除額《きそこうじょがく》は、３０００万円《まんえん》＋（６００万円《まんえん》×法定相続人《ほうていそうぞくにん》の数《かず》）という計算式《けいさんしき》で求《もと》められます。

たとえば父親《ちちおや》が亡《な》くなり、法定相続人《ほうていそうぞくにん》は母親《ははおや》、自分《じぶん》、兄《あに》の３人《にん》だとすると、
３０００万円《まんえん》＋（６００万円《まんえん》×３人《にん》）＝４８００万円《まんえん》
になり、これが基礎控除額《きそこうじょがく》になります。

したがって、仮《かり》に相続財産《そうぞくざいさん》の時価評価額《じかひょうかがく》が1億円《おくえん》だとすると、1億円《おくえん》から４８００万《まん》円《えん》を差《さ》し引《ひ》いた５２００万円《まんえん》に対《たい》して、相続税《そうぞくぜい》がかかってきます。

これから大相続時代《だいそうぞくじだい》が到来《とうらい》します。１９４７年《ねん》から１９４９年《ねん》にかけて生《う》まれた団塊《だんかい》の世代《せだい》が、75歳以上《さいいじょう》の後期高齢者《こうきこうれいしゃ》に差《さ》し掛《か》かっているからです。

このような言《い》い方《かた》は失礼《しつれい》かも知《し》れませんが、天寿《てんじゅ》を全《まっと》うされる方《かた》も増《ふ》えていくでしょう。亡《な》くなった方《かた》が財産《ざいさん》を持《も》っていれば、必《かなら》ず相続問題《そうぞくもんだい》が発生《はっせい》します。

そして、相続《そうぞく》が発生《はっせい》したときには相続財産《そうぞくざいさん》を評価《ひょうか》し、前出《ぜんしゅつ》の計算式《けいさんしき》を用《もち》いて基礎控除額《きそこうじょがく》を差《さ》し引《ひ》き、相続財産《そうぞくざいさん》の金額《きんがく》を算出《さんしゅつ》するのですが、その際《さい》、財産《ざいさん》ごとに価値《かち》がいくらにな

るのかを計算《けいさん》する必要《ひつよう》があります。

まず、現金《げんきん》・預金《よきん》は「額面通《がくめんどお》りの金額《きんがく》」で評価《ひょうか》されます。1000万円《まんえん》の預金《よきん》があれば1000万円《まんえん》です。現金《げんきん》も同《おな》じです。

株式《かぶしき》などの有価証券《ゆうかしょうけん》は「時価評価《じかひょうか》」です。株式《かぶしき》が3000株《かぶ》で、相続発生時《そうぞくはっせいじ》の株価《かぶか》が7000円《えん》なら2100万円《まんえん》ですが、株価《かぶか》が5000円《えん》なら1500万円《まんえん》になります。このように、株《かぶ》のままで持《も》っていると金額《きんがく》が不安定《ふあんてい》なため、現金化《げんきんか》しようとする圧力《あつりょく》がかかります。

現金《げんきん》・預金《よきん》は額面《がくめん》、有価証券《ゆうかしょうけん》は時価《じか》で相続税評価額《そうぞくぜいひょうかがく》が計算《けいさん》されるわけですが、実《じつ》は不《ふ》動産《どうさん》だけ違《ちが》います。

不動産《ふどうさん》の相続税評価額《そうぞくぜいひょうかがく》は「路線価《ろせんか》」が用《もち》いられるのですが、実《じつ》はこの路線価《ろせんか》は、その不動産《ふどうさん》の時価《じか》に比《くら》べて低《ひく》く設定《せってい》されるのです。加《くわ》えて、その不動産《ふどうさん》が賃貸《ちんたい》アパートや賃貸《ちんたい》マンションなどのような、人《ひと》に貸《か》している不動産《ふどうさん》であれば、相続税評価額《そうぞくぜいひょうかがく》はさらに下《さ》がります。

そのため、現金《げんきん》・預金《よきん》や有価証券《ゆうかしょうけん》などをかなりの額《がく》で保有《ほゆう》している資産家《しさんか》の人《ひと》たちは、相続税負担《そうぞくぜいふたん》を少《すこ》しでも軽《かる》くする目的《もくてき》で、不動産《ふどうさん》を購入《こうにゅう》して相続《そうぞく》するケースがけっこうあります。

相続税対策《そうぞくぜいたいさく》のために不動産《ふどうさん》が買《か》われる一方《いっぽう》、預金《よきん》は解約《かいやく》され、株式《かぶしき》などの有価証券《ゆうかしょうけん》は売却《ばいきゃく》されてしまうのです。

また銀行《ぎんこう》などの金融機関《きんゆうきかん》も、株式市場《かぶしきしじょう》にとってはナチュラルセラーと化《か》す恐《おそ》れがあります。第《だい》2章《しょう》で述《の》べたように、相続《そうぞく》が発生《はっせい》しそうになると、相続手続《そうぞくてつづ》きで余計《よけい》な手間《てま》がかからないように、金融機関《きんゆうきかん》などは被相続人《ひそうぞくにん》が持《も》っている株式《かぶしき》を早々《そうそう》に売却《ばいきゃく》させようとします。株式《かぶしき》を全部売却《ぜんぶばいきゃく》して現金化《げんきんか》すれば、相続人《そうぞくにん》の間《あいだ》でそれを分《わ》けることが非常《ひじょう》に簡単《かんたん》になるからです。

前述《ぜんじゅつ》したように、これからの日本《にほん》は大相続時代《だいそうぞくじだい》を迎《むか》えるので、この売《う》り圧力《あつりょく》はさらに高《たか》まると思《おも》います。そのときに発生《はっせい》するかも知《し》れない株式《かぶしき》の大量売却《たいりょうばいきゃく》を減《へ》らすためにも、あるいは売《う》りが出《で》ても十分《じゅうぶん》にそれを吸収《きゅうしゅう》できるだけの買《か》いを呼《よ》び込《こ》めるようにするためにも、株価《かぶか》を上《あ》げる努力《どりょく》をしなければならないのです。

そのためには、何《なに》をすればいいのでしょうか。ナチュラルバイヤーを増《ふ》やすための方法《ほうほう》を述《の》べたいと思《おも》います。誰《だれ》かの手《て》を煩《わずら》わすことなく、東京《とうきょう》証券取引所《しょうけんとりひきじょ》がルール化《か》すれば実行《じっこう》できる、実《じつ》に簡単《かんたん》な方法《ほうほう》です。

短信《たんしん》の1枚目《まいめ》にIFRS準拠《じゅんきょ》の数字《すうじ》を明記《めいき》する

国際会計基準《こくさいかいけいきじゅん》と言《い》われている「ＩＦＲＳ」も、極《きわ》めて中途半端《ちゅうとはんぱ》な形《かたち》で導入《どうにゅう》されているため、日本株《にほんかぶ》の買《か》い意欲《いよく》を削《そ》いでいます。

ＩＦＲＳは簡単《かんたん》にいうと、企業《きぎょう》の会計《かいけい》を国際的《こくさいてき》に共通《きょうつう》のものにしようという話《はなし》です。たとえば日本《にほん》の半導体《はんどうたい》メーカーと米国《アメリカ》の半導体《はんどうたい》メーカーの財務諸表《ざいむしょひょう》を並《なら》べて、どちらに投資《とうし》するかを比較検討《ひかくけんとう》するとき、日本《にほん》と米国《アメリカ》の会計基準《かいけいきじゅん》がまったく別物《べつもの》だったら、どちらに投《とう》資《し》するべきかを判断《はんだん》することができません。

本来《ほんらい》、日本《にほん》でもＩＦＲＳをすべての上場《じょうじょう》企業《きぎょう》に対《たい》して強制適用《きょうせいてきよう》させる動《うご》きはあったのですが、いまの日本《にほん》の会計基準《かいけいきじゅん》をＩＦＲＳに見直《みなお》すと、一部《いちぶ》の企業《きぎょう》にとってはかなりの作《さ》業《ぎょう》負担《ふたん》になります。

そのため、当時《とうじ》、与党《よとう》だった某政党《ぼうせいとう》は、選挙《せんきょ》の票《ひょう》が欲《ほ》しいからか何《なに》かよくわかりませんが、こういった反対意見《はんたいいけん》を受《う》け入《い》れてＩＦＲＳの強制適用《きょうせいてきよう》を中止《ちゅうし》してしまいました。

それでもＩＦＲＳを導入《どうにゅう》した企業《きぎょう》もあります。マネックスグループももちろんＩＦＲＳ適用済会社《てきようずみがいしゃ》です。

これを何《なん》とかしてまだ適用《てきよう》していない上場《じょうじょう》企業《きぎょう》にも広《ひろ》めていきたいとは思《おも》っているのですが、２０２３年《ねん》６月末時点《がつまつじてん》でＩＦＲＳ適用済企業《てきようずみきぎょう》の数《かず》は２５４社《しゃ》です。全上場企業《ぜんじょうじょうきぎょう》数《すう》が３９００程度《ていど》であることからすると、全上場企業《ぜんじょうじょうきぎょう》に占《し》めるＩＦＲＳ適用済企業《てさようずみきぎょう》の割合《わりあい》は、７％にも満《み》たない状態《じょうたい》です。

こうなると、ＩＦＲＳ適用済企業《てきようずみきぎょう》が決算発表《けっさんはっぴょう》を行《おこな》うときには、日本《にほん》の会計基準《かいけいきじゅん》でもその相当額《そうとうがく》を説明《せつめい》しなければなりません。

ＩＦＲＳ適用済会社《てきようずみがいしゃ》にとってはこのうえなく面倒《めんどう》なことですし、多《おお》くの企業《きぎょう》が日本《にほん》の会《かい》計基準《けいきじゅん》でしか決算《けっさん》を発表《はっぴょう》していなかったら、海外《かいがい》の機関投資家《きかんとうしか》は、日本企業《にほんきぎょう》に投資《とうし》しにくくなります。業績《ぎょうせき》や財務内容《ざいむないよう》などを、同一基準《どういつきじゅん》で比較《ひかく》できないからです。

でも、この問題《もんだい》を解決《かいけつ》するのは、実《じつ》は簡単《かんたん》なことなのです。会計基準《かいけいきじゅん》そのものを見直《みなお》せなどと言《い》うつもりはありません。上場《じょうじょう》企業《きぎょう》の決算短信《けっさんたんしん》の1枚目《まいめ》だけに、ＩＦＲＳ準拠《じゅんきょ》の数字《すうじ》を出《だ》すようにすればよいのです。

そのことを東京証券取引所《とうきょうしょうけんとりひきじょ》が、「これから東証《とうしょう》に株式《かぶしき》を上場《じょうじょう》している企業《きぎょう》は、決算短信《けっさんたんしん》の1枚目《まいめ》だけＩＦＲＳの基準《きじゅん》に則《のっと》った数字《すうじ》を記述《きじゅつ》してください」と、各上場企業《かくじょうじょうきぎょう》に対《たい》して言《い》えばいいのです。

そうすればすべての上場《じょうじょう》企業《きぎょう》がそれに従《したが》いますから、日本《にほん》の企業《きぎょう》も外国《がいこく》の企業《きぎょう》と同《おな》じ土俵《どひょう》で比較検討《ひかくけんとう》されるようになり、海外投資家《かいがいとうしか》による日本企業《にほんきぎょう》への投資《とうし》が、これまで以《い》上《じょう》に増《ふ》えると思《おも》います。

短信《たんしん》の1枚目《まいめ》にＥＢＩＴＤＡＤを明記《めいき》する

もうひとつ、決算短信《けっさんたんしん》の1枚目《まいめ》に明記《めいき》することで、誰《だれ》かの手《て》を煩《わずら》わせることなくナチュラルバイヤーを増《ふ》やす方法《ほうほう》があります。それは、「ＥＢＩＴＤＡＤ」という、わたしの考《かんが》えた新《あたら》しい指標《しひょう》です。

ＥＢＩＴＤＡという指標《しひょう》は広《ひろ》く知《し》られています。Earnings Before Interest, Taxes, Depreciation and Amortization の略《りゃく》です。日本語《にほんご》だと「利払《りばら》い前《まえ》、税引《ぜいび》き前《まえ》、減価償却《げんかしょうきゃく》前《まえ》、その他《た》償却《しょうきゃく》前《まえ》利益《りえき》」という感《かん》じでしょうか。

要《よう》するに営業《えいぎょう》利益《りえき》に減価《げんか》償却《しょうきゃく》費《ひ》を加算《かさん》した値《あたい》のことです。もっとシンプルに言《い》うと、キャッシュアウトがない費用《ひよう》である減価《げんか》償却《しょうきゃく》費《ひ》がなかったものとして、企業《きぎょう》の利益《りえき》を見《み》るための財務《ざいむ》指標《しひょう》です。

これによって、おおまかにではありますが、その企業《きぎょう》のキャッシュベースの儲《もう》けがわかると言《い》われています。

で、わたしはこれに「and Dividend」を付《つ》け加《くわ》えたいと考《かんが》えています。つまり、Earnings Before Interest, Taxes, Depreciation, Amortization and Dividend です。

Dividend とは、配当《はいとう》のことです。前出《ぜんしゅつ》のＥＢＩＴＤＡに配当額《はいとうがく》を加《くわ》えることによって、株主《かぶぬし》に対《たい》して配当金《はいとうきん》を支払《しはら》う前《まえ》のＥＢＩＴＤＡを表示《ひょうじ》するのです。

この対象《たいしょう》は東証《とうしょう》上場《じょうじょう》企業《きぎょう》だけでいいでしょう。そして、東証《とうしょう》上場《じょうじょう》企業《きぎょう》が年《ねん》4回《かい》、四半期決算短信《しはんきけっさんたんしん》をリリースするとき、1枚目《まいめ》にこのEBITDAを明記《めいき》するようにルール化《か》するのです。

そうすると、日本会計基準《にほんかいけいきじゅん》なのか、IFRS基準《きじゅん》なのかの違《ちが》いは関係《かんけい》なく、東証《とうしょう》上場《じょうじょう》企業《きぎょう》はみな、同一《どういつ》の基準《きじゅん》で利益《りえき》を表示《ひょうじ》する形《かたち》になるので、会社間《かいしゃかん》の比較《ひかく》が容易《ようい》になります。

そうすれば、これまで「日本会計基準《にほんかいけいきじゅん》を採用《さいよう》している企業《きぎょう》だと、国際会計基準《こくさいかいけいきじゅん》と数字《すうじ》が違《ちが》ってくるから、投資《とうし》しにくい」と言《い》われ、外国人投資家《がいこくじんとうしか》から投資《とうし》を避《さ》けられていた日本《にほん》企業《きぎょう》でも、IFRS基準《きじゅん》の日本企業《にほんきぎょう》とともに、外国人投資家《がいこくじんとうしか》の投資対象《とうしたいしょう》に含《ふく》まれるようになります。

そして前述《ぜんじゅつ》の配当《はいとう》の損益算入《そんえきさんにゅう》を認《みと》める施策《しさく》を利用《りよう》して積極的《せっきょくてき》に配当《はいとう》を払《はら》う企業《きぎょう》の利益《りえき》水準《すいじゅん》も、それによって圧縮《あっしゅく》されることなく、実力値《じつりょくち》を表示《ひょうじ》することができます。

しかも、この方法《ほうほう》のいい点《てん》は、東京証券取引所《とうきょうしょうけんとりひきじょ》がルール化《か》するだけでできることに加《くわ》え、あくまでも日本国内《にほんこくない》で完結《かんけつ》することなので、海外《かいがい》にお伺《うかが》いを立《た》てる必要《ひつよう》もまったくないのです。

小《ちい》さな改善点《かいぜんてん》ではありますが、これによって外国人投資家《がいこくじんとうしか》の資金《しきん》が日本国内《にほんこくない》に入《はい》ってきやすくなるなら、株価《かぶか》を押《お》し上《あ》げる材料《ざいりょう》になります。簡単《かんたん》にできる株式市場《かぶしきしじょう》活性化策《かっせいかさく》だと思《おも》います。

日本株《にほんかぶ》という製品《せいひん》の性能《せいのう》を引《ひ》き上《あ》げろ

ナチュラルバイヤーの仕組《しく》みを日本《にほん》に根付《ねづ》かせるためには、さまざまな方法《ほうほう》を用《もち》いて、日本《にほん》の株式市場《かぶしきしじょう》に対《たい》する期待感《きたいかん》を高《たか》めなければなりません。

そのために設《もう》けられる新制度《しんせいど》が、２０２４年《ねん》１月《がつ》からスタートする「新《あたら》しいＮＩＳＡ」です。すでに新《あたら》しいＮＩＳＡがどういうものかについては、それを詳《くわ》しく説明《せつめい》した本《ほん》が出《で》ていますし、各種《かくしゅ》メディアでも報《ほう》じられているので、ここで詳《くわ》しく書《か》く必要《ひつよう》はないでしょう。

ポイントは、運用収益《うんようしゅうえき》が非課税《ひかぜい》とされる投資枠《とうしわく》が最高《さいこう》１８００万円《まんえん》まで拡大《かくだい》されることに加《くわ》え、そもそも時限的《じげんてき》な措置《そち》だったＮＩＳＡの制度《せいど》そのものが恒久化《こうきゅうか》され、かつ非《ひ》課税期間《かぜいきかん》が無期限化《むきげんか》されることです。

これによって、簿価《ぼか》で１８００万円《まんえん》を超《こ》えなければ、いつ投資《とうし》を始《はじ》めても、またいつまで投資《とうし》し続《つづ》けたとしても、それによって得《え》られる株式《かぶしき》の配当金《はいとうきん》、投資信託《とうししんたく》の分配金《ぶんぱいきん》、それぞれの値上《ねあ》がり益《えき》という運用収益《うんようしゅうえき》に対《たい》しては非課税《ひかぜい》になります。

ただ、本質的《ほんしつてき》なことをいえば、いくらＮＩＳＡの枠《わく》を拡充《かくじゅう》したとしても、恐《おそ》らく日本《にほん》の株価上昇《かぶかじょうしょう》にはつながりません。それは「エコカー減税《げんぜい》をこれだけやります」「ディーラーの数《かず》をこれだけ増《ふ》やします」といった施策《しさく》をいくら行《おこな》ったとしても、自動車《じどうしゃ》という製品《せいひん》に魅力《みりょく》がなかったら、自動車《じどうしゃ》が売《う》れないのと同《おな》じです。

あるいは前述《ぜんじゅつ》したように、米国株式《アメリカかぶしき》（Ｓ＆Ｐ５００インデックスファンドなど）ばかり買《か》われてしまうかも知《し》れません。

日本《にほん》の株式《かぶしき》が大勢《おおぜい》の投資家《とうしか》から買《か》われるようになるためには、日本株《にほんかぶ》という製品《せいひん》の性能《せいのう》を引《ひ》き上《あ》げる必要《ひつよう》があるのです。

日本株《にほんかぶ》の性能《せいのう》を上《あ》げるというのは、企業《きぎょう》がよくなるのはもちろんですが、より直接的《ちょくせつてき》に言《い》ってしまうと、株価《かぶか》が上昇《じょうしょう》することです。つまり、これから株価《かぶか》が上《あ》がるという期待感《きたいかん》が高《たか》まれば、必然的《ひつぜんてき》に日本株《にほんかぶ》は買《か》われ、株価《かぶか》は上昇《じょうしょう》するのです。

ＮＩＳＡをいくら拡充《かくじゅう》したとしても、日本株《にほんかぶ》ではなく米国株《アメリカかぶ》ばかり買《か》われてしまったら、むしろ日本《にほん》の資金《しきん》は海外《かいがい》に流出《りゅうしゅつ》してしまいます。これではまったく意味《いみ》がありません。

今回《こんかい》、金融庁《きんゆうちょう》がＮＩＳＡ制度《せいど》を大幅《おおはば》に拡充《かくじゅう》したのは英断《えいだん》でしたが、それはこの非課税《ひかぜい》制度《ど》を用《もち》いて、日本《にほん》の株式市場《かぶしきしじょう》に個人資金《こじんしきん》が流入《りゅうにゅう》することを期待《きたい》してのことだと思《おも》うのです。

いま、政府《せいふ》が議論《ぎろん》している企業《きぎょう》の賃上《ちんあ》げ、スタートアップ育成《いくせい》、ＤＸ推進《すいしん》による生産性《せいさんせい》の向上《こうじょう》などは、確《たし》かに日本経済《にほんけいざい》をよくすることにつながると思《おも》います。

しかし、岸田首相《きしだしゅしょう》が提唱《ていしょう》している資産所得倍増《しさんしょとくばいぞう》プランもそうですが、どうも日本企業《にほんきぎょう》の株価《かぶか》を上《あ》げる施策《しさく》としては、距離感《きょりかん》があり過《す》ぎるように感《かん》じます。もっと直接《ちょくせつ》、株価《かぶか》に影《えい》響《きょう》を与《あた》える施策《しさく》を講《こう》じなければなりません。

そのため第《だい》3章《しょう》で、配当《はいとう》の損金算入《そんきんさんにゅう》について触《ふ》れました。まず、これが株価《かぶか》を上《あ》げる施《し》策《さく》の一丁目一番地《いっちょうめいちばんち》になります。

配当《はいとう》を損金算入《そんきんさんにゅう》できるようになると、上場《じょうじょう》企業《きぎょう》は積極的《せっきょくてき》に株主《かぶぬし》の配当《はいとう》を増《ふ》やそうとするでしょう。

配当《はいとう》が増《ふ》えるとなれば、投資家《とうしか》は株式《かぶしき》に投資《とうし》しようとするので株価《かぶか》は上《あ》がり、株式運用《かぶしきうんよう》で利益《りえき》を上《あ》げている年金資金《ねんきんしきん》の運用益《うんようえき》が増《ふ》えます。株価上昇《かぶかじょうしょう》による資産効果《しさんこうか》も高《たか》まるので、個人消費《こじんしょうひ》も活発《かっぱつ》になります。

また株価《かぶか》が上《あ》がることによって企業《きぎょう》の購買力《こうばいりょく》も上《あ》がります。社員《しゃいん》の給与《きゅうよ》も増《ふ》えるでしょう。

こうして日本企業《にほんきぎょう》が強《つよ》くなり、世界中《せかいじゅう》のさまざまな企業《きぎょう》を買収《ばいしゅう》するようになると、技《ぎ》術《じゅつ》が得《え》られ、経済安全保障面《けいざいあんぜんほしょうめん》も強化《きょうか》されます。

つまり国益《こくえき》につながっていくのです。

本音《ほんね》を言《い》うと、もう日本政府《にほんせいふ》が「リターンこそが大事《だいじ》である」という旗《はた》を立《た》ててしまえばいいのではないでしょうか。

これまでも「フィデューシャリー・デューティー（顧客本位《こきゃくほんい》の業務運営《ぎょうむうんえい》）」とか、ESGとか、いろいろ言《い》っていますが、それらのどこにも「リターンをちゃんと上《あ》げろ」という話《はなし》が入《はい》っていません。プロセスは重視《じゅうし》するけれども、リターンを二《に》の次《つぎ》にしているのです。

でも、リターンを第一《だいいち》にしないと、機関投資家《きかんとうしか》も企業《きぎょう》に対《たい》して「ちゃんとリターンを上《あ》げてください」と言《い》わなくなるし、その結果《けっか》、上場《じょうじょう》企業《きぎょう》にも甘《あま》えが生《しょう》じてしまいます。それでは元《もと》も子《こ》もありません。

「リターン第一主義《だいいちしゅぎ》」などというと語弊《ごへい》があるかも知《し》れませんが、まずはそこをしっかり考《かんが》えないと、いくら新《あたら》しいNISAを整備《せいび》したとしても、国内株式市場《こくないかぶしきしじょう》の活性化《かっせいか》にはつながらないのです。

いつまでも基準《きじゅん》を満《み》たさない上場《じょうじょう》企業《きぎょう》って おかしくないか

国内株式市場《こくないかぶしきしじょう》の活性化《かっせいか》について話《はなし》を進《すす》めていくうえでは、東京証券取引所《とうきょうしょうけんとりひきじょ》が2022年《ねん》4月《がつ》4日《か》に実施《じっし》した市場《しじょう》区分《くぶん》の見直《みなお》しに触《ふ》れないわけにはいかないでしょう。

かつて東京《とうきょう》証券《しょうけん》取引所《とりひきじょ》には、「市場第一部《しじょうだいいちぶ》」「市場第二部《しじょうだいにぶ》」「マザーズ」「ＪＡＳＤＡＱ（スタンダード／グロース）」という4つの市場区分《しじょうくぶん》がありました。

しかし、新興企業《しんこうきぎょう》の株式《かぶしき》を上場《じょうじょう》する市場《しじょう》という位置《いち》づけとなる、市場第二部《しじょうだいにぶ》、マザーズ、ＪＡＳＤＡＱ（スタンダード／グロース）という3つの市場区分《しじょうくぶん》が重複《ちょうふく》しており、それぞれの独自性《どくじせい》がなくなっていたことに加《くわ》え、市場第一部《しじょうだいいちぶ》のコンセプトもいまひとつ明確《めいかく》ではありませんでした。

そこで新《あたら》しい市場区分《しじょうくぶん》として、「プライム市場《しじょう》」「スタンダード市場《しじょう》」「グロース市場《しじょう》」という3つに分《わ》けられました。

細《こま》かい上場基準《じょうじょうきじゅん》もあるのですが、それをここで云々《うんぬん》しても仕方《しかた》がないので、それぞれのコンセプトについて、日本取引所《にっぽんとりひきじょ》グループのホームページでは、次《つぎ》のように記載《きさい》されています。

●プライム市場《しじょう》：多《おお》くの機関投資家《きかんとうしか》の投資対象《とうしたいしょう》になりうる規模《きぼ》の時価総額《じかそうがく》（流動性《りゅうどうせい》）を持《も》ち、より高《たか》いガバナンス水準《すいじゅん》を備《そな》え、投資者《とうししゃ》との建設的《けんせつてき》な対話《たいわ》を中心《ちゅうしん》に据《す》えて持《じ》

東京証券取引所の市場区分の見直し

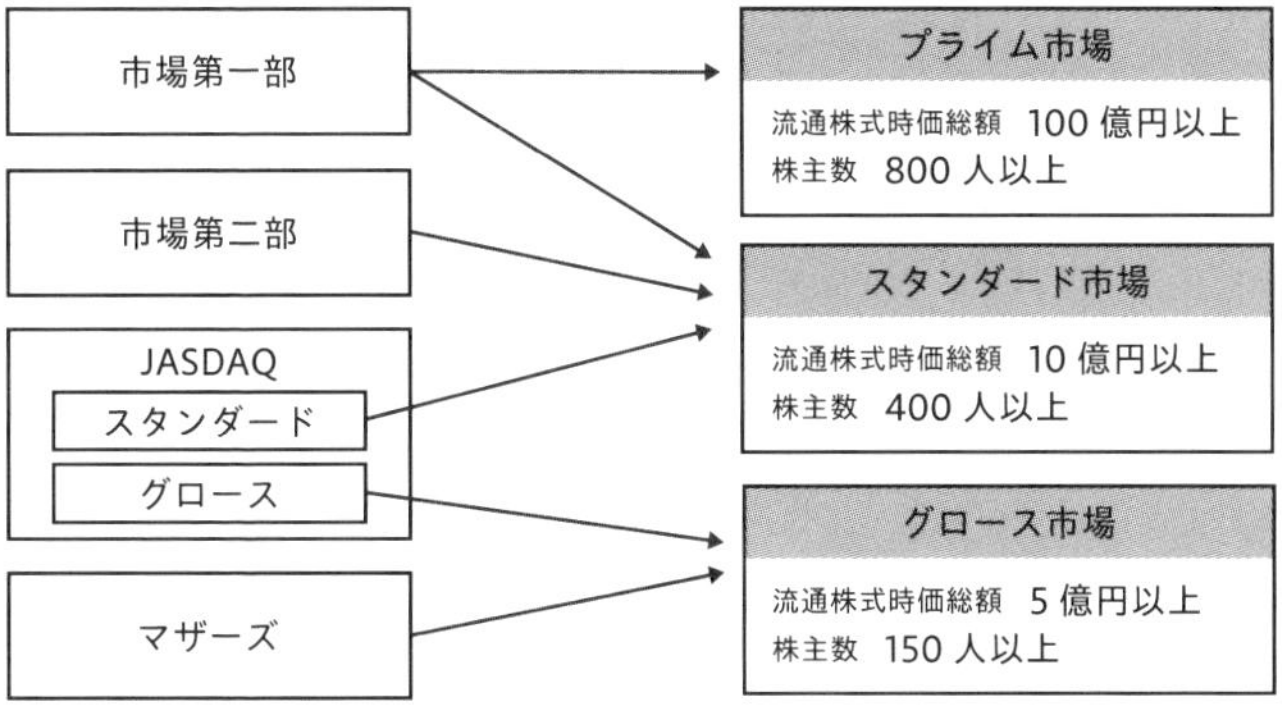

（出所）東京証券取引所の資料をもとに作成。

続的《ぞくてき》な成長《せいちょう》と中長期的《ちゅうちょうきてき》な企業価値《きぎょうかち》の向上《こうじょう》にコミットする企業《きぎょう》向《む》けの市場《しじょう》。

●**スタンダード市場《しじょう》**：公開《こうかい》された市場《しじょう》における投資対象《とうしたいしょう》として一定《いってい》の時価総額《じかそうがく》（流動性《りゅうどうせい》）を持《も》ち、上場企業《じょうじょうきぎょう》としての基本的《きほんてき》なガバナンス水準《すいじゅん》を備《そな》えつつ、持続的《じぞくてき》な成長《せいちょう》と中長期的《ちゅうちょうきてき》な企業価値《きぎょうかち》の向上《こうじょう》にコミットする企業《きぎょう》向《む》けの市場《しじょう》。

●**グロース市場《しじょう》**：高《たか》い成長可能性《せいちょうかのうせい》を実現《じつげん》するための事業計画及《じぎょうけいかくおよ》びその進捗《しんちょく》の適時《てきじ》・適切《てきせつ》な開示《かいじ》が行《おこな》われ一定《いってい》の市場評価《しじょうひょうか》が得《え》られる一方《いっぽう》、事業実績《じぎょうじっせき》の観点《かんてん》から相対的《そうたいてき》にリスクが高《たか》い企業《きぎょう》向《む》けの市場《しじょう》。

そのうえで流動性《りゅうどうせい》やコーポレート・ガバナンス、経営成績《けいえいせいせき》・財政状態《ざいせいじょうたい》のそれぞれについて基準《きじゅん》が細《こま》かく決《き》められています。

たとえば流動性《りゅうどうせい》という点《てん》でいうと、プライム市場《しじょう》は株主数《かぶぬしすう》が８００人《にん》以上《いじょう》、流通株式《りゅうつうかぶしき》時価総額《じかそうがく》が１００億円《おくえん》以上《いじょう》とされていますが、スタンダード市場《しじょう》は株主数《かぶぬしすう》が４００人《にん》以上《いじょう》、流通株式《りゅうつうかぶしき》時価総額《じかそうがく》が10億円《おくえん》以上《いじょう》であり、グロース市場《しじょう》になると株主数《かぶぬしすう》が１５０人《にん》以上《いじょう》、流通株式《りゅうつうかぶしき》時価総額《じかそうがく》が5億円《おくえん》以上《いじょう》というように、上場《じょうじょう》を維持《いじ》するための基準《きじゅん》が緩《ゆる》くなります。

従来《じゅうらい》の市場《しじょう》区分《くぶん》との対比《たいひ》でいうと、プライム市場《しじょう》が市場《しじょう》第一部《だいいちぶ》、スタンダード市場《しじょう》が市場《しじょう》第二部《だいにぶ》とＪＡＳＤＡＱ（スタンダード）、グロース市場《しじょう》が東証《とうしょう》マザーズとＪＡＳＤＡＱ（グロース）、というイメージでしょうか。

ただ、新《あたら》しい市場《しじょう》区分《くぶん》で決《き》められた上場《じょうじょう》維持《いじ》基準《きじゅん》に照《て》らしたとき、市場《しじょう》第一部《だいいちぶ》に上《じょう》場《じょう》されていた銘柄《めいがら》のなかに、プライム市場《しじょう》の上場《じょうじょう》維持《いじ》基準《きじゅん》に適合《てきごう》しないものが出《で》てきました。

この適合《てきごう》できなかった企業《きぎょう》で、プライム市場《しじょう》に残《のこ》りたいという企業《きぎょう》に対《たい》しては、「経過《けいか》措置《そち》」が設《もう》けられ、それを受《う》ける企業《きぎょう》は、「新市場区分《しんしじょうくぶん》の上場維持基準《じょうじょういじきじゅん》の適合《てきごう》に向《む》けた計画書《けいかくしょ》」を提出《ていしゅつ》することによって、「当分《とうぶん》の間《あいだ》」はプライム市場《しじょう》への上場《じょうじょう》を継続《けいぞく》できるようになりました。

この経過措置《けいかそち》を受《う》けた企業《きぎょう》の数《かず》は、新市場区分《しんしじょうくぶん》に移行《いこう》する直前《ちょくぜん》の、２０２２年《ねん》１月《がつ》11日時点《にちじてん》で２９６社《しゃ》でした。当時《とうじ》の市場第一部上場企業数《しじょうだいいちぶじょうじょうきぎょうすう》が１８４１社《しゃ》ですから、16％が経過措置《けいかそち》を受《う》けたことになります。

経過措置《けいかそち》を受《う》けた企業《きぎょう》は、「プライム市場《しじょう》＝東証一部上場企業《とうしょういちぶじょうじょうきぎょう》」としてのブランドを、捨《す》てたくなかったのだと思《おも》います。

ただ、問題《もんだい》は当時《とうじ》、プライム市場《しじょう》への上場維持基準《じょうじょういじきじゅん》を達成《たっせい》できるまでの期間《きかん》を「当分《とうぶん》の間《あいだ》」としたことです。

「ここまでに基準《きじゅん》を満《み》たさなければプライム市場《しじょう》に上場《じょうじょう》できなくなります」という明確《めいかく》な期限《きげん》を設《もう》けることなく、「当分《とうぶん》の間《あいだ》」としたことで、経過措置《けいかそち》を受《う》けた企業《きぎょう》が東証《とうしょう》に提《てい》出《しゅつ》した「適合計画書《てきごうけいかくしょ》」に記載《きさい》された基準達成予定年《きじゅんたっせいよていねん》も、かなりのバラツキが出《で》たのです。なかには「２０３２年《ねん》に達成予定《たっせいよてい》」などとした会社《かいしゃ》もありました。

２０３２年《ねん》ということは、この時点《じてん》から見《み》て10年後《ねんご》です。10年《ねん》もの歳月《さいげつ》をかけてプライム市場《しじょう》の上場《じょうじょう》基準《きじゅん》を達成《たっせい》する予定《よてい》ということは、今後《こんご》10年間《ねんかん》は、上場《じょうじょう》維持《いじ》基準《きじゅん》が未達《みたつ》であるにもかかわらず、プライム市場《しじょう》上場《じょうじょう》銘柄《めいがら》として取引《とりひき》されることを意味《いみ》します。

このような市場《しじょう》区分《くぶん》に何《なん》の意味《いみ》があるのか、というのが、この時点《じてん》での正直《しょうじき》なわたしの想《おも》いでした。

フォローアップ会議《かいぎ》で市場《しじょう》改革《かいかく》が大《おお》きく進《すす》んだ

ただ、同《おな》じ想《おも》いでこの市場《しじょう》区分《くぶん》の見直《みなお》しを見《み》ていた人《ひと》は、けっこういたようです。

東京証券取引所《とうきょうしょうけんとりひきじょ》は２０２２年《ねん》4月《がつ》に市場《しじょう》区分《くぶん》の見直《みなお》しを行《おこな》った後《あと》、「市場《しじょう》区分《くぶん》の見《み》直《なお》しに関《かん》するフォローアップ会議《かいぎ》」を立《た》ち上《あ》げました。これが非常《ひじょう》にうまく機能《きのう》して、東《とう》京証券取引所《きょうしょうけんとりひきじょ》の市場《しじょう》改革《かいかく》はかなり、リカバリーできました。

このフォローアップ会議《かいぎ》のメンバーには改革《かいかく》推進派《すいしんは》の方々《かたがた》が多《おお》かったことに加《くわ》え、運営《うんえい》事務局《じむきょく》である東京証券取引所《とうきょうしょうけんとりひきじょ》のメンバーが若返《わかがえ》りをして、それこそわたしよりも若《わか》い世《せ》代《だい》が中心《ちゅうしん》になって進《すす》めたことが、非常《ひじょう》に大《おお》きかったと思《おも》います。恐《おそ》らく、昭和《しょうわ》を背負《せお》ったおじいさん世代《せだい》がメンバーの中核《ちゅうかく》に居座《いすわ》っていたら、何《なに》も変《か》わらなかったと思《おも》います。

同《おな》じことは日本企業《にほんきぎょう》にもあてはまります。昭和《しょうわ》の成功体験《せいこうたいけん》を忘《わす》れられない人《ひと》たちが経営《けいえい》の一線《いっせん》を退《しりぞ》き、バブルが崩壊《ほうかい》してから社会人《しゃかいじん》になった人《ひと》たちが、経営《けいえい》の中核《ちゅうかく》を担《にな》うようになりました。

その人《ひと》たちは過去《かこ》の成功体験《せいこうたいけん》にとらわれず、グローバルスタンダードや世界《せかい》のベストプラクティスを普通《ふつう》に受《う》け入《い》れることのできる、柔軟《じゅうなん》な考《かんが》え方《かた》の持《も》ち主《ぬし》なので、組織《そしき》の改革《かいかく》が起《お》こりやすくなっているのです。

東京証券取引所《とうきょうしょうけんとりひきじょ》のフォローアップ会議《かいぎ》も同《おな》じです。

特定《とくてい》の人物《じんぶつ》のリーダーシップによって組織《そしき》が変《か》わるというよりも、組織全体《そしきぜんたい》の世代交代《せだいこうたい》によって、組織《そしき》の方向性《ほうこうせい》が徐々《じょじょ》に変《か》わっていく。これは組織変革《そしきへんかく》の在《あ》り方《かた》として非常《ひじょう》に強《つよ》いと思《おも》います。

遅々《ちち》として進《すす》まずと思《おも》われてきたコーポレート・ガバナンス改革《かいかく》も、これからは加速《かそく》をつけて進《すす》んでいくのではないでしょうか。

ちなみに、このフォローアップ会議《かいぎ》は当初《とうしょ》、非公開《ひこうかい》でという話《はなし》でした。

しかし、東京証券取引所《とうきょうしょうけんとりひきじょ》の市場改革《しじょうかいかく》は、ナチュラルバイヤーを育《そだ》て、日本企業《にほんきぎょう》や日《に》本経済《ほんけいざい》の活性化《かっせいか》につなげていくうえで非常《ひじょう》に重要《じゅうよう》な話《はなし》です。

それだけ大事《だいじ》なことを、密室《みっしつ》で決《き》めるなんて、とんでもないことです。その旨《むね》を伝《つた》えたところ、会議自体《かいぎじたい》は非公開《ひこうかい》だけれども、1週間以内《しゅうかんいない》に議事録《ぎじろく》を出《だ》すということになりました。

実《じつ》は、フォローアップ会議《かいぎ》の1回目《かいめ》は、わたしのニューヨーク出張《しゅっちょう》と日程《にってい》が重《かさ》なってしまったため出席《しゅっせき》できず、東証改革《とうしょうかいかく》の何《なに》が問題《もんだい》なのかを自分《じぶん》なりに考《かんが》え、それを意見書《いけんしょ》という形《かたち》で提出《ていしゅつ》しました。

その意見書《いけんしょ》の要約《ようやく》を簡単《かんたん》に掲載《けいさい》しておきましょう。

そもそも市場区分《しじょうくぶん》の見直《みなお》しはどのような大目的《だいもくてき》のためにするのか、その点《てん》をクリ

アにすることが、議論《ぎろん》を効果的《こうかてき》に進《すす》めるために肝要《かんよう》だと存《ぞん》じます。

わたしは最終的《さいしゅうてき》に東証《とうしょう》に上場《じょうじょう》する日本企業《にほんきぎょう》の企業価値《きぎょうかち》、並《なら》びに株式価値《かぶしきかち》（ヴァリュエーション）を高《たか》めることに資《し》することにより、企業活動《きぎょうかつどう》がより活発《かっぱつ》にできるようになり、国際的《こくさいてき》な企業買収《きぎょうばいしゅう》なども有利《ゆうり》に進《すす》められ、日本企業《にほんきぎょう》が国際的《こくさいてき》に競争力《きょうそうりょく》のある技術《ぎじゅつ》などを蓄《たくわ》え、賃金《ちんぎん》を上《あ》げる余地《よち》も増《ふ》え、株価《かぶか》の上昇《じょうしょう》により年金資産《ねんきんしさん》の充実《じゅうじつ》にも繋《つな》がる、そのような資本市場《しほんしじょう》のメリットを我《わ》が国《くに》がより多《おお》く享受《きょうじゅ》できることを支《ささ》え、推進《すいしん》することが、大目的《だいもくてき》であると考《かんが》えています。

【議論《ぎろん》の建《た》て付《つ》けについて】

安保《あんぼ》・エネルギー・金利《きんり》情勢《じょうせい》などが刻一刻《こくいっこく》と変化《へんか》するなかで、株式《かぶしき》というもっともボラティリティが高《たか》い市場《しじょう》に関《かん》する議論《ぎろん》が、提示《ていじ》されているようなのんびりとしたかつ数年《すうねん》にまたがるもので間《ま》に合《あ》うとは思《おも》えません。

【経過措置《けいかそち》に関《かん》して】

経過措置《けいかそち》は、白紙委任状的《はくしいにんじょうてき》であり、予見可能性《よけんかのうせい》も低《ひく》く、公開市場《こうかいしじょう》の仕組《しく》みには合《あ》いません。とにかく早《はや》く終《お》わらせるべきで、あるいはとにかく速《すみ》やかに経過措置《けいかそち》終《しゅう》了日《りょうび》を決《き》めて明《あき》らかにすべきです。

そもそも上場《じょうじょう》維持基準《いじきじゅん》に適合《てきごう》していない会社《かいしゃ》が５００社程度《しゃていど》あるということを容《よう》認《にん》することは、上場制度《じょうじょうせいど》そのものの自己否定《じこひてい》です。「上場維持《じょうじょういじ》に向《む》けた計画《けいかく》」なら理解《りかい》できますが、「上場維持不適合《じょうじょういじふてきごう》であるが適合《てきごう》に向《む》けた計画《けいかく》」とは、上場維持基《じょうじょういじき》準《じゅん》を形骸化《けいがいか》しており、かつ経過措置《けいかそち》を極《きわ》めて不透明《ふとうめい》なものにしています。

山道社長《やまじしゃちょう》が、いわゆる受《う》け皿市場《ざらしじょう》について考《かん》えていきたいと発言《はつげん》されていますが、これは屋上屋《おくじょうおく》ならぬ床下床《ゆかしたゆか》であり、上記《じょうき》の「上場維持不適合《じょうじょういじふてきごう》であるが適合《てきごう》に向《む》けた計画《けいかく》」が床下床《ゆかしたゆか》だとすると、受《う》け皿市場《ざらしじょう》は床下床下床《ゆかしたゆかしたゆか》となります。

【その他論点《たろんてん》について】

日本《にほん》の上場企業《じょうじょうきぎょう》の平均《へいきん》ＰＢＲが低《ひく》い理由《りゆう》は、株主《かぶぬし》の権利《けんり》を守《まも》っていないからだと思《おも》います。株主《かぶぬし》が会社《かいしゃ》を買収《ばいしゅう》して清算《せいさん》できれば、労働債権等《ろうどうさいけんなど》を控除《こうじょ》しても、PBR0・8程度《ていど》では清算《せいさん》できると思《おも》われ、裁定《さいてい》が効《き》き、PBR0・5以下《いか》で放置《ほうち》されるとは思《おも》えません。公開市場《こうかいしじょう》の設計《せっけい》には、株主《かぶぬし》の視点《してん》をもっと多《おお》く採《と》り入《い》れるべきです。

親子上場《おやこじょうじょう》の解消《かいしょう》は、その件数《けんすう》には意味《いみ》がなく、子会社《こがいしゃ》の少数株主《しょうすうかぶぬし》から株式《かぶしき》を取得《しゅとく》した値段《ねだん》が肝要《かんよう》です。

法定《ほうてい》の指名《しめい》・報酬《ほうしゅう》委員会《いいんかい》が、上場企業《じょうじょうきぎょう》の3・8%にしか設置《せっち》されていないことは、看過《かんか》すべきではありません。

米国《アメリカ》に比《くら》べてIPO時《じ》調達額《ちょうたつがく》が大幅《おおはば》に小《ちい》さい理由《りゆう》は、未公開株《みこうかいかぶ》の流通市場《りゅうつうしじょう》が不整《ふせい》備《び》だからだと思《おも》います。

以上《いじょう》は要約《ようやく》なので、一部《いちぶ》をカットして書《か》いていますが、おおむねこのようなことを意見《いけん》書《しょ》として提出《ていしゅつ》しておきました。

フォローアップ会議《かいぎ》で述《の》べた7つの主張《しゅちょう》

フォローアップ会議《かいぎ》は、２０２２年《ねん》7月《がつ》29日《にち》に開催《かいさい》されたものの、わたしが欠席《けっせき》した第《だい》1回《かい》目《め》以降《いこう》、全部《ぜんぶ》で10回開《かいひら》かれました。そのなかで、わたしがどのような主張《しゅちょう》をしたのか、議事録《ぎじろく》の内容《ないよう》をもとに述《の》べたいと思《おも》います。

この会議《かいぎ》で話《はな》したことこそが、市場改革《しじょうかいかく》にとって極《きわ》めて大事《だいじ》なことだと、わたし自身《じしん》は思《おも》っていますし、これらを実現《じつげん》することによって株式市場《かぶしきしじょう》が活性化《かっせいか》し、株価《かぶか》が大《おお》きく上昇《じょうしょう》するはずだと信《しん》じています。

【主張《しゅちょう》1】社外取締役《しゃがいとりしまりやく》は投資家《とうしか》と話《はな》すべき

社外取締役《しゃがいとりしまりやく》と投資家《とうしか》との面談《めんだん》について、本来《ほんらい》、社外取締役《しゃがいとりしまりやく》は株主《かぶぬし》を代表《だいひょう》する存在《そんざい》であるため、株主《かぶぬし》が社外取締役《しゃがいとりしまりやく》と話《はな》そうというときは、普通《ふつう》に話《はな》すべきものであり、それは経産省《けいさんしょう》の文書《ぶんしょ》にも書《か》かれています。

しかし、実際《じっさい》に社外取締役《しゃがいとりしまりやく》にアクセスすると、「社長《しゃちょう》に聞《き》いてみます」とおっしゃる方《かた》がいます。

これは上場《じょうじょう》企業《きぎょう》が、制度《せいど》や枠組《わくぐ》みを理解《りかい》しておらず、放《ほう》ったままにしている状況《じょうきょう》であることを意味《いみ》します。制度《せいど》をつくるだけでなく、しっかり追《お》いかけて、理解《りかい》していない会《かい》社《しゃ》を正《ただ》すようにしないといけません、といったことを申《もう》しあげました。

【主張《しゅちょう》2】退出《たいしゅつ》の基準《きじゅん》をクリアに提示《ていじ》すべき

株式《かぶしき》を上場《じょうじょう》していないけれども、世《よ》の中《なか》にはたくさんのエクセレントカンパニーが存在《そんざい》しています。

そのなかで上場《じょうじょう》企業《きぎょう》は自《みずか》ら望《のぞ》んで上場《じょうじょう》し、一般株主《いっぱんかぶぬし》からの投資《とうし》を受《う》けやすくするため、規格《きかく》商品《しょうひん》になることを選《えら》びました。取引所《とりひきじょ》は、そういう規格《きかく》商品《しょうひん》を棚《たな》に陳列《ちんれつ》するのが役《やく》割《わり》であり、企業《きぎょう》価値《かち》を向上《こうじょう》させるのは取引所《とりひきじょ》の役割《やくわり》ではありません。

大事《だいじ》なことは、どのような規格《きかく》であれば上場《じょうじょう》企業《きぎょう》になれるのか、逆《ぎゃく》にどの規格《きかく》を満《み》たせなくなったら上場《じょうじょう》企業《きぎょう》でいられなくなるのかを、極《きわ》めてクリアに提示《ていじ》することです。したがって、新市場区分《しんしじょうくぶん》の上場《じょうじょう》維持基準《いじきじゅん》に関《かん》する経過措置《けいかそち》も、その期間《きかん》はできるだけ短《みじか》いほうが望《のぞ》ましいし、１日《にち》でも早《はや》く、いつ経過措置《けいかそち》が終了《しゅうりょう》するのかを明確《めいかく》にする必要《ひつよう》があります。

これまで株式《かぶしき》の発行体《はっこうたい》である企業《きぎょう》への配慮《はいりょ》からか、企業寄《きぎょうよ》りの対応《たいおう》が目立《めだ》っていましたが、もっと毅然《きぜん》としたルールを設《もう》ける必要《ひつよう》があります。そうしなければ新陳代謝《しんちんたいしゃ》が起《お》こらず、結果的《けっかてき》にＴＯＰＩＸもＪＰＸ日経《にっけい》インデックス４００も、そう大《おお》きく変《か》わらない動《うご》きになってしまうのです。

成績《せいせき》の悪《わる》い生徒《せいと》の成績《せいせき》を、どうやったら上《あ》げられるのか。それは、成績《せいせき》が悪《わる》かったら退《たい》学《がく》させるのがわかりやすく、その基準《きじゅん》を明確《めいかく》に提示《ていじ》しておけば、成績《せいせき》の悪《わる》い生徒《せいと》は尻《しり》に火《ひ》が付《つ》いて、一所懸命《いっしょけんめい》に勉強《べんきょう》するようになります。

成績《せいせき》が悪《わる》くても退学《たいがく》にならない、クラス替《が》えにもならない、ずっといままでと変《か》わらない環境《かんきょう》で学生生活《がくせいせいかつ》が送《おく》れるとなると、いつまでも結果《けっか》が出《で》ません。

したがって、客観的《きゃっかんてき》な入《い》れ替《か》えルールをクリアにすることが、結果的《けっかてき》に大《おお》きな効果《こうか》をもたらすものと考《かんが》えています。

【主張《しゅちょう》3】経過措置《けいかそち》は実質《じっしつ》3年《ねん》で十分《じゅうぶん》

　新市場区分《しんしじょうくぶん》の経過措置《けいかそち》の終了時期《しゅうりょうじき》について、わたしの主張《しゅちょう》は、2024年《ねん》3月《がつ》で十分《じゅうぶん》ということです。この点《てん》については、2025年《ねん》が妥当《だとう》だろうという意見《いけん》もあったのですが、わたしとしては、上場維持基準《じょうじょういじきじゅん》に抵触《ていしょく》しても1年間《ねんかん》の改善期間《かいぜんきかん》があるので、経過措置《けいかそち》を2024年《ねん》3月末《がつまつ》までとしても、実質《じっしつ》3年間《ねんかん》が与《あた》えられているから十分《じゅうぶん》だというものです。

　また、さまざまな猶予《ゆうよ》・延長《えんちょう》については、基本的《きほんてき》には認《みと》めないほうがいいと言《い》いました。なぜなら、東京証券取引所《とうきょうしょうけんとりひきじょ》が実施《じっし》するルール変更《へんこう》は、通常《つうじょう》もいろいろあるので、長《なが》い計画《けいかく》を出《だ》させてしまったために、それをすべて認《みと》めなければならない、ということではないからです。

　そもそも市場区分《しじょうくぶん》の見直《みなお》しに関《かん》する議論自体《ぎろんじたい》が、新《あたら》しいルールをつくるものであり、過去《かこ》に縛《しば》られる必要《ひつよう》はありません。

基本的《きほんてき》な考《かんが》え方《かた》として、個社《こしゃ》が個社《こしゃ》の努力《どりょく》で上場《じょうじょう》を維持《いじ》できるようにしよう、という前提《ぜんてい》で議論《ぎろん》されていると思《おも》いますが、我《わ》が国《くに》においては、生産要素《せいさんようそ》が各社《かくしゃ》に分散《ぶんさん》して保有《ほゆう》されており、その結果《けっか》、生産性《せいさんせい》が低《ひく》くなっているという問題《もんだい》があります。

したがって、個社《こしゃ》の努力《どりょく》で上場維持基準《じょうじょういじきじゅん》に適合《てきごう》させるのではなく、生産要素《せいさんようそ》の交換《こうかん》や合併《がっぺい》によって生産性《せいさんせい》を向上《こうじょう》させ、結果的《けっかてき》に上場維持基準《じょうじょういじきじゅん》に適合《てきごう》することを、東証《とうしょう》のルールによって促《うなが》すことができれば、上場企業全般《じょうじょうきぎょうぜんぱん》あるいは社会全体《しゃかいぜんたい》の生産性《せいさんせい》の向上《こうじょう》につながります。

【主張《しゅちょう》4】東証《とうしょう》に投資家《とうしか》・株主《かぶぬし》の意見《いけん》を聞《き》く窓口《まどぐち》をつくるべき

コーポレート・ガバナンス改革《かいかく》は、基本的《きほんてき》に投資家《とうしか》・株主《かぶぬし》の視点《してん》を、資本市場《しほんしじょう》の設計《せっけい》や企業《きぎょう》の経営《けいえい》に取《と》り入《い》れようという動《うご》きです。そこで東京証券取引所《とうきょうしょうけんとりひきじょ》に、投資家《とうしか》・株主《かぶぬし》の意見《いけん》を受《う》け入《い》れるための恒常的《こうじょうてき》な窓口《まどぐち》をつくってはどうかと提言《ていげん》しました。

たとえば、証券取引等監視委員会《しょうけんとりひきとうかんしいいんかい》（ＳＥＳＣ）では、問題《もんだい》があれば情報提供《じょうほうていきょう》できる窓口《まどぐち》があり、それが色々《いろいろ》なきっかけとなっています。

東証《とうしょう》においても、恒常的《こうじょうてき》にいつでも機関投資家《きかんとうしか》あるいは個人投資家《こじんとうしか》から、この会社《かいしゃ》がおかしい、このルールがおかしいという意見《いけん》を聞《き》けるような窓口《まどぐち》をつくることが、コーポレート・ガバナンス改革《かいかく》の一環《いっかん》につながると主張《しゅちょう》しました。

【主張《しゅちょう》5】社外取締役《しゃがいとりしまりやく》の役割《やくわり》について啓発活動《けいはつかつどう》をすべき

先《さき》の主張《しゅちょう》でも述《の》べたように、エンゲージメントで企業《きぎょう》の社外取締役《しゃがいとりしまりやく》にアクセスしようとすると、しっかりとした経歴《けいれき》の方《かた》でも、「社外取締役《しゃがいとりしまりやく》なので投資家《とうしか》とは話《はな》せない」と言《い》われることが、数回《すうかい》ではなく、けっこうな回数《かいすう》あります。

社外取締役《しゃがいとりしまりやく》は本来《ほんらい》、株主《かぶぬし》の利益《りえき》を守《まも》るためにあるものですし、経済産業省《けいざいさんぎょうしょう》のガイドラインにおいても、「社外取締役《しゃがいとりしまりやく》は進《すす》んで株主《かぶぬし》と対話《たいわ》すべき」と書《か》かれているにもかかわらず、誤解《ごかい》されており、またこの誤解《ごかい》がまかり通《とお》っているように感《かん》じます。

上場企業《じょうじょうきぎょう》の社外取締役《しゃがいとりしまりやく》に対《たい》して、社外取締役心得《しゃがいとりしまりやくこころえ》のような簡単《かんたん》なハンドブックをつくって送《おく》ったり、東証《とうしょう》のウェブサイトに社外取締役《しゃがいとりしまりやく》に期待《きたい》される役割《やくわり》を記載《きさい》したりするなどの啓発活動《けいはつかつどう》をしたほうがいいと強《つよ》く思《おも》います。

前述《ぜんじゅつ》したような誤解《ごかい》をされているケースや、あるいはＣＥＯから「投資家《とうしか》からアクセスがあった場合《ばあい》には話《はな》さないように」と言《い》われているケースもあるようですが、そういったことも踏《ふ》まえ、社外取締役《しゃがいとりしまりやく》は何《なに》を期待《きたい》されているのかということについて、積極的《せっきょくてき》に啓《けい》発活動《はっかつどう》をすべきでしょう。

【主張《しゅちょう》６】監理銘柄《かんりめいがら》の企業《きぎょう》の上場《じょうじょう》維持基準《いじきじゅん》を徐々《じょじょ》に引《ひ》き上《あ》げるべき

経過措置《けいかそち》の終了《しゅうりょう》を２０２５年《ねん》３月《がつ》とし、さらにそこから1年先《ねんさき》の２０２６年《ねん》３月《がつ》までを改善期間《かいぜんきかん》としたうえで、原則《げんそく》としてその改善期間中《かいぜんきかんちゅう》に、本来《ほんらい》の上場維持基準《じょうじょういじきじゅん》を満《み》たせない場合《ばあい》は、２０２６年《ねん》３月以降《がついこう》の６カ月間《げっかん》で「監理銘柄《かんりめいがら》」→「整理銘柄《せいりめいがら》」となり、その後《ご》に上場廃止《じょうじょうはいし》となるわけですが、一方《いっぽう》、２０ＸＸ年《ねん》３月末《がつまつ》を計画期限《けいかくきげん》とする計画《けいかく》を提示《ていじ》した企業《きぎょう》に関《かん》しては、当面《とうめん》、監理銘柄《かんりめいがら》とし、その間《かん》に緩和《かんわ》した上場維持基準《じょうじょういじきじゅん》に適合《てきごう》できなくなった場合《ばあい》は、速《すみ》やかに上場《じょうじょう》を廃止《はいし》するという例外規定《れいがいきてい》も提示《ていじ》されました。

問題《もんだい》はこの例外規定《れいがいきてい》です。たとえば計画期限《けいかくきげん》を10年先《ねんさき》、15年先《ねんさき》にして、緩和《かんわ》した上場《じょうじょう》維持基準《いじきじゅん》をギリギリでクリアしながら、監理銘柄《かんりめいがら》としてダラダラと株式《かぶしき》を上場《じょうじょう》させ続《つづ》けるような、モラルハザード的《てき》な企業《きぎょう》が出《で》てこないとも限《かぎ》りません。

これでは長年《ながねん》にわたって、いわゆる「ゾンビ企業《きぎょう》」が上場《じょうじょう》企業《きぎょう》として居座《いすわ》ることになりますし、資本市場《しほんしじょう》の在《あ》り方《かた》として、恐《おそ》らく海外《かいがい》、特《とく》に米国《アメリカ》などからすれば、「だらしない、変《か》わった株式市場《かぶしきしじょう》」と見《み》なされる恐《おそ》れもあります。

こうしたモラルハザードを引《ひ》き起《お》こさないためのアイデアとして、わたしが提案《ていあん》したのは、計画期限《けいかくきげん》を提示《ていじ》して監理銘柄《かんりめいがら》に入《はい》った企業《きぎょう》については、この緩和《かんわ》した上場《じょうじょう》維持基準《いじきじゅん》を徐々《じょじょ》に引《ひ》き上《あ》げ、数年《すうねん》かけて緩和《かんわ》していない上場維持基準《じょうじょういじきじゅん》にするということでした。

このようにして、徐々《じょじょ》にクリアしなければならない基準《きじゅん》を引《ひ》き上《あ》げていけば、監理銘柄《かんりめいがら》に入《はい》っている企業《きぎょう》も安穏《あんのん》とすることはできず、緩和《かんわ》していない上場維持基準《じょうじょういじきじゅん》への適合《てきごう》を目指《めざ》して努力《どりょく》するはずです。

そもそも、そういう努力《どりょく》をしない企業《きぎょう》の株式《かぶしき》は上場廃止《じょうじょうはいし》にして、株式市場《かぶしきしじょう》の新陳代謝《しんちんたいしゃ》を進《すす》めることが何《なに》よりも重要《じゅうよう》だと考《かんが》えます。中途半端《ちゅうとはんぱ》に長年《ながねん》、監理銘柄《かんりめいがら》として多数《たすう》の企《き》業《ぎょう》が株式市場《かぶしきしじょう》に残《のこ》り続《つづ》けるという状況《じょうきょう》だけは、避《さ》けなければなりません。

【主張《しゅちょう》7】非上場《ひじょうじょう》株式《かぶしき》の流通市場《りゅうつうしじょう》に関《かん》するルールを整備《せいび》すべき

グロース市場《しじょう》の制度設計《せいどせっけい》ですが、日本《にほん》の株式公開市場《かぶしきこうかいしじょう》（ＩＰＯ市場《しじょう》）は、規模《きぼ》が小《ちい》さいところに問題《もんだい》があると指摘《してき》しました。近年《きんねん》、毎年《まいとし》１００社程度《しゃていど》が株式《かぶしき》を上場《じょうじょう》しているものの、規模《きぼ》が非常《ひじょう》に小《ちい》さいのが現実《げんじつ》です。

たとえば、現在《げんざい》のグロース市場《しじょう》（かつての東証《とうしょう》マザーズ）と米国《アメリカ》のＩＰＯを比較《ひかく》すると、２０２１年時点《ねんじてん》における東証《とうしょう》マザーズの平均資金調達額《へいきんしきんちょうたつがく》は14億円《おくえん》で、上場《じょうじょう》した企業《きぎょう》の平均時価総額《へいきんじかそうがく》は１５９億円《おくえん》でした。

これに対《たい》して米国《アメリカ》の場合《ばあい》、同《おな》じ２０２１年《ねん》における平均資金調達額《へいきんしきんちょうたつがく》は４５８億円《おくえん》で、平均時価総額《へいきんじかそうがく》は４５８３億円《おくえん》です。日本《にほん》は米国《アメリカ》の３％程度《ていど》の規模《きぼ》しかないことが、これらの数字《すうじ》からわかります。

したがって、この状況《じょうきょう》をどうすれば変《か》えられるのか、という点《てん》について考《かんが》えてみたのですが、すぐにでも着手《ちゃくしゅ》すべきなのは、非上場株式《ひじょうじょうかぶしき》の流通市場《りゅうつうしじょう》に関《かん》するルールの整備《せいび》です。

米国《アメリカ》では、この手《て》のルールがしっかり整備《せいび》されています。そのため、シード、アーリー、レイターというように、株式《かぶしき》を上場《じょうじょう》する前《まえ》の各成長段階《かくせいちょうだんかい》において、さまざまな投資家《とうしか》が企業《きぎょう》に対《たい》し、代《か》わる代《が》わる資金《しきん》を提供《ていきょう》して企業《きぎょう》を育《そだ》て、最終的《さいしゅうてき》に「ユニコーン」と呼《よ》ばれている、時価評価額《じかひょうかがく》が10億《おく》ドル以上《いじょう》にも達《たっ》するような、大企業《だいきぎょう》にまで育《そだ》ってから株式《かぶしき》を上場《じょうじょう》することができます。

とはいえ、これをいまの日本《にほん》に導入《どうにゅう》するためには、法律《ほうりつ》の改正《かいせい》なども必要《ひつよう》になるので、時間《じかん》がかかります。今後《こんご》の中長期的《ちゅうちょうきてき》な課題《かだい》と言《い》っていいでしょう。

また、２０１８年以降《ねんいこう》の日本《にほん》におけるＩＰＯを見《み》ると、資金調達額《しきんちょうたつがく》よりも売出額《うりだしがく》が大《おお》きいＩＰＯが、全体《ぜんたい》の６割近《わりちか》くを占《し》めている点《てん》も、問題《もんだい》だと思《おも》いました。

売出《うりだし》とはすでに発行《はっこう》された株式《かぶしき》を保有《ほゆう》している大株主《おおかぶぬし》などが、手持《ても》ちの株式《かぶしき》を売《う》り出《だ》すことです。この売出額《うりだしがく》が資金調達額《しきんちょうたつがく》よりも大《おお》きいことの何《なに》が問題《もんだい》なのかというと、株式《かぶしき》を発行《はっこう》している企業《きぎょう》に資金《しきん》が行《い》かないことです。

売出《うりだし》はあくまでも株主《かぶぬし》が保有《ほゆう》している株式《かぶしき》を市場《しじょう》に売《う》りに出《だ》すだけのことなので、その資金《しきん》は株主《かぶぬし》に入《はい》ってしまいます。つまり、企業《きぎょう》の成長資金《せいちょうしきん》にならないのです。

本来《ほんらい》であれば売出比率《うりだしひりつ》を制限《せいげん》するべきだと思《おも》うのですが、それを行《おこな》うと、今度《こんど》はベンチャーキャピタルのように、企業《きぎょう》の株式《かぶしき》を引《ひ》き受《う》けて資金《しきん》を提供《ていきょう》している機関投資家《きかんとうしか》からすると、自分《じぶん》の手持《ても》ちの株式《かぶしき》を市場《しじょう》に売《う》り出《だ》して換金《かんきん》することに制限《せいげん》がかかりますから、慎《しん》重《ちょう》な議論《ぎろん》が必要《ひつよう》です。

そうなるといま、何《なに》ができるのかということですが、ＩＰＯした企業《きぎょう》の多《おお》くが時価総額《じかそうがく》を伸《の》ばせずに苦労《くろう》していることを考《かんが》えると、グロース市場《しじょう》の上場《じょうじょう》制度《せいど》そのものを変《か》える前《まえ》に、ＩＰＯした後《あと》、どうやって上場《じょうじょう》企業《きぎょう》を育《そだ》てていけばいいのか、という点《てん》を重視《じゅうし》するべきではないかと思《おも》います。

そのための方法《ほうほう》として、第一《だいいち》に情報開示《じょうほうかいじ》やＩＲのベストプラクティスを共有《きょうゆう》することに加《くわ》え、東京証券取引所《とうきょうしょうけんとりひきじょ》が旗振《はたふ》り役《やく》になって、グロース市場《しじょう》に上場《じょうじょう》している企業《きぎょう》の経営《けいえい》者《しゃ》を対象《たいしょう》にして、何《なに》か気付《きづ》きを得《え》ていただけるような場《ば》を設《もう》けることです。

もうひとつは、株式《かぶしき》を上場《じょうじょう》して10年《ねん》が経過《けいか》したときの上場《じょうじょう》維持《いじ》基準《きじゅん》として、時価総額《じかそうがく》が40億円《おくえん》以上《いじょう》という部分《ぶぶん》を見直《みなお》すことです。

上場《じょうじょう》してから10年間《ねんかん》も経営《けいえい》を続《つづ》けてきて、時価総額《じかそうがく》が40億円《おくえん》というのは、あまりにも低《ひく》すぎます。それは、上場後《じょうじょうご》10年間《ねんかん》、まったく成長《せいちょう》しなくてもいいと言《い》っているのと同《おな》じです。

したがって、これを１００億円《おくえん》、２００億円《おくえん》に引《ひ》き上《あ》げたうえで、前述《ぜんじゅつ》したように情報《じょうほう》開示《かいじ》やＩＲのベストプラクティスを共有《きょうゆう》することや、企業経営者《きぎょうけいえいしゃ》に気付《きづ》きを持《も》っていただくための場《ば》をつくるのがいいと指摘《してき》させていただきました。

一部《いちぶ》、内容《ないよう》が重複《ちょうふく》しているものもあるので、10回開《かいひら》かれたフォローアップ会議《かいぎ》における発言《はつげん》をすべて掲載《けいさい》したわけではありませんが、段階的《だんかいてき》にでも、このようなことを実行《じっこう》に移《うつ》していけば、日本《にほん》の株式市場《かぶしきしじょう》は蘇《よみがえ》るはずですし、それによって株価《かぶか》は上昇《じょうしょう》し、冒頭《ぼうとう》でも触《ふ》れたように、それがひいてはわたしたちの生活《せいかつ》をより豊《ゆた》かなものにしてくれるはずなのです。

東証《とうしょう》の市場改革《しじょうかいかく》を受《う》けて上場企業《じょうじょうきぎょう》はどう反応《はんのう》したのか

新市場区分《しんしじょうくぶん》で経過措置《けいかそち》が設《もう》けられたのは、激変緩和措置《げきへんかんわそち》の一種《いっしゅ》と考《かんが》えていいでしょう。

経過措置のタイムスケジュール

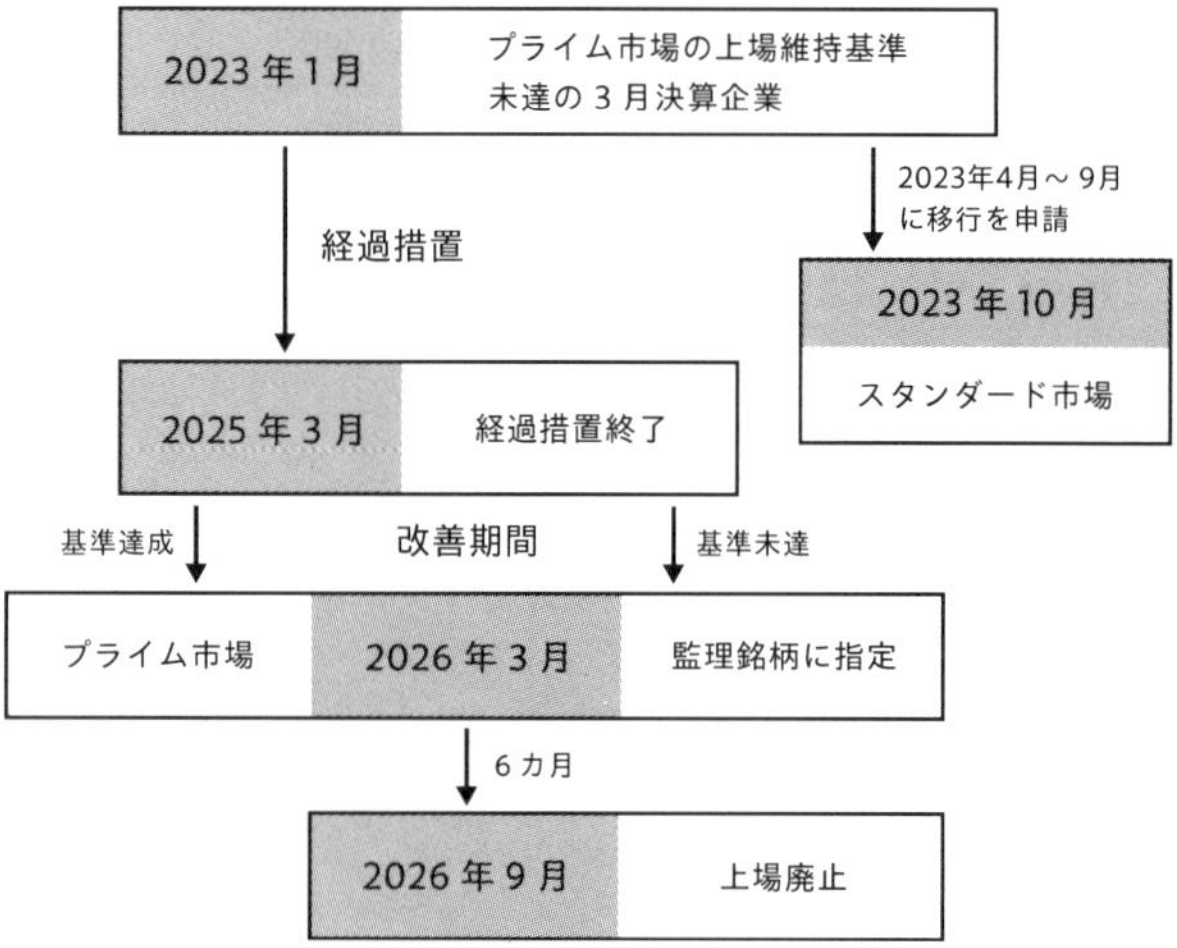

（出所）東京証券取引所の資料をもとに作成。

いきなり「今日《きょう》からこうなりますから、おたくは上場廃止《じょうじょうはいし》です」などと言《い》ったら、該当《がいとう》する企業《きぎょう》の株価《かぶか》は大暴落《だいぼうらく》するでしょうし、それによって株式市場全体《かぶしきしじょうぜんたい》が大混乱《だいこんらん》に陥《おちい》ってしまいます。

新《あたら》しい制度《せいど》に移行《いこう》させるためには、多少《たしょう》の準備期間《じゅんびきかん》を設《もう》けることも大《たい》切《せつ》です。とはいえ、経過措置《けいかそち》の期間《きかん》を「当分《とうぶん》の間《あいだ》」としたことは、大《おお》きな間違《まちが》いでした。

東京証券取引所《とうきょうしょうけんとりひきじょ》からすれば、上《じょう》場《じょう》企業《きぎょう》は一種《いっしゅ》のお客様《きゃくさま》みたいなものですから、そこに対《たい》する忖度《そんたく》のようなものも、多少《たしょう》はあったのかも知《し》れませんが、当分《とうぶん》の間《あいだ》という期間設定《きかんせってい》では、結局《けっきょく》のところ誰《だれ》も、何《なに》もせずに、ダラダラと時間《じかん》だけが過《す》ぎてしまうという結果《けっか》になりかねません。物事《ものごと》を進《すす》めるためには、しっかりと期限《きげん》を決《き》めることが大切《たいせつ》です。

したがって、これまでのフォローアップ会議《かいぎ》を経《へ》て、経過措置《けいかそち》を終了《しゅうりょう》する期間《きかん》が明示《めいじ》されたことは、喜《よろこ》ばしいことと考《かんが》えています。

ちなみに経過措置《けいかそち》の今後《こんご》のタイムスケジュールですが、3月決算《がつけっさん》企業《きぎょう》の場合《ばあい》、2023年《ねん》1月時点《がつじてん》でプライム市場《しじょう》の上場《じょうじょう》維持《いじ》基準《きじゅん》を満《み》たしていなかった場合《ばあい》は、2026年《ねん》3月末時点《がつまつじてん》で上場《じょうじょう》維持《いじ》基準《きじゅん》に適合《てきごう》しないと、上場廃止《じょうじょうはいし》の可能性《かのうせい》がある監理銘柄《かんりめいがら》に指定《してい》され、最短《さいたん》だと2026年《ねん》9月《がつ》に上場廃止《じょうじょうはいし》になる予定《よてい》です。

もちろん、プライム市場《しじょう》の上場《じょうじょう》維持《いじ》基準《きじゅん》を満《み》たしていない場合《ばあい》、その下《した》のスタンダード市場《しじょう》に指定替《していが》えすることも可能《かのう》です。

この場合《ばあい》、2023年《ねん》4月1日《がつついたち》から同年《どうねん》9月《がつ》29日《にち》までの6カ月間《げつかん》、審査《しんさ》なしでスタンダード市場《しじょう》に移行《いこう》できる機会《きかい》が設《もう》けられていて、その期間中《きかんちゅう》にスタンダード市場《しじょう》への移行《いこう》を選択《せんたく》した企業《きぎょう》については、2023年《ねん》10月《がつ》20日《はつか》に上場《じょうじょう》市場《しじょう》の変更《へんこう》が実施《じっし》されます。

つまり、プライム市場《しじょう》の上場《じょうじょう》維持《いじ》基準《きじゅん》を満《み》たしていない企業《きぎょう》は、監理銘柄《かんりめいがら》としてプライム市場《しじょう》維持《いじ》を目指《めざ》すか、スタンダード市場《しじょう》に移《うつ》るかのいずれかを選択《せんたく》することになるのです。

当然《とうぜん》、プライム市場《しじょう》に上場《じょうじょう》していて、経過措置《けいかそち》の適用《てきよう》を受《う》けている企業《きぎょう》からすれば、プライム市場《しじょう》に残《のこ》れるかどうかの時間《じかん》を切《き》られたわけですから、反対意見《はんたいいけん》も出《で》るのではないかと考《かんが》えました。

そこで、東京証券取引所《とうきょうしょうけんとりひきじょ》の担当者《たんとうしゃ》に、「経過措置《けいかそち》の終了《しゅうりょう》期限《きげん》を明示《めいじ》したことで、これをもっと延長《えんちょう》してくれと言《い》ってきたプライム上場《じょうじょう》企業《きぎょう》はありましたか？」と聞《き》いてみました。

どのくらいの社数《しゃすう》があったと思《おも》いますか？

実《じつ》はこれ、ゼロだったそうです。プライム市場《しじょう》の上場《じょうじょう》維持《いじ》基準《きじゅん》を満《み》たしていない企《き》業《ぎょう》でも、もう経過措置《けいかそち》の期限《きげん》を明示《めいじ》されても仕方《しかた》がないという意見《いけん》が多《おお》かったのではないでしょうか。

これは、発行体《はっこうたい》である上場《じょうじょう》企業《きぎょう》自身《じしん》も変《か》わってきたからだと思《おも》います。ゾンビ企業《きぎょう》のように言《い》われて、そのままプライム市場《しじょう》に残《のこ》り続《つづ》けることが許《ゆる》される時代《じだい》ではないことに、多《おお》くの企業《きぎょう》が気付《きづ》いているのです。

ＰＢＲ祭《まつ》りが始《はじ》まった

もうひとつ、今回《こんかい》の東証《とうしょう》の改革《かいかく》で特筆《とくひつ》したいのは、ＰＢＲ（株価《かぶか》純《じゅん》資産倍率《しさんばいりつ》）が１倍《ばい》を割《わ》り込《こ》んでいる企業《きぎょう》に対《たい》して、現在《げんざい》の水準《すいじゅん》を引《ひ》き上《あ》げるための具体的《ぐたいてき》な施策《しさく》の開示《かいじ》を求《もと》めるようにしたことです。

開示方式《かいじほうしき》は自由《じゆう》ですが、基本的《きほんてき》にはＰＢＲが１倍《ばい》を割《わ》り込《こ》んでいる要因《よういん》の分析《ぶんせき》や、それを改善《かいぜん》させるための具体策《ぐたいさく》の開示《かいじ》を求《もと》めます。

対象《たいしょう》はプライム市場《しじょう》とスタンダード市場《しじょう》に上場《じょうじょう》している企業《きぎょう》で、両市場《りょうしじょう》で約《やく》３３００銘柄《めいがら》あるうち、ＰＢＲが１倍《ばい》を割《わ》り込《こ》んでいる企業《きぎょう》は約《やく》１８００社《しゃ》もあります。

なぜＰＢＲが１倍《ばい》を割《わ》り込《こ》んだ状態《じょうたい》がいけないのか、ということですが、これはＰＢＲ

PBR 1倍割れの企業は価値を生み出していない

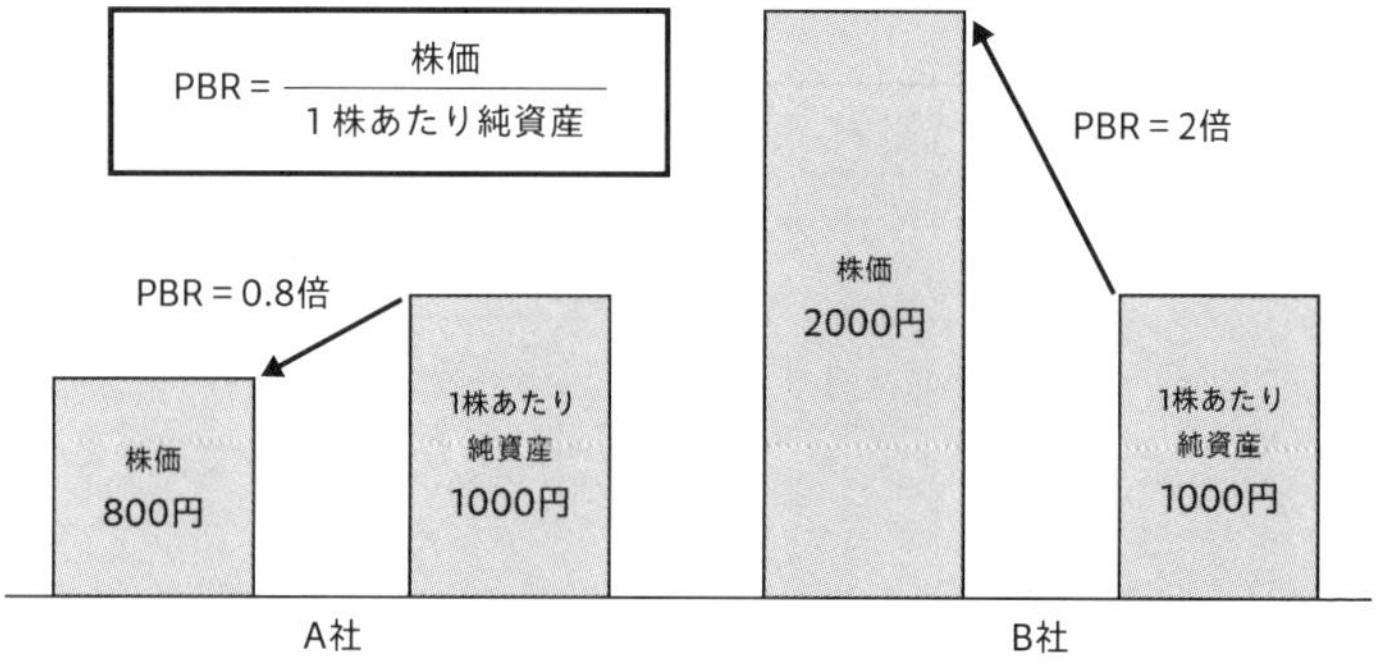

の計算式《けいさんしき》を思《おも》い浮《う》かべればわかると思《おも》います。

PBR＝株価《かぶか》÷1株《かぶ》あたり純資産《じゅんしさん》

純資産《じゅんしさん》とは、会社《かいしゃ》の資産総額《しさんそうがく》から負債額《ふさいがく》を差《さ》し引《ひ》いた残《のこ》りの金額《きんがく》のことで、これは基本的《きほんてき》にその会社《かいしゃ》自身《じしん》のお金《かね》になります。そして純資産《じゅんしさん》の総額《そうがく》を、発《はっ》行済株式数《こうずみかぶしきすう》で割《わ》ると、1株《かぶ》あたり純資産《じゅんしさん》が求《もと》められます。

この1株《かぶ》あたり純資産《じゅんしさん》で株価《かぶか》を割《わ》って算出《さんしゅつ》された数字《すうじ》が1を割《わ》り込《こ》んでいる企業《きぎょう》は、その企業《きぎょう》が持《も》つ純資産以上《じゅんしさんいじょう》の価値《かち》を生《う》み出《だ》せないと、市場《しじょう》が評価《ひょうか》したことになります。

それと同時《どうじ》に、この企業《きぎょう》が解散《かいさん》した場合《ばあい》、株主《かぶぬし》に対《たい》して分配《ぶんぱい》される金額《きんがく》よりも安《やす》い金額《きんがく》で、株式《かぶしき》が売買《ばいばい》されているという意味合《いみあ》いもあります。

それだけ、株価《かぶか》が割安《わりやす》だということでもあるのですが、見方《みかた》を変《か》えると、「株主資本《かぶぬししほん》が毀損《きそん》されているので、上場《じょうじょう》しているよりも、会社《かいしゃ》を解散《かいさん》させてしまったほうがましだ」というようにもとらえられます。

このように、ＰＢＲが1倍《ばい》を割《わ》り込《こ》んでいる企業《きぎょう》がどのような対応策《たいおうさく》を講《こう》じていくのかというと、短期的《たんきてき》には余剰資金《よじょうしきん》を用《もち》いて自社株買《じしゃかぶが》いをしたり、あるいは増配《ぞうはい》したりすることによって株価《かぶか》を押《お》し上《あ》げ、ＰＢＲが1倍《ばい》を上回《うわまわ》るようにするという手《て》が考《かんが》えられます。

ただ、この方法《ほうほう》は根本的《こんぽんてき》な問題《もんだい》の解決《かいけつ》にはなりません。大事《だいじ》なことは生産性《せいさんせい》や投資効率《とうしこうりつ》を高《たか》めることによって収益力《しゅうえきりょく》をアップさせ、それを株価上昇《かぶかじょうしょう》につなげることです。

特《とく》に日本企業《にほんきぎょう》の多《おお》くは、内部留保《ないぶりゅうほ》をたくさん持《も》っていますから、これを次《つぎ》の成長《せいちょう》ステージにつなげるための新《あたら》しい投資《とうし》に回《まわ》すのか、それとも自社株買《じしゃかぶが》いや配当《はいとう》に回《まわ》すのかは、その企業《きぎょう》がどの成長《せいちょう》ステージにいるのかによっても変《か》わってきます。

まだまだ成長《せいちょう》を狙《ねら》える事業領域《じぎょうりょういき》の企業《きぎょう》なら、新《あたら》しい投資《とうし》に回《まわ》していくでしょうし、すでに事業領域《じぎょうりょういき》が成熟《せいじゅく》していて、大《おお》きな成長《せいちょう》が見込《みこ》みにくい企業《きぎょう》であれば、自社株買《じしゃかぶが》いや配当増《はいとうぞう》によって対応《たいおう》していくことになるでしょう。

いずれにしても、ＰＢＲ１倍割《ばいわ》れの企業《きぎょう》に対《たい》して、その水準《すいじゅん》を引《ひ》き上《あ》げるための具体的《ぐたいてき》な施策《しさく》の開示《かいじ》を求《もと》めるようにしたことは、株価《かぶか》の上昇《じょうしょう》にもつながっていくと考《かんが》えられます。

コンビニで簡単《かんたん》に購入《こうにゅう》できるようになるといい

ナチュラルバイヤーを増《ふ》やす方法《ほうほう》として、最後《さいご》に、誰《だれ》でも簡単《かんたん》に株式投資《かぶしきとうし》できる環境《かんきょう》を整《ととの》える必要《ひつよう》があります。

「いやいや、もうけっこう投資《とうし》しやすい環境《かんきょう》は整《ととの》っているでしょう」と、証券業界《しょうけんぎょうかい》で働《はたら》いている人《ひと》や、投資家《とうしか》としてけっこうキャリアを積《つ》んでいる方《かた》は言《い》うと思《おも》います。

確《たし》かに、投資信託《とうししんたく》の積立投資《つみたてとうし》なら、毎月《まいつき》１０００円《えん》からできるようになりましたし、１株投資《かぶとうし》も可能《かのう》です。わざわざ証券会社《しょうけんがいしゃ》の店頭《てんとう》まで出向《でむ》かなくても、インターネットで簡単《かんたん》に口座《こうざ》を開設《かいせつ》できるようにもなりました。

いまから30年前《ねんまえ》に比《くら》べれば、誰《だれ》でも簡単《かんたん》に投資《とうし》できる時代《じだい》になったと思《おも》います。

ただ、そのように思《おも》えるのは、恐《おそ》らく投資《とうし》が身近《みぢか》な人《ひと》たちだからではないでしょうか。証券会社《しょうけんがいしゃ》をはじめとする金融業界《きんゆうぎょうかい》で働《はたら》いていれば、投資《とうし》は日常業務《にちじょうぎょうむ》のひとつですし、昔《むかし》から投資《とうし》をしている人《ひと》たちからすれば、いまの環境《かんきょう》は誰《だれ》でも簡単《かんたん》に投資《とうし》できると感《かん》じているはずです。

しかし、その一方《いっぽう》で投資《とうし》をしていない人《ひと》が大勢《おおぜい》いるのも事実《じじつ》です。何度《なんど》も触《ふ》れていますが、２０４３兆円《ちょうえん》もある個人金融資産《こじんきんゆうしさん》のうち、株式《かぶしき》と投資信託《とうししんたく》の占《し》める比率《ひりつ》が15・４%しかないことからも、それはおわかりいただけるでしょう。

長《なが》い目《め》で見《み》ると、やはり大勢《おおぜい》の人《ひと》たちが少《すこ》しずつでもいいから、株式《かぶしき》や投資信託《とうししんたく》を持《も》つことが大事《だいじ》です。

株価《かぶか》が上昇《じょうしょう》すれば、年金《ねんきん》の運用《うんよう》を行《おこな》っているＧＰＩＦ（年金積立金管理運用独立行政《ねんきんつみたてきんかんりうんようどくりつぎょうせい》法人《ほうじん》）を通《つう》じて恩恵《おんけい》を得《え》られるとは言《い》えるのですが、非常《ひじょう》に間接的《かんせつてき》なことなので、一人《ひとり》一《ひと》人《り》はなかなか株価《かぶか》が上昇《じょうしょう》した恩恵《おんけい》を直接《ちょくせつ》、実感《じっかん》することはできません。

「ああ、株価《かぶか》が上《あ》がってよかった」と実感《じっかん》するためには、大勢《おおぜい》の人《ひと》が株式《かぶしき》や投資信託《とうししんたく》を持《も》たなければならないのです。

そのためには、誰《だれ》もが簡単《かんたん》に投資《とうし》できる環境《かんきょう》を整備《せいび》する必要《ひつよう》があります。

では、どうすればいいのか。

これはちょっとトリッキーな話《はなし》なのですが、コンビニエンスストアでインデックスファンドを購入《こうにゅう》できるようにすればいいのではと考《かんが》えています。

１０００万円《まんえん》する自動車《じどうしゃ》でも、ディーラーに行《い》けば簡単《かんたん》に購入《こうにゅう》できます。それなのに、１０００円《えん》のインデックスファンドを買《か》うには、口座《こうざ》を開設《かいせつ》する際《さい》の本人確認《ほんにんかくにん》をはじめとして、けっこう煩雑《はんざつ》な手続《てつづ》きを取《と》らなければなりません。ここをどうにかできないものかと思《おも》うのです。

確《たし》かに、株式《かぶしき》の個別銘柄投資《こべつめいがらとうし》をする投資家《とうしか》に対《たい》しては、本人確認《ほんにんかくにん》の手続《てつづ》きなどが必要《ひつよう》になるでしょう。インサイダー取引《とりひき》の温床《おんしょう》にされてしまっては、それこそ市場《しじょう》の信頼性《しんらいせい》が損《そこ》なわれてしまいます。

でも、インデックスファンドやＥＴＦの場合《ばあい》、インサイダー取引《とりひき》も何《なに》もありませんから、いちいち細《こま》かく本人確認《ほんにんかくにん》をする必要《ひつよう》もないと思《おも》うのです。

コンビニエンスストアに置《お》いてあるマルチメディア端末《たんまつ》を使《つか》ってインデックスファンドを簡単《かんたん》に購入《こうにゅう》できるような仕組《しく》みをつくれば、誰《だれ》でも手軽《てがる》に投資《とうし》に参加《さんか》できるようになります。

コンビニエンスストア以外《いがい》にも、たとえばデパートでもいいし、書店《しょてん》でもいいでしょう。

もちろん、証券会社《しょうけんがいしゃ》や銀行《ぎんこう》などの金融機関《きんゆうきかん》以外《いがい》でインデックスファンドやＥＴＦを、本《ほん》人確認《にんかくにん》などの手続《てつづ》きをせずに、簡単《かんたん》に買《か》えるようにするためには、法改正《ほうかいせい》なども必要《ひつよう》になるので、実現《じつげん》するには時間《じかん》を必要《ひつよう》としますが、ナチュラルバイヤーを増《ふ》やすための方策《ほうさく》として、検討《けんとう》する価値《かち》はあると思《おも》います。

第5章

こうすれば日本企業は強くなる！

海外諸国《かいがいしょこく》から見《み》れば日本《にほん》はバーゲンセール

ここまで述《の》べてきたことを整理《せいり》しておきましょう。

問題提起《もんだいていき》の根底《こんてい》には、日本《にほん》をいまのままで放置《ほうち》し続《つづ》けたら、安《やす》い日本《にほん》がどんどん進行《しんこう》して、そのうち日本《にほん》が日本《にほん》でなくなるのではないか、という危機感《ききかん》があります。

確《たし》かに、株価《かぶか》が順調《じゅんちょう》に値上《ねあ》がりしていると、気分《きぶん》がよくなって、「まあ、いいや」という気《き》にもなってしまいがちですが、ここで改革《かいかく》の手綱《たづな》を緩《ゆる》めてしまうと、再《ふたた》びいつか来《き》た道《みち》に戻《もど》ってしまいます。

2022年《ねん》以降《いこう》は、日本《にほん》でも消費者物価指数《しょうひしゃぶっかしすう》が上昇《じょうしょう》に転《てん》じているので、日本《にほん》の物価《ぶっか》が安《やす》いといっても、あまり実感《じっかん》が湧《わ》かないかも知《し》れません。実際《じっさい》、スーパーマーケットで買《か》い物《もの》をすると、食品《しょくひん》を中心《ちゅうしん》にして値段《ねだん》が上《あ》がったという印象《いんしょう》を受《う》けます。

ただ、それはあくまでも日本国内《にほんこくない》で生活《せいかつ》しているうえでの実感《じっかん》です。米国《アメリカ》をはじめとする海外諸国《かいがいしょこく》は、日本《にほん》よりもはるかに急《きゅう》ピッチで物価《ぶっか》が上昇《じょうしょう》しています。相対的《そうたいてき》な比較《ひかく》からすれば、海外諸国《かいがいしょこく》から見《み》て日本《にほん》の物価《ぶっか》は、まだまだ安《やす》く感《かん》じられるはずです。牛丼《ぎゅうどん》１杯《ぱい》の値段《ねだん》が５００円《えん》なんて、米国《アメリカ》では考《かんが》えられないほどのバーゲンセールです。

安《やす》いのは日本国内《にほんこくない》の物価《ぶっか》だけではありません。わたしたちが普段《ふだん》、モノを購入《こうにゅう》したり、サービスを利用《りよう》したりしたときの支払《しはら》いに用《もち》いている「円《えん》」も、だいぶ安《やす》くなりました。

これも、日本国内《にほんこくない》だけで生活《せいかつ》しているぶんには、あまり意識《いしき》せずにすむのですが、海外《かいがい》と日本《にほん》を行《い》ったり来《き》たりしている人《ひと》や、貿易《ぼうえき》の仕事《しごと》に携《たずさ》わっている人《ひと》は、かなりリアルに実感《じっかん》できると思《おも》います。

いまから干支《えと》をひと回《まわ》り遡《さかのぼ》った２０１１年《ねん》時点《じてん》のドル円《えん》は、１ドル＝76円程度《えんていど》でした。海外《かいがい》で１００ドルのモノを購入《こうにゅう》するのに必要《ひつよう》な円《えん》は７６００円《えん》です。

ところが、あれから12年《ねん》ほどが経過《けいか》するなかで、円《えん》は大幅《おおはば》に安《やす》くなりました。２０２２年《ねん》10月《がつ》には、１ドル＝１５２円近《えんちか》くまで円安《えんやす》が進《すす》んでいったのです。

２０１１年当時《ねんとうじ》は７６００円《えん》で買《か》えたモノの値段《ねだん》が、１万《まん》５２００円《えん》になってしまいました。ちょうど倍《ばい》です。クオリティも量《りょう》もまったく変《か》わらないにもかかわらず、円《えん》で購《こう》入《にゅう》すると倍《ばい》の金額《きんがく》を払《はら》わないと、米国《アメリカ》から買《か》えなくなってしまったのです。まさに円《えん》が安《やす》くなったということです。

ちなみにドル円《えん》は、さすがに1ドル＝152円《えん》は行《い》き過《す》ぎの円安《えんやす》だと判断《はんだん》されたようで、2023年《ねん》1月《がつ》には1ドル＝127円水準《えんすいじゅん》まで修正《しゅうせい》されましたが、2023年《ねん》6月《がつ》には1ドル＝145円台《えんだい》まで円安《えんやす》が進《すす》んでいます。

仮《かり》に日本経済《にほんけいざい》が、再《ふたた》びいつか来《き》た道《みち》に戻《もど》ってしまったら、さらに円安《えんやす》が進《すす》むのではないかと懸念《けねん》しています。そして、そうなるリスクは、ゼロではありません。

なぜなら日本《にほん》は、先進国《せんしんこく》のなかで最《もっと》も深刻《しんこく》な少子《しょうし》・超高齢社会《ちょうこうれいしゃかい》だからです。人口《じんこう》も、いまのところ1億《おく》2000万人超《まんにんちょう》ですが、いずれ1億人《おくにん》を割《わ》り込《わ》むという推計値《すいけいち》もあるくらいです。

人口《じんこう》が減少《げんしょう》している国《くに》でGDPが増《ふ》えることはありません。このまま何《なに》も手《て》を施《ほどこ》さずにいれば、日本経済《にほんけいざい》はそう遠《とお》くない将来《しょうらい》、駄目《だめ》になります。

下手《へた》をすれば、安《やす》い日本《にほん》をいいことに、日本《にほん》の会社《かいしゃ》、不動産《ふどうさん》、その他《ほか》、日本《にほん》がこれまで長《なが》い歴史《れきし》で築《きず》いてきたさまざまな財産《ざいさん》が、諸外国《しょがいこく》に買《か》われてしまうことにもなりかねません。

そうなるギリギリのところまで来《き》てしまったからこそ、わたしたちは即《そく》、アクションを起《お》こさなければならないのです。

それでも世界《せかい》第《だい》３位《い》の経済大国《けいざいたいこく》

もちろん、人口政策《じんこうせいさく》が大事《だいじ》であるのはいうまでもありません。ただし、人口政策《じんこうせいさく》が功《こう》を奏《そう》して出生率《しゅっしょうりつ》の低下《ていか》と全体人口《ぜんたいじんこう》の減少《げんしょう》に歯止《はど》めがかかったとしても、具体的《ぐたいてき》に経済効果《けいざいこうか》を生《う》むには、短《みじか》くても20年《ねん》の時間《じかん》を必要《ひつよう》とします。

したがって、これから20年間《ねんかん》、日本経済《にほんけいざい》が地盤沈下《じばんちんか》しないようにするための施策《しさく》を講《こう》じなければなりません。

では、どのような施策《しさく》がいいのでしょうか。

将来《しょうらい》の日本《にほん》をよりよい国《くに》にするため、政官民《せいかんみん》が力《ちから》を合《あ》わせて、「企業《きぎょう》の生産性向上《せいさんせいこうじょう》」や「グリーン・トランスフォーメーション」「ダイバーシティ」「ＥＳＧ」など、さまざまなテーマについて議論《ぎろん》を積《つ》み重《かさ》ねていますが、これらについても具体的《ぐたいてき》な経済効果《けいざいこうか》をもたらすためには、相当《そうとう》の時間《じかん》を必要《ひつよう》とします。

では、何《なに》が最《もっと》も即効性《そっこうせい》があるでしょうか。

わたしは、まず何《なに》をおいても株価《かぶか》を上《あ》げることが、日本《にほん》が抱《かか》えているさまざまな問題《もんだい》を解決《かいけつ》することにつながると考《かんが》えています。

そのためにナチュラルバイヤーを増《ふ》やすことが大事《だいじ》であり、そのための方法《ほうほう》のひとつとして、まずは配当金《はいとうきん》の損金算入《そんきんさんにゅう》を、即座《そくざ》に実現《じつげん》するべきだと考《かんが》えています。

これが実現《じつげん》すれば、日本《にほん》の株価《かぶか》はいまの１・５倍《ばい》まで上昇《じょうしょう》するでしょう。

この先《さき》、日本《にほん》の株価《かぶか》がさらに上昇《じょうしょう》するという期待感《きたいかん》が高《たか》まり、かつナチュラルバイヤーが増《ふ》えれば、株価《かぶか》はさらに一段上昇《いちだんじょうしょう》します。

それによって企業価値《きぎょうかち》が上《あ》がって諸外国企業《しょがいこくきぎょう》の買収《ばいしゅう》が容易《たやす》くなり、技術力《ぎじゅつりょく》が手《て》に入《はい》り、日本企業《にほんきぎょう》が諸外国《しょがいこく》から安《やす》く買《か》い叩《たた》かれることもなくなり、経済安全保障《けいざいあんぜんほしょう》は有利《ゆうり》になるはずです。

同時《どうじ》に、個人《こじん》の金融資産《きんゆうしさん》も大《おお》きく増《ふ》えるため、経済《けいざい》は活性化《かっせいか》されます。

本当《ほんとう》に、いいことずくめなのです。

ただし、株価《かぶか》を上《あ》げる政策《せいさく》は絶対《ぜったい》に必要《ひつよう》なことだと信《しん》じていますが、それでもあくまで時間稼《じかんかせ》ぎと考《かんが》えてください。

強《つよ》い日本経済《にほんけいざい》をつくるためには、それを支《ささ》える日本企業《にほんきぎょう》、そして日本企業《にほんきぎょう》を支《ささ》える個人《こじん》の実力《じつりょく》をブラッシュアップする必要《ひつよう》があります。

ここまでやり切《き》ることができれば、日本経済《にほんけいざい》はものすごい復活《ふっかつ》を遂《と》げるでしょう。その根拠《こんきょ》は、いまの日本《にほん》の状況《じょうきょう》にあります。

みなさんは、自信《じしん》を失《うしな》いかけているのではないでしょうか。

特《とく》に、過去《かこ》の成功体験《せいこうたいけん》を持《も》っている、年齢層《ねんれいそう》の高《たか》い人《ひと》ほどそうかも知《し》れません。マスコミが「日本《にほん》は経済二流国《けいざいにりゅうこく》になった」などとセンセーショナルな見出《みだ》しを付《つ》けるものだから、それを真《ま》に受《う》けて、ますます日本《にほん》という国《くに》が本来持《ほんらいも》っている底力《そこぢから》を、信《しん》じられなくなっているような印象《いんしょう》を受《う》けることがあります。

でも大丈夫《だいじょうぶ》です。日本《にほん》が持《も》っている底力《そこぢから》は相当《そうとう》なものなのです。

それが証拠《しょうこ》に、これだけ自信《じしん》を失《うしな》いかけているかのように見《み》えながら、それでも日本《にほん》は世界第《せかいだい》３位《い》のＧＤＰを維持《いじ》しています。

日本企業《にほんきぎょう》やそこで働《はたら》く人々《ひとびと》が、日本基準《にほんきじゅん》ではなく、国際基準《こくさいきじゅん》に目《め》を向《む》けて組織改革《そしきかいかく》、働《はたら》き方改革《かたかいかく》を行《おこな》えば、日本経済《にほんけいざい》はまだまだ世界経済《せかいけいざい》のなかで、高《たか》いプレゼンスを発揮《はっき》することができるはずです。

そのために必要《ひつよう》なのは何《なに》かを、本章《ほんしょう》で説明《せつめい》していきましょう。

ゾンビ企業《きぎょう》が生産性《せいさんせい》の足《あし》を引《ひ》っ張《ぱ》っている

日本《にほん》は生産性《せいさんせい》が低《ひく》いとよく言《い》われます。そんなことを言《い》われても、そもそも「生産性《せいさんせい》って何《なに》？」と思《おも》っている人《ひと》も少《すく》なくないと思《おも》います。

正確《せいかく》には「労働生産性《ろうどうせいさんせい》」と言《い》います。これは、生産活動《せいさんかつどう》を行《おこな》うために投入《とうにゅう》した「リソース（労働力《ろうどうりょく》や資本《しほん》）」に対《たい》して得《え》られた「生産物《せいさんぶつ》の産出量《さんしゅつりょう》」の比率《ひりつ》を指《さ》しています。

たとえば１日《にち》２００杯《ぱい》のラーメンが売《う》れるお店《みせ》があるとしましょう。Ａ店《てん》で働《はたら》く店員《てんいん》は５人《にん》で、Ｂ店《てん》は４人《にん》です。Ａ店《てん》は５人《にん》で２００杯《ぱい》ですから、生産性《せいさんせい》は２００杯《ぱい》÷５人《にん》で40（杯《ぱい》／人《にん》）です。そして、Ｂ店《てん》は２００杯《ぱい》÷４人《にん》なので50（杯《ぱい》／人《にん》）になります。つまり生産性《せいさんせい》はＢ店《てん》のほうが高《たか》くなります。

つまり、より少《すく》ない労働力《ろうどうりょく》と資本《しほん》の投入《とうにゅう》で、より大《おお》きな生産物《せいさんぶつ》を生《う》み出《だ》せるほど、生産性《せいさんせい》が高《たか》いということになります。

では、日本《にほん》は諸外国《しょがいこく》に比《くら》べて、本当《ほんとう》に生産性《せいさんせい》が低《ひく》いのでしょうか。具体的《ぐたいてき》な数字《すうじ》を見《み》てみましょう。

公益財団法人《こうえきざいだんほうじん》日本生産性本部《にほんせいさんせいほんぶ》が２０２２年《ねん》12月《がつ》に公表《こうひょう》した「労働生産性《ろうどうせいさんせい》の国際比較《こくさいひかく》２０２２」によると、ＯＥＣＤデータに基《もと》づく２０２１年《ねん》の日本《にほん》の時間《じかん》あたり労働生産性《ろうどうせいさんせい》（就《しゅう》業《ぎょう》１時間《じかん》あたり付加価値《ふかかち》）は、49・９ドルでした。

これに対《たい》して米国《アメリカ》のそれは85・０ドルなので、日本《にほん》のそれは米国《アメリカ》に比《くら》べると６割弱《わりじゃく》程《てい》度《ど》でしかありません。日本《にほん》はＯＥＣＤ加盟国《かめいこく》38カ国《こく》のなかで27位《い》であり、データが取得可《しゅとくか》能《のう》な1970年《ねん》以降《いこう》、最《もっと》も低《ひく》い順位《じゅんい》になりました。

また、日本人《にほんじん》の1人《ひとり》あたり労働生産性《ろうどうせいさんせい》は8万《まん》1510ドルで、こちらはOECD加盟《かめい》38カ国中《こくちゅう》29位《い》で、これも1970年《ねん》以降《いこう》で最《もっと》も低《ひく》い順位《じゅんい》になりました。

この1人《ひとり》あたり労働生産性《ろうどうせいさんせい》が最《もっと》も高《たか》い国《くに》はアイルランドで、22万《まん》6568ドルもあります。2位《い》以下《いか》の数字《すうじ》を並《なら》べると、

2位《い》 **ルクセンブルク**：17万《まん》4888ドル
3位《い》 **ノルウェー**：15万《まん》3118ドル
4位《い》 **米国《アメリカ》**：15万《まん》2805ドル
5位《い》 **スイス**：14万《まん》1411ドル
6位《い》 **ベルギー**：13万《まん》9339ドル
7位《い》 **デンマーク**：13万《まん》9956ドル
8位《い》 **フランス**：12万《まん》4350ドル
9位《い》 **オーストラリア**：12万《まん》2820ドル

10位《い》　**オーストリア**：12万《まん》２３６６ドル

これ以上《いじょう》、挙《あ》げてもきりがないので、10位《い》までとしますが、これらの国々《くにぐに》と比較《ひかく》した場《ば》合《あい》、日本《にほん》の労働生産性《ろうどうせいさんせい》がいかに低《ひく》いか、おわかりいただけるのではないでしょうか。

ちなみに、日本《にほん》よりも１人《ひとり》あたり労働生産性《ろうどうせいさんせい》の高《たか》い国《くに》には、スロベニア、チェコ、トルコ、リトアニア、エストニアといった、ＧＤＰの総額《そうがく》では日本《にほん》よりもはるかに少《すく》ない国《くに》がたくさんあります。

つまり日本《にほん》は、ＧＤＰの総額《そうがく》では世界第《せかいだい》3位《い》という経済大国《けいざいたいこく》ではあるのですが、１人《ひとり》あたり生産性《せいさんせい》は他《ほか》の国々《くにぐに》に比《くら》べて低迷《ていめい》しているのです。

いま、日本《にほん》ではさまざまなところで生産性《せいさんせい》の向上《こうじょう》が語《かた》られ、それを実現《じつげん》するために、「ＡＩ」「ＥＰＡ」「ＩｏＴ」「ＤＸ」などの導入《どうにゅう》が急務《きゅうむ》である、などと言《い》われているのですが、それは確《たし》かにそうだけれども、実《じつ》は根本的《こんぽんてき》な問題《もんだい》はそこにはないと、わたしは見《み》ています。

というのも、全要素生産性《ぜんようそせいさんせい》で見《み》ると、おしなべて日本企業《にほんきぎょう》の生産性《せいさんせい》が低《ひく》いわけではないのです。一番《いちばん》の問題《もんだい》は、生産性《せいさんせい》が下《さ》がってしまった企業《きぎょう》やビジネスがそのままの形《かたち》で残《のこ》っていることによって、全体《ぜんたい》の足《あし》を引《ひ》っ張《ぱ》っていることにあります。

全要素生産性《ぜんようそせいさんせい》という、あまり聞《き》き慣《な》れない言葉《ことば》があります。簡単《かんたん》に説明《せつめい》しておきましょう。

生産性《せいさんせい》は前述《ぜんじゅつ》したように「投入量《とうにゅうりょう》と産出量《さんしゅつりょう》の比率《ひりつ》」を意味《いみ》します。そして、この生産《せいさん》性《せい》は大《おお》きく「労働生産性《ろうどうせいさんせい》」「資本生産性《しほんせいさんせい》」「全要素生産性《ぜんようそせいさんせい》」の3つに分《わ》けられます。

労働生産性《ろうどうせいさんせい》は、労働力《ろうどうりょく》の投入《とうにゅう》に対《たい》して産出《さんしゅつ》された量《りょう》の比率《ひりつ》です。

資本生産性《しほんせいさんせい》は、機械《きかい》や設備《せつび》などの資本《しほん》の投入量《とうにゅうりょう》に対《たい》して産出《さんしゅつ》された量《りょう》の比率《ひりつ》です。

そして、生産量《せいさんりょう》を増《ふ》やすためには、労働投入量《ろうどうとうにゅうりょう》と資本投入量《しほんとうにゅうりょう》を増《ふ》やすことで実現《じつげん》できるのですが、ここにはまだ技術力《ぎじゅつりょく》の進化《しんか》など、生産量《せいさんりょう》を増《ふ》やすうえで貢献《こうけん》していると思《おも》われる他《ほか》の要素《ようそ》が加味《かみ》されていません。

そこで、労働《ろうどう》や資本《しほん》だけではない、他《ほか》の要素《ようそ》も加味《かみ》した投入量《とうにゅうりょう》に対《たい》する産出量《さんしゅつりょう》の比率《ひりつ》として「全要素生産性《ぜんようそせいさんせい》」があるのです。

ちなみに労働《ろうどう》や資本以外《しほんいがい》で、全要素生産性《ぜんようそせいさんせい》を算出《さんしゅつ》するのに用《もち》いられている要素《ようそ》には、経《けい》営戦略《えいせんりゃく》やブランド戦略《せんりゃく》、技術革新《ぎじゅつかくしん》、知的資産《ちてきしさん》および無形資産《むけいしさん》の有効活用《ゆうこうかつよう》、労働能力《ろうどうのうりょく》の向上《こうじょう》などがあります。

こうしたさまざまな要素《ようそ》のうち、日本《にほん》と米国《アメリカ》の生産性《せいさんせい》の違《ちが》いを分析《ぶんせき》すると、最大《さいだい》の違《ちが》いは市場《しじょう》からの「退出《たいしゅつ》」にあるのです。

前述《ぜんじゅつ》したように、生産性《せいさんせい》が大《おお》きく落《お》ち込《こ》んだ企業《きぎょう》が退出《たいしゅつ》せず、マイナスの生産性《せいさんせい》を引《ひ》きずったままゾンビ企業《きぎょう》として残《のこ》っているため、全体《ぜんたい》の生産性《せいさんせい》が落《お》ちてしまうのです。

これが米国《アメリカ》だと、生産性《せいさんせい》が落《お》ちた企業《きぎょう》はどんどん退出《たいしゅつ》を強《し》いられるようになっているため、そこにあったさまざまな生産要素《せいさんようそ》を、他《ほか》の新《あたら》しい企業《きぎょう》などによって再利用《さいりよう》され、より生産性《せいさんせい》を高《たか》める方向《ほうこう》で用《もち》いられます。

たとえば退出《たいしゅつ》させられた企業《きぎょう》で働《はたら》いていた人《ひと》たちが、他《ほか》の、より生産性《せいさんせい》の高《たか》い企業《きぎょう》に再就職《さいしゅうしょく》して働《はたら》くといったような話《はなし》です。

ちなみに全要素生産性《ぜんようそせいさんせい》の各要素《かくようそ》について、日米比較《にちべいひかく》をすると、この退出《たいしゅつ》が少《すく》ないという1点《てん》で、日米《にちべい》の生産性《せいさんせい》の8割方《わりがた》が説明《せつめい》できてしまう、という分析結果《ぶんせきけっか》もあるくらいなのです。

ということは、やりようによってはまだまだ日本企業《にほんきぎょう》の生産性《せいさんせい》は、相当程度《そうとうていど》まで引《ひ》き上《あ》げられるということです。

生産要素《せいさんようそ》の交換《こうかん》で日本企業《にほんきぎょう》は飛躍《ひやく》する

例《れい》を２つ挙《あ》げてみましょう。

ある有名上場《ゆうめいじょうじょう》企業《きぎょう》のＸ社《しゃ》は歴史《れきし》も古《ふる》く、戦後《せんご》、その時《とき》その時《とき》の社会《しゃかい》・世界《せかい》の需要《じゅよう》に応《こた》えて、次々《つぎつぎ》に違《ちが》うモノを製造《せいぞう》してきました。

それらはとても品質《ひんしつ》の高《たか》いものですが、何十年《なんじゅうねん》も前《まえ》につくられた生産設備《せいさんせつび》はすでに陳腐化《ちんぷか》しています。それでもなお、すばらしい顧客《こきゃく》リストと販路《はんろ》を持《も》ち、ブランドもあり、品質《ひんしつ》も管理《かんり》されています。

ただ生産性《せいさんせい》が低《ひく》く、利益《りえき》も出《で》ない体質《たいしつ》になっています。

一方《いっぽう》、ある新興企業《しんこうきぎょう》のＹ社《しゃ》は同《おな》じモノを、現代《げんだい》の考《かんが》え方《かた》と現代《げんだい》の生産方法《せいさんほうほう》でつくっており、とても高《たか》い生産性《せいさんせい》を誇《ほこ》っています。

ただ販路《はんろ》やブランドが弱《よわ》いという問題《もんだい》を抱《かか》えています。

このようなケースでは、X社《しゃ》が、その古《ふる》くなったビジネスを、販路《はんろ》その他《た》も含《ふく》めて丸《まる》ごとY社《しゃ》に売却《ばいきゃく》すると、X社《しゃ》は生産性《せいさんせい》の低《ひく》い部門《ぶもん》がなくなるので、企業全体《きぎょうぜんたい》の生産性《せいさんせい》が上《あ》がります。

そしてY社《しゃ》は、X社《しゃ》の生産要素《せいさんようそ》のうちヒト、販路《はんろ》、ブランド、品質管理《ひんしつかんり》などを徹底的《てっていてき》に活用《かつよう》することによって、生産性《せいさんせい》をさらに上《あ》げることができます。

しかも雇用《こよう》はおおむね維持《いじ》される可能性《かのうせい》があるでしょう。こうすると、X社《しゃ》とY社《しゃ》の双方《そうほう》の生産性《せいさんせい》だけでなく、社会全体《しゃかいぜんたい》の生産性《せいさんせい》が上《あ》がります。

あるいは別《べつ》の例《れい》として、A社《しゃ》、B社《しゃ》、C社《しゃ》が、それぞれ製品《せいひん》1、製品《せいひん》2、製品《せいひん》3というモノをつくっていて、1社《しゃ》あたりのシェアはそれほど高《たか》くないというケースを想定《そうてい》してみましょう。

このとき、A社《しゃ》は製品《せいひん》1が、B社《しゃ》は製品《せいひん》2が、C社《しゃ》は製品《せいひん》3が得意《とくい》とします。

このケースでは、製品《せいひん》1の生産《せいさん》はA社《しゃ》に統合《とうごう》し、製品《せいひん》2の生産《せいさん》はB社《しゃ》に、製品《せいひん》3の生産《せいさん》はＣ社《しゃ》に統合《とうごう》することで、各社《かくしゃ》それぞれの生産性《せいさんせい》が上《あ》がります。それぞれの製品《せいひん》のビジネスにおけるＡ社《しゃ》、Ｂ社《しゃ》、Ｃ社《しゃ》の世界《せかい》シェアも上《あ》がり、よってこの部分《ぶぶん》に関《かん》する日本社会全《にほんしゃかいぜん》体《たい》の生産性《せいさんせい》が上《あ》がります。

日本企業《にほんきぎょう》は、事業《じぎょう》が多角的《たかくてき》で、ひとつの企業《きぎょう》で自動車《じどうしゃ》も、バイクも、ボートも製造《せいぞう》しているケースがあります。

自動車部門《じどうしゃぶもん》やバイク部門《ぶもん》の再編《さいへん》はなかなか大変《たいへん》ですが、たとえば市場《しじょう》規模《きぼ》がそれほど大《おお》きくないボート部門《ぶもん》については、特定《とくてい》の企業《きぎょう》に集約《しゅうやく》するという手《て》があります。複数《ふくすう》の会社《かいしゃ》が小《ちい》さい規模《きぼ》で商売《しょうばい》をするよりも、１社《しゃ》にまとめてより大《おお》きな規模《きぼ》で事業展開《じぎょうてんかい》をしたほうが、生産性《せいさんせい》は確実《かくじつ》に上《あ》がります。

なぜ生産要素《せいさんようそ》の交換《こうかん》が進《すす》まないのか

このような生産要素《せいさんようそ》の交換《こうかん》は、かつては財閥《ざいばつ》の司令塔《しれいとう》が行《おこな》ったり、ある時代《じだい》は当時《とうじ》の通《つう》商産業省《しょうさんぎょうしょう》（現経済産業省《げんけいざいさんぎょうしょう》）が介入《かいにゅう》したりしていたのだと思《おも》います。

ところが戦後《せんご》の財閥解体《ざいばつかいたい》、持《も》ち合《あ》いの解消《かいしょう》による銀行《ぎんこう》ガバナンスの減退《げんたい》、そして官《かん》の介《かい》入《にゅう》を排除《はいじょ》する風潮《ふうちょう》などから、気《き》が付《つ》くと企業《きぎょう》に対《たい》して、このような生産要素《せいさんようそ》交換《こうかん》の提案《ていあん》とプレッシャーを掛《か》ける外部主体《がいぶしゅたい》がいなくなってしまったのではないでしょうか。

ただ、このような生産要素《せいさんようそ》の交換《こうかん》をしっかり行《おこな》うことができれば、日本企業《にほんきぎょう》の生産性《せいさんせい》は飛躍的《ひやくてき》に向上《こうじょう》するはずです。

そのために、かつての財閥《ざいばつ》の司令塔《しれいとう》や銀行《ぎんこう》、あるいは現在《げんざい》の経産省《けいさんしょう》に代《か》わる役回《やくまわ》りを、誰《だれ》が担《にな》うのかということですが、それは企業価値《きぎょうかち》の向上《こうじょう》を求《もと》める優《すぐ》れた投資家《とうしか》です。資《し》本市場《ほんしじょう》から生産要素《せいさんようそ》の交換《こうかん》を提案《ていあん》し、プレッシャーをかけるのです。

ちなみに、日本企業《にほんきぎょう》の生産性《せいさんせい》が上《あ》がらない、もうひとつの原因《げんいん》は、中小企業《ちゅうしょうきぎょう》の生産性《せいさんせい》が上《あ》がりにくい構造《こうぞう》にあるのではないかと考《かんが》えられます。

よく「日本《にほん》は中小企業《ちゅうしょうきぎょう》が多《おお》い」と言《い》われます。確《たし》かに絶対数《ぜったいすう》は多《おお》いと思《おも》います。いささか古《ふる》いデータで恐縮《きょうしゅく》ですが、OECDの2016年統計《ねんとうけい》データによると、日本《にほん》の中小《ちゅうしょう》企業数《きぎょうすう》は381万社《まんしゃ》ですが、米国《アメリカ》だって422万社《まんしゃ》もあります。ここでいう中小企業《ちゅうしょうきぎょう》は、従業員数《じゅうぎょういんすう》が1～249名《めい》の企業《きぎょう》です。

米国《アメリカ》は日本《にほん》よりも中小企業数《ちゅうしょうきぎょうすう》は多《おお》いのですが、それでも生産性《せいさんせい》では、日本《にほん》よりもはるかに高《たか》い水準《すいじゅん》を維持《いじ》しています。米国《アメリカ》の中小企業《ちゅうしょうきぎょう》はITベンチャーを中心《ちゅうしん》にしている一方《いっぽう》、日本《にほん》は昔《むかし》ながらの、大企業《だいきぎょう》の下請《したう》けをやっている町工場《まちこうば》のような中小企業《ちゅうしょうきぎょう》が多《おお》いのかも知《し》れません。

このような日本《にほん》ならではともいえる中小企業《ちゅうしょうきぎょう》は、規模《きぼ》のメリットが働《はたら》かないので、生産性《せいさんせい》は低《ひく》くならざるを得《え》ません。それでも唯一《ゆいいつ》、競争力《きょうそうりょく》を保《たも》てるとしたら、それは値段《ねだん》を安《やす》くすることだけです。

しかし、値段《ねだん》を安《やす》くする、つまりダンピングして受注《じゅちゅう》を確保《かくほ》するというやり方《かた》を続《つづ》けていても、永遠《えいえん》に生産性《せいさんせい》は向上《こうじょう》しません。中小企業《ちゅうしょうきぎょう》こそ、経営規模《けいえいきぼ》の大《おお》きな企業《きぎょう》とのM&Aなどを活用《かつよう》して、規模《きぼ》のメリットが働《はたら》くようにする必要《ひつよう》があります。

最近《さいきん》、中小企業《ちゅうしょうきぎょう》の経営者《けいえいしゃ》の高齢化《こうれいか》が問題《もんだい》になっています。なかには後継者難《こうけいしゃなん》に陥《おちい》り、黒字《くろじ》であるにもかかわらず、廃業《はいぎょう》を選択《せんたく》せざるを得《え》ないところも少《すく》なくないと聞《き》きます。こうした中小企業《ちゅうしょうきぎょう》をひとまとめにして、業界再編《ぎょうかいさいへん》をはかるチャンスではないでしょうか。

株価《かぶか》にも影響《えいきょう》を及《およ》ぼす退出問題《たいしゅつもんだい》

退出《たいしゅつ》が極《きわ》めて少《すく》ないのは、株式市場《かぶしきしじょう》も同《おな》じです。かれこれ10年《ねん》近《ちか》く前《まえ》になりますが、2014年《ねん》1月《がつ》6日《むいか》から「JPX日経《にっけい》インデックス400」という株価指数《かぶかしすう》の公表《こうひょう》が始《はじ》まりました。けっこう話題《わだい》になったのでご記憶《きおく》にある方《かた》もいらっしゃると思《おも》います。

そもそもJPX日経《にっけい》インデックス400は、東京証券取引所《とうきょうしょうけんとりひきじょ》に上場《じょうじょう》されている全銘柄《ぜんめいがら》のなかから、投資家《とうしか》にとって魅力《みりょく》があると思《おも》われる400社《しゃ》を選《えら》び、その株価《かぶか》をベースにして指数《しすう》を作成《さくせい》するというものです。

東証上場全銘柄《とうしょうじょうじょうぜんめいがら》から400銘柄《めいがら》を選出《せんしゅつ》しますから、銘柄《めいがら》が上場《じょうじょう》されているプライム市場《しじょう》、スタンダード市場《しじょう》、グロース市場《しじょう》すべてが対象《たいしょう》となります。

では、その値動《ねうご》きはこの10年間《ねんかん》、どうだったのかというと、東証《とうしょう》プライム市場全上《しじょうぜんじょう》

S&P500と日経平均株価の推移

（出所）Bloombergのデータをもとにマネックス証券作成。

場銘柄《じょうめいがら》で算出《さんしゅつ》されている東証株価指数《とうしょうかぶかしすう》（TOPIX）と、ほとんど値動《ねうご》きに差《さ》がないのです。

JPX日経《にっけい》インデックス400は本来《ほんらい》、東証全《とうしょうぜん》上場銘柄《じょうじょうめいがら》の上澄《うわず》みに該当《がいとう》する、投資家《とうしか》にとって魅《み》力的《りょくてき》な企業《きぎょう》を対象《たいしょう》にして算出《さんしゅつ》されている株価《かぶか》インデックスであるにもかかわらず、良《よ》い企業《きぎょう》も、悪《わる》い企業《きぎょう》も一緒《いっしょ》くたにして算出《さんしゅつ》されているTOPIXと、値動《ねうご》きがほとんど変《か》わらないのは、いったいどういうことなのでしょうか。

しかも、TOPIXの長期《ちょうき》チャートを見《み》ると、確《たし》かに2013年以降《ねんいこう》はアベノミクスの効果《こうか》もあってか、上昇《じょうしょう》トレンドをたどっていますが、それでも1989年《ねん》12月《がつ》につけた水準《すいじゅん》にはまだ達《たっ》しておらず、長期的《ちょうきてき》にはまだ横《よこ》ばい圏《けん》から脱《だっ》していません。日《に》本《ほん》の株価《かぶか》インデックスは、三十数年《さんじゅうすうねん》にわたって横《よこ》ばいなのです。米国《アメリカ》を代表《だいひょう》する株価《かぶか》インデックスであるＳ＆Ｐ５００が、この三十数年間《さんじゅうすうねんかん》でどうなったのかというと、10倍以上《ばいいじょう》になっています。

この違《ちが》いは何《なん》なのでしょうか。

この間《かん》、日本経済《にほんけいざい》はバブルの崩壊《ほうかい》やデフレ経済《けいざい》に苦《くる》しみました。そして、その一方《いっぽう》、米国《アメリカ》はインターネットの世界《せかい》で覇者《はしゃ》となり、好景気《こうけいき》を謳歌《おうか》し続《つづ》けました。こうした経済《けいざい》情勢《じょうせい》の違《ちが》いがあったとはいえ、30年間《ねんかん》で片《かた》や横《よこ》ばい、一方《いっぽう》は10倍《ばい》というのは、あまりにも大《おお》きな差《さ》です。

わたしは、こうした株価《かぶか》についても、退出《たいしゅつ》させようとしない、そのままの状態《じょうたい》を続《つづ》けさせようとする日本《にほん》の悪《わる》い面《めん》が影響《えいきょう》していると見《み》ています。

なぜＳ＆Ｐ５００がこれだけ上昇《じょうしょう》し続《つづ》けているのかというと、それはインデックスを作《さく》成《せい》する対象《たいしょう》となる５００銘柄《めいがら》が、どんどん入《い》れ替《か》わっているからです。その時々《ときどき》で、最《もっと》も競争力《きょうそうりょく》の高《たか》い企業《きぎょう》が選《えら》ばれ、インデックスの構成銘柄《こうせいめいがら》に組《く》み入《い》れられる一方《いっぽう》、競争力《きょうそうりょく》の低下《ていか》した企業《きぎょう》はどんどん外《はず》されていくのです。

もうひとつ、米国《アメリカ》を代表《だいひょう》する、米国《アメリカ》最古《さいこ》の株価《かぶか》インデックスに「ニューヨーク・ダウ工《こう》業《ぎょう》株《かぶ》30種平均《しゅへいきん》（以下《いか》、ＮＹダウ）」という平均株価《へいきんかぶか》があります。ＮＹダウは当初《とうしょ》12銘柄《めいがら》でスタートし、現在《げんざい》の30銘柄《めいがら》で算出《さんしゅつ》されるようになったのが１９２８年《ねん》のことです。

この30銘柄《めいがら》で、１９２８年《ねん》からずっと組《く》み入《い》れられている銘柄《めいがら》はひとつもありません。構成銘柄《こうせいめいがら》は時代《じだい》の変化《へんか》に合《あ》わせてどんどん入《い》れ替《か》えられています。

これに対《たい》してＴＯＰＩＸの構成銘柄《こうせいめいがら》は、ほとんど入《い》れ替《か》わりません。そのため、時代《じだい》の先端《せんたん》を行《い》く企業《きぎょう》もあれば、生産性《せいさんせい》が大幅《おおはば》に落《お》ち込《こ》んで、もう時代《じだい》から取《と》り残《のこ》されたような企業《きぎょう》も指数《しすう》を構成《こうせい》する銘柄《めいがら》に入《はい》っているのです。

これでは長年《ながねん》にわたって横《よこ》ばい状態《じょうたい》が続《つづ》くのも、無理《むり》はありません。

時代《じだい》に合《あ》わないものは退出《たいしゅつ》させる。

これは資本主義《しほんしゅぎ》の世界《せかい》における基本中《きほんちゅう》の基本《きほん》です。

上場《じょうじょう》を取《と》り消《け》された企業《きぎょう》は解散《かいさん》する。

解散《かいさん》してそこから放出《ほうしゅつ》された人《ひと》やその他《ほか》のリソースが、もっと生産性《せいさんせい》の高《たか》い企業《きぎょう》で使《つか》われるようになれば、全体《ぜんたい》の生産性《せいさんせい》が上《あ》がり、株価《かぶか》の上昇《じょうしょう》にもつながっていくはずです。

NY ダウの1928年と2020年の構成銘柄

1928年10月
アメリカン・スメルティング
ノースアメリカン
グッドリッチ
インターナショナル・ニッケル
インターナショナル・ハーベスター
アライド・ケミカル
GM
テキサス・ガルフ・サルファー
アメリカン・シュガー
スタンダード・オイル
GE
ポスタム
シアーズ・ローバック
クライスラー
アトランティック・リファイニング
ベスレヘム・スチール
アメリカン・キャン
ゼネラル・レールウェイ・シグナル
マック・トラックス
ユニオンカーバイド
ライト・エアロノーティカル
アメリカン・タバコ
ナッシュ・モーターズ
ウェスティングハウス・エレクトリック
パラマウント・パブリックス
RCA
ビクタートーキングマシン
テキサスコーポレーション
ウールワース
US スチール

2020年10月
アップル
アムジェン
アメリカン・エキスプレス
ボーイング
キャタピラー
セールスフォース・ドットコム
シスコシステムズ
シェブロン
ザ・ウォルト・ディズニー・カンパニー
ダウ
ゴールドマン・サックス・グループ
ホーム・デポ
ハネウェル・インターナショナル
IBM
インテル
ジョンソン・エンド・ジョンソン
JP モルガン・チェース
コカ・コーラ
マクドナルド
3M
メルク
マイクロソフト
ナイキ
P&G
トラベラーズ
ユナイテッドヘルス・グループ
ビザ
ベライゾン・コミュニケーションズ
ウォルグリーン・ブーツ・アライアンス
ウォルマート

（出所）マネックス証券作成。

生産性《せいさんせい》の再活用促進策《さいかつようそくしんさく》を前面《ぜんめん》に押《お》し出《だ》す

ところで、「退出《たいしゅつ》」とか「退場《たいじょう》」というと、ネガティブに反応《はんのう》する人《ひと》がけっこう多《おお》いのではないかと思《おも》います。

だから言《い》い方《かた》を変《か》えてもいいかも知《し》れません。たとえば「生産性《せいさんせい》の再活用促進策《さいかつようそくしんさく》」はどうでしょうか。ちょっと冗長《じょうちょう》な感《かん》じはしますが、少《すく》なくともネガティブ感《かん》はだいぶなくなるでしょう。

これを政策《せいさく》として前面《ぜんめん》に押《お》し出《だ》してもいいと思《おも》います。税金面《ぜいきんめん》から生産要素《せいさんようそ》の交換《こうかん》を促進《そくしん》するようなものでもいいですし、あるいは銀行《ぎんこう》が資金供給《しきんきょうきゅう》をしやすくするのでもいいでしょう。

あと、株価《かぶか》の観点《かんてん》から言《い》えば、東証《とうしょう》の市場改革《しじょうかいかく》でもＰＢＲ１倍割《ばいわ》れ企業《きぎょう》に対《たい》して、その改善策《かいぜんさく》を求《もと》めていますが、もう少《すこ》し強《つよ》く進《すす》めるなら、ＰＢＲ１倍割《ばいわ》れの状態《じょうたい》が長《なが》く続《つづ》いている企業《きぎょう》は、上場廃止《じょうじょうはいし》にしてもいいでしょう。PBR1倍割《ばいわ》れの状態《じょうたい》が長《なが》く続《つづ》くのは、生産性《せいさんせい》の低《ひく》い事業《じぎょう》を抱《かか》え込《こ》んでいるからです。

PBRとは、株価純資産倍率《かぶかじゅんしさんばいりつ》のことで、株価《かぶか》を1株《かぶ》あたり純資産《じゅんしさん》（株主資本《かぶぬししほん》）で割《わ》って求《もと》められますが、この数字《すうじ》が1倍《ばい》を割《わ》るとは、何《なに》を意味《いみ》するのでしょうか。第《だい》4章《しょう》でも述《の》べましたが、重要《じゅうよう》なことなので、再度《さいど》、詳《くわ》しく述《の》べたいと思《おも》います。

純資産《じゅんしさん》とは、「資本金《しほんきん》＋資本剰余金《しほんじょうよきん》＋利益剰余金《りえきじょうよきん》」のことです。

資本金《しほんきん》は株主《かぶぬし》から拠出《きょしゅつ》してもらったお金《かね》、資本剰余金《しほんじょうよきん》は株主《かぶぬし》から拠出《きょしゅつ》してもらったお金《かね》のうち、資本金《しほんきん》に計上《けいじょう》しなかったお金《かね》、利益剰余金《りえきじょうよきん》は会社《かいしゃ》の利益《りえき》のうち、株主《かぶぬし》に配当《はいとう》しなかった残《のこ》りの利益《りえき》、と考《かんが》えていただければいいでしょう。そしてこれらのお金《かね》は、基本的《きほんてき》に株主《かぶぬし》に帰属《きぞく》するものと解釈《かいしゃく》されます。

したがって、これはあくまでも机上《きじょう》の話《はなし》ですが、会社《かいしゃ》を解散《かいさん》させることになったときには、株主一人一人《かぶぬしひとりひとり》の持《も》ち株数《かぶすう》に応《おう》じて、純資産《じゅんしさん》から配当《はいとう》を受《う》けることになります。つまり、純資産《じゅんしさん》は、その会社《かいしゃ》を解散《かいさん》させたときに株主《かぶぬし》が享受《きょうじゅ》する価値《かち》ということで、「解散価値《かいさんかち》」などと言《い》われることもあります。

では、ＰＢＲの数字《すうじ》が何《なに》を意味《いみ》するのかを考《かんが》えてみましょう。

たとえばＰＢＲが２倍《ばい》の企業《きぎょう》があるとします。ＰＢＲは純資産《じゅんしさん》の総額《そうがく》を発行済株式数《はっこうずみかぶしきすう》で割《わ》って求《もと》められる「１株《かぶ》あたり純資産《じゅんしさん》」で株価《かぶか》を割《わ》り、求《もと》められます。

ＰＢＲ＝株価《かぶか》÷１株《かぶ》あたり純資産《じゅんしさん》

これが計算式《けいさんしき》です。この計算《けいさん》で割《わ》り出《だ》された数字《すうじ》が２倍《ばい》ということは、株主《かぶぬし》に帰属《きぞく》する純資産《じゅんしさん》に対《たい》して、株価《かぶか》が２倍《ばい》で評価《ひょうか》されていることになります。

つまり、その程度《ていど》まで利益剰余金《りえきじょうよきん》などを積《つ》み上《あ》げられるくらいには稼《かせ》げるだろうと、株式市場《かぶしきしじょう》が評価《ひょうか》していることになります。

逆《ぎゃく》にＰＢＲが１倍割《ばいわ》れの企業《きぎょう》は、投資家《とうしか》も今後《こんご》の稼《かせ》ぎをまったく期待《きたい》していないことを意味《いみ》します。

そもそもＰＢＲが１倍《ばい》を割《わ》り込《こ》んでいる状況《じょうきょう》が何期《なんき》にもわたって続《つづ》いているような企業《きぎょう》は、利益剰余金《りえきじょうよきん》の項目《こうもく》がアンバランスなまでに大《おお》きかったりします。

それは、その会社《かいしゃ》にたくさんの現金《げんきん》が蓄積《ちくせき》されている可能性《かのうせい》が高《たか》いことを意味《いみ》するのですが、たくさんの現金《げんきん》を抱《かか》え込《こ》むのは、企業活動《きぎょうかつどう》として決《けっ》して正《ただ》しい行動《こうどう》ではありません。

なぜなら企業《きぎょう》は、稼《かせ》いだ利益《りえき》を新《あたら》しい投資《とうし》に回《まわ》して新《あたら》しい技術《ぎじゅつ》を開発《かいはつ》し、新《あたら》しいマーケットを開拓《かいたく》して、さらに大《おお》きな利益《りえき》を生《う》み出《だ》すのが使命《しめい》だからです。

したがって、ＰＢＲが１倍《ばい》を大《おお》きく割《わ》り込《こ》んでいるような企業《きぎょう》は、純資産《じゅんしさん》を上手《じょうず》に投資《とうし》に回《まわ》すことで新《あたら》しいビジネスチャンスを構築《こうちく》する力《ちから》がないと見《み》なされます。つまり、稼《かせ》ぐ力《ちから》がないということです。

あるいは解散価値《かいさんかち》が１倍《ばい》を割《わ》るわけですから、純資産《じゅんしさん》を大《おお》きく毀損《きそん》するような損失《そんしつ》がどこかに隠《かく》されていることを、株式市場《かぶしきしじょう》が織《お》り込《こ》んでいるとも考《かんが》えられます。

いずれにしてもＰＢＲが１倍《ばい》を割《わ》り込《こ》んでいる状態《じょうたい》は、活発《かっぱつ》に企業活動《きぎょうかつどう》が行《おこな》われているかどうかという観点《かんてん》から考《かんが》えると、望《のぞ》ましいことではないのです。

ちなみに東京証券取引所《とうきょうしょうけんとりひきじょ》の調《しら》べによると、２０２２年《ねん》７月１日《がっついたち》時点《じてん》でＰＢＲが１倍《ばい》を割《わ》り込《こ》んでいる企業《きぎょう》が、それぞれのマーケットに占《し》める比率《ひりつ》を見《み》ると、日本《にほん》は圧倒的《あっとうてき》に１

倍《ばい》割《わ》れが多《おお》いことに気《き》付《づ》きます。具体的《ぐたいてき》に数字《すうじ》を挙《あ》げると、

東証《とうしょう》プライム市場《しじょう》：50％
東証《とうしょう》スタンダード市場《しじょう》：64％
東証《とうしょう》グロース市場《しじょう》：7％
日本《にほん》（TOPIX500）：43％
米国《アメリカ》（S&P500）：5％
欧州《おうしゅう》（STOXX600）：24％

となっています。

さすが米国《アメリカ》で、S&P500に採用《さいよう》されている企業《きぎょう》のうち、PBRが1倍《ばい》を割《わ》り込《こ》んでいる企業《きぎょう》が占《し》める比率《ひりつ》は、たったの5％でしかありません。

これに対《たい》して、日本《にほん》を代表《だいひょう》する株式《かぶしき》市場《しじょう》であるはずの東証《とうしょう》プライム市場《しじょう》でさえ、PBRが1倍《ばい》を割《わ》り込《こ》んでいる企業《きぎょう》が50％もあるのですから、ここは早急《さっきゅう》な対応《たいおう》が必要《ひつよう》です。

そこで、たとえば「PBR1倍《ばい》割《わ》れが3年《ねん》続《つづ》いている企業《きぎょう》は上場廃止《じょうじょうはいし》」というようなルールを設《もう》ければ、生産性《せいさんせい》の低《ひく》い事業《じぎょう》については他社《たしゃ》に売却《ばいきゃく》するとか、同《おな》じ事業《じぎょう》を営《いとな》んでいる複数《ふくすう》の企業同士《きぎょうどうし》をくっつけるなどして、生産性《せいさんせい》を引《ひ》き上《あ》げるための企業努力《きぎょうどりょく》を行《おこな》うようになるでしょう。

そもそも、同《おな》じ事業領域《じぎょうりょういき》にたくさんの企業《きぎょう》がひしめき合《あ》っているのも、何《なん》とかしなければなりません。

たとえば銀行《ぎんこう》なんて、こんな数《かず》が必要《ひつよう》でしょうか。証券会社《しょうけんがいしゃ》も同様《どうよう》です。あるいは自動《じどう》車《しゃ》メーカー、家電《かでん》メーカーなど、特《とく》に消費者向《しょうひしゃむ》けの製品《せいひん》をつくったり、サービスを提供《ていきょう》したりしている企業《きぎょう》は、これから人口《じんこう》が減《へ》っていくのは確実《かくじつ》なので、そのなかで生産性《せいさんせい》を維《い》持《じ》・向上《こうじょう》させていくためには、再編《さいへん》が必要《ひつよう》です。

このような方法《ほうほう》を用《もち》いて企業《きぎょう》の生産性《せいさんせい》を上《あ》げれば、日本《にほん》はまだまだ宝《たから》の山《やま》だと思《おも》うのです。

銀行《ぎんこう》は何《なん》のために存在《そんざい》するのか

東証《とうしょう》プライム市場《しじょう》の50%を占《し》めるＰＢＲ１倍割《ばいわ》れ企業《きぎょう》を減《へ》らすためには、まず株価《かぶか》を上《あ》げることが大事《だいじ》です。それとともに、これも回《まわ》りまわって株価《かぶか》の上昇《じょうしょう》につながる要素《ようそ》になるのですが、企業《きぎょう》が現金《げんきん》を貯《た》め込《こ》まなくてもいい環境《かんきょう》をつくることも大事《だいじ》だと思《おも》います。

そもそも企業《きぎょう》がなぜ現金《げんきん》を貯《た》め込《こ》むようになったのでしょうか。それは幾度《いくど》となく日本《にほん》を襲《おそ》った金融不安《きんゆうふあん》の影響《えいきょう》です。

１９８０年代《ねんだい》のバブル経済《けいざい》が崩壊《ほうかい》した後《あと》、日本《にほん》の銀行《ぎんこう》は多額《たがく》の不良債権《ふりょうさいけん》を抱《かか》え込《こ》みました。当時《とうじ》、「土地神話《とちしんわ》」と言《い》われるくらい、日本《にほん》の不動産価格《ふどうさんかかく》は上昇《じょうしょう》を続《つづ》け、銀行《ぎんこう》は不《ふ》動産《どうさん》を担保《たんぽ》にして多額《たがく》の資金《しきん》を貸《か》し出《だ》しました。仮《かり》に融資先《ゆうしさき》が倒産《とうさん》などで焦《こ》げ付《つ》いたとしても、担保《たんぽ》にしている不動産《ふどうさん》を売却《ばいきゃく》すれば十分《じゅうぶん》に回収《かいしゅう》できると思《おも》ったからです。

ところが、バブル経済《けいざい》の崩壊《ほうかい》とともに、担保《たんぽ》として押《お》さえていた不動産価格《ふどうさんかかく》も大幅《おおはば》に下《げ》落《らく》してしまい、担保《たんぽ》の不動産《ふどうさん》を売却《ばいきゃく》しても、焦《こ》げ付《つ》いた融資《ゆうし》を回収《かいしゅう》できない状況《じょうきょう》になってしまいました。

その結果《けっか》、多額《たがく》の不良債権《ふりょうさいけん》を抱《かか》えた銀行《ぎんこう》は、融資《ゆうし》を求《もと》める企業《きぎょう》に対《たい》して融資《ゆうし》を渋《しぶ》る「貸《か》し渋《しぶ》り」や、融資《ゆうし》した資金《しきん》の返済《へんさい》を求《もと》める「貸《か》し剥《は》がし」を行《おこな》ったのです。

しかし、貸《か》し渋《しぶ》りや貸《か》し剥《は》がしを行《おこな》われた企業《きぎょう》のほうはたまったものではありません。下手《へた》をすれば倒産《とうさん》の危機《きき》にさらされます。現《げん》に、銀行《ぎんこう》からの貸《か》し渋《しぶ》り、貸《か》し剥《は》がしによって、倒産《とうさん》に追《お》い込《こ》まれた企業《きぎょう》もたくさんありました。

日本企業《にほんきぎょう》の多《おお》くが自己資金《じこしきん》をたくさん持《も》つようになったのは、このときの嫌《いや》な経験《けいけん》があったからです。自分《じぶん》のところにたくさんお金《かね》があれば、銀行《ぎんこう》から融資《ゆうし》を引《ひ》き揚《あ》げられたとしても、急場《きゅうば》をしのぐことができます。

実際《じっさい》、２００８年《ねん》のリーマンショックや、２０２０年《ねん》のコロナショックで、日本《にほん》の大企業《だいきぎょう》が資金繰《しきんぐ》りにそれほど窮《きゅう》することなく、厳《きび》しい局面《きょくめん》を乗《の》り切《き》れたのは、たくさんの自己《じこ》資金《しきん》を抱《かか》えていたからであり、それがまた成功体験《せいこうたいけん》となって、さらにお金《かね》を貯《た》め込《こ》む気質《きしつ》が強《つよ》まったとも考《かんが》えられます。

しかし、それによって企業《きぎょう》が現金《げんきん》を貯《た》め込《こ》む行動《こうどう》を助長《じょちょう》し、さらに成長《せいちょう》するための投資《とうし》意欲《いよく》を削《そ》いで、株価《かぶか》が上《あ》がらない状況《じょうきょう》の一端《いったん》を生《う》み出《だ》しているとも言《い》えるのです。

では、どうすれば企業《きぎょう》がお金《かね》を使《つか》えるようになるのかというと、これは銀行《ぎんこう》に頑張《がんば》ってもらうより他《ほか》に方法《ほうほう》はありません。

企業《きぎょう》が苦《くる》しい状況《じょうきょう》に追《お》い込《こ》まれているときこそ、銀行《ぎんこう》がしっかり金融面《きんゆうめん》でバックアップするようにならなければなりません。

銀行《ぎんこう》は何《なん》のために存在《そんざい》しているのかということを、日本全国《にほんぜんこく》のバンカーには再考《さいこう》していただきたいと思《おも》います。それを政府《せいふ》が銀行《ぎんこう》に対《たい》してしっかり指導《しどう》することも必要《ひつよう》です。

これからも、バブル崩壊《ほうかい》やリーマンショックのような経済不安《けいざいふあん》は必《かなら》ず起《お》こります。それでも銀行《ぎんこう》が資金面《しきんめん》で企業《きぎょう》をしっかり支《ささ》えてくれるという信頼感《しんらいかん》があれば、企業《きぎょう》は必要以《ひつようい》上《じょう》に自分《じぶん》のところで現金《げんきん》を抱《かか》え込《こ》むことなく、新《あたら》しい成長《せいちょう》を目指《めざ》して投資《とうし》をするようになるでしょう。

また、業界《ぎょうかい》が完全《かんぜん》な成熟産業《せいじゅくさんぎょう》で、成長投資《せいちょうとうし》ができないような企業《きぎょう》の場合《ばあい》は、配当《はいとう》を増《ふ》やしたり、自社株式買《じしゃかぶしきが》いをしたりするなど、株主還元《かぶぬしかんげん》に余裕資金《よゆうしきん》を振《ふ》り向《む》ければ、当然《とうぜん》のことながら株価《かぶか》は上昇《じょうしょう》します。

このように資金《しきん》がうまく循環《じゅんかん》すれば、銀行《ぎんこう》にとってもメリットが生《しょう》じてきます。

いま、日本《にほん》の銀行《ぎんこう》は、国内《こくない》の融資先《ゆうしさき》がなくて、やむをえず国債《こくさい》や不動産投資信託《ふどうさんとうししんたく》、外国《がいこく》債券《さいけん》を買《か》っている状況《じょうきょう》です。

でも、企業《きぎょう》が現金《げんきん》を貯《た》め込《こ》まなくなれば、そこに新《あたら》しい資金需要《しきんじゅよう》が生《う》まれます。結果《けっか》、資金《しきん》が世《よ》の中《なか》をスムーズに流《なが》れるようになり、景気《けいき》も盛《も》り上《あ》がり、株価《かぶか》の上昇《じょうしょう》へとつながっていくのです。

年功序列《ねんこうじょれつ》を廃止《はいし》して競争心《きょうそうしん》を取《と》り戻《もど》せ

もちろん、株価《かぶか》を上《あ》げるためには、これまで述《の》べてきたことに加《くわ》えて、企業側《きぎょうがわ》の努力《どりょく》も必要《ひつよう》です。そして、努力《どりょく》をするのと同時《どうじ》に、これからの日本企業《にほんきぎょう》がもう一度《いちど》、取《と》り戻《もど》さなければならないことがあります。

それは「競争心《きょうそうしん》」です。

日本《にほん》が敗戦《はいせん》から立《た》ち上《あ》がったとき、日本《にほん》の企業《きぎょう》は必死《ひっし》になって世界《せかい》に追《お》いつけ追《お》い越《こ》せと、世界《せかい》を相手《あいて》にして激《はげ》しい競争《きょうそう》を繰《く》り広《ひろ》げていました。

どんなに頑張《がんば》っても、「ドイツ車《しゃ》のクオリティには勝《か》てない、安《やす》くて壊《こわ》れないだけの車《くるま》」と言《い》われ続《つづ》けてきた日本車《にほんしゃ》ですが、ホンダはＦ１に参戦《さんせん》して勝利《しょうり》を収《おさ》め、トヨタは１９８９年《ねん》にセルシオという名車《めいしゃ》を生《う》み出《だ》し、その技術力《ぎじゅつりょく》の高《たか》さには、メルセデス・ベンツ社《しゃ》でさえも舌《した》を巻《ま》いたと言《い》われています。

それが実現《じつげん》できたのは、当時《とうじ》の日本人《にほんじん》が強《つよ》い競争心《きょうそうしん》を持《も》っていたからだと思《おも》います。

ところが、いまはどうでしょうか。

確《たし》かに、いまも世界的《せかいてき》にトップシェアを持《も》っている日本企業《にほんきぎょう》はあります。でも、全体《ぜんたい》からすると、そのような日本企業《にほんきぎょう》はごく一部《いちぶ》に過《す》ぎません。

特《とく》に日本国内《にほんこくない》を主要《しゅよう》マーケットにしているような日本企業《にほんきぎょう》は、生産性《せいさんせい》の落《お》ち込《こ》みに加《くわ》え、自分《じぶん》たちのマーケットである日本《にほん》が、人口減少《じんこうげんしょう》によってどんどん縮小《しゅくしょう》していく状況《じょうきょう》にあるため、未来《みらい》に期待《きたい》を持《も》つことができず、ある種《しゅ》、あきらめムードに支配《しはい》されているようにも見《み》えます。

なぜ競争心《きょうそうしん》が失《うしな》われてしまったのでしょうか。その原因《げんいん》の根底《こんてい》にあるのが、年功序列《ねんこうじょれつ》ではないかと思《おも》うのです。

年功序列《ねんこうじょれつ》とは、たとえば2020年入社組《ねんにゅうしゃぐみ》、2021年入社組《ねんにゅうしゃぐみ》というように、同《おな》じ入《にゅう》社年次《しゃねんじ》のなかで競争《きょうそう》が行《おこな》われ、そのなかで優秀《ゆうしゅう》な人材《じんざい》が課長《かちょう》、部長《ぶちょう》、役員《やくいん》、社長《しゃちょう》というように昇進《しょうしん》の階段《かいだん》を上《のぼ》っていく、日本企業《にほんきぎょう》の多《おお》くに見《み》られる雇用《こよう》の仕組《しく》みです。ある程度《ていど》の年次《ねんじ》にならないと昇進《しょうしん》のチャンスを手《て》にできませんし、給与《きゅうよ》も上《あ》がりません。

年功序列《ねんこうじょれつ》は、かつての日本《にほん》にとってはプラスに作用《さよう》してきました。何《なに》しろ昔《むかし》の日本《にほん》はみんなが貧《まず》しく、全員《ぜんいん》で力《ちから》を合《あ》わせて豊《ゆた》かにならなければというモチベーションが強《つよ》かったので、ある程度《ていど》まで平等《びょうどう》に昇給《しょうきゅう》していく年功序列賃金《ねんこうじょれつちんぎん》はフィットしていましたし、組織《そしき》への帰属意識《きぞくいしき》を強《つよ》めてもらうためには、長《なが》く勤《つと》めることで経済的《けいざいてき》インセンティブが高《たか》まる年《ねん》功序列《こうじょれつ》に、それなりのメリットがあったのです。

しかし、経済《けいざい》が成熟段階《せいじゅくだんかい》に入《はい》ると、高度成長期《こうどせいちょうき》のように全員《ぜんいん》が足並《あしな》みを揃《そろ》えて豊《ゆた》かになれる時代《じだい》ではなくなります。

経済規模《けいざいきぼ》がふくらむことなく、それどころか日本《にほん》のように縮小《しゅくしょう》していく懸念《けねん》があるなかでは、全員《ぜんいん》が平等《びょうどう》に豊《ゆた》かになることはできません。競争《きょうそう》に勝《か》ち抜《ぬ》いた人《ひと》がリーダーになり、組織《そしき》をグイグイ引《ひ》っ張《ぱ》っていくという形《かたち》にしなければ、モチベーションはガタ落《お》ちになりますし、競争心《きょうそうしん》も失《うしな》われる一方《いっぽう》です。

そして、競争心《きょうそうしん》が失《うしな》われた組織《そしき》では、いまのグローバルな競争環境《きょうそうかんきょう》のなかで生《い》き抜《ぬ》いていくことはできなくなります。

だからこそ、日本《にほん》のあらゆる組織《そしき》から、年功序列《ねんこうじょれつ》の考《かんが》え方《かた》を完全《かんぜん》に排除《はいじょ》する必要《ひつよう》があるのです。

プロのサッカーチームで年功序列《ねんこうじょれつ》はありえない

日本《にほん》はバブル経済《けいざい》が崩壊《ほうかい》した１９９０年代《ねんだい》、長期低迷《ちょうきていめい》から脱《だっ》するために「日本的経営《にほんてきけいえい》を見直《みなお》す」などと言《い》って、終身雇用制度《しゅうしんこようせいど》や年功序列賃金《ねんこうじょれつちんぎん》を廃《はい》し、成果主義《せいかしゅぎ》の導入《どうにゅう》や年功《ねんこう》にとらわれない昇進制度《しょうしんせいど》、あるいは雇用《こよう》の流動化《りゅうどうか》を進《すす》めようとしてきましたが、実《じつ》は大企業《だいきぎょう》になるほど、いまも根強《ねづよ》く終身雇用制度《しゅうしんこようせいど》や年功序列賃金《ねんこうじょれつちんぎん》が維持《いじ》されています。

特《とく》に酷《ひど》いのは銀行《ぎんこう》や中央省庁《ちゅうおうしょうちょう》です。いまでも「〇〇年入省組《ねんにゅうしょうぐみ》」などということが平《へい》気《き》で使《つか》われています。

事務次官《じむじかん》など、各省庁《かくしょうちょう》のトップに就《つ》く順番《じゅんばん》も年功序列《ねんこうじょれつ》が絶対《ぜったい》で、入省年次《にゅうしょうねんじ》の若《わか》い人《ひと》が、古《ふる》い人《ひと》を飛《と》び越《こ》えてトップに就任《しゅうにん》するなんてことは、まず起《お》こりません。中央省庁《ちゅうおうしょうちょう》がそういう状態《じょうたい》だから、そこと付《つ》き合《あ》う大企業《だいきぎょう》も、どうしても入社年次《にゅうしゃねんじ》を重視《じゅうし》せざるを得《え》なくなります。

プロのサッカーチームは実力主義《じつりょくしゅぎ》です。「この選手《せんしゅ》はチームに所属《しょぞく》して5年《ねん》が経《た》ったから、レギュラーメンバーに加《くわ》わってもらおう」などという人事《じんじ》は、絶対《ぜったい》にありえません。

日本企業《にほんきぎょう》は、この絶対《ぜったい》にありえない年功序列《ねんこうじょれつ》のサッカーチームであるにもかかわらず、ＧＤＰというワールドカップの世界《せかい》で第《だい》3位《い》を維持《いじ》しています。これは、まさにアメイジングなことなのです。

つまり、日本企業《にほんきぎょう》にはものすごいポテンシャルがあるのです。

それを解放《かいほう》するためには、とりもなおさず年功序列《ねんこうじょれつ》を止《や》めることが大事《だいじ》です。もし日本《にほん》企業《きぎょう》が本気《ほんき》になって年功序列《ねんこうじょれつ》を止《や》めれば、十分《じゅうぶん》に世界《せかい》第1位《い》を狙《ねら》えるところまで行《い》けるかも知《し》れないのです。

ここでひとつ、面白《おもしろ》い話《はなし》をしましょう。実《じつ》は徳川幕府《とくがわばくふ》は完全《かんぜん》な実力主義《じつりょくしゅぎ》の世界《せかい》だったという話《はなし》です。

徳川幕府《とくがわばくふ》の老中《ろうじゅう》、つまり幕府《ばくふ》の内閣《ないかく》みたいな組織《そしき》は、数名《すうめい》で構成《こうせい》されていたのですが、幕府《ばくふ》が平和《へいわ》な時代《じだい》、老中《ろうじゅう》の年齢《ねんれい》は60歳《さい》くらいまで上《あ》がり、いざ幕府《ばくふ》の危機《きき》というときになると、20代《だい》まで下《さ》がったという話《はなし》があります。

つまり、世《よ》の中《なか》が平和《へいわ》なときは、これまでに幕府《ばくふ》に功労《こうろう》のあった者《もの》を重用《ちょうよう》しますが、組《そ》織《しき》にとってピンチの状況《じょうきょう》になると、年齢《ねんれい》の高《たか》い人《ひと》では俊敏《しゅんびん》な対応《たいおう》が取《と》れないので、判断《はんだん》の速《はや》い若《わか》い人材《じんざい》を登用《とうよう》してきたのです。

いまの日本《にほん》が直面《ちょくめん》している危機的《ききてき》な状況《じょうきょう》から考《かんが》えれば、年功序列《ねんこうじょれつ》を維持《いじ》するのは土台無《どだいむ》理《り》な話《はなし》で、いまこそ実力重視《じつりょくじゅうし》で若手《わかて》をどんどん登用《とうよう》すべきではないかと思《おも》うのですが、いかがでしょうか。

失業率《しつぎょうりつ》の一時的《いちじてき》な高《たか》まりはプラスの面《めん》もある

年功序列《ねんこうじょれつ》の問題《もんだい》に加《くわ》えて、もうひとつ、終身雇用制度《しゅうしんこようせいど》のマイナス面《めん》について指摘《してき》すると、仮《かり》に生涯《しょうがい》の年収平均《ねんしゅうへいきん》が５００万円《まんえん》だとして、40年間《ねんかん》雇《やと》い続《つづ》けるとなると、それは1人《ひとり》あたり2億円《おくえん》の設備投資《せつびとうし》であり、同期《どうき》が１００人《にん》いたら、それだけで２００億円《おくえん》の設備投資《せつびとうし》を行《おこな》っているのと同《おな》じ意味《いみ》を持《も》ちます。

しかも終身雇用《しゅうしんこよう》ですから、その投資《とうし》がうまくいかなかったとしても、簡単《かんたん》にリプレースすることができません。米国《アメリカ》だと雇用者側《こようしゃがわ》に「right to fire（解雇《かいこ》する権利《けんり》）」があるので、正社員《せいしゃいん》でも簡単《かんたん》にリプレースできるのですが、日本《にほん》の場合《ばあい》、全員《ぜんいん》を抱《かか》えたまま、誰一人《だれひとり》として取《と》り残《のこ》さないようにしているだけに、結果《けっか》としてそれが生産性《せいさんせい》を落《お》とす要因《よういん》になっているのです。

この点《てん》からも、終身雇用制度《しゅうしんこようせいど》の抜本的《ばっぽんてき》な見直《みなお》しは、日本企業全体《にほんきぎょうぜんたい》にとって大《おお》きな課題《かだい》と言《い》えるでしょう。

日本《にほん》では長《なが》らく、「失業率《しつぎょうりつ》の上昇《じょうしょう》は悪《あく》」と考《かんが》えられてきました。

何《なに》しろ終身雇用《しゅうしんこよう》を徹底的《てっていてき》に死守《ししゅ》してきた国《くに》です。年功序列賃金《ねんこうじょれつちんぎん》や終身雇用《しゅうしんこよう》といった「日《に》本的雇用慣行《ほんてきこようかんこう》」は、徐々《じょじょ》に薄《うす》らいでいるものの、それでも大企業《だいきぎょう》だと、いまだに終身雇用《しゅうしんこよう》制《せい》を維持《いじ》しているところもあります。

世界《せかい》の現代史《げんだいし》をひも解《と》くと、だいたい失業率《しつぎょうりつ》が10%に近《ちか》づくと、何《なん》らかの改革《かいかく》が起《お》きるようです。「仕事《しごと》がなくて生活《せいかつ》が苦《くる》しいのは国《くに》の無策《むさく》のせいだ」という考《かんが》えから政治的《せいじてき》な無関心《むかんしん》が減《へ》り、社会的《しゃかいてき》な問題意識《もんだいいしき》が喚起《かんき》されるからでしょう。

しかし、失業率《しつぎょうりつ》の一時的《いちじてき》な高《たか》まりは、むしろプラスの面《めん》もあるということを、忘《わす》れてはいけません。もちろん高《たか》い失業率《しつぎょうりつ》が持続《じぞく》するのは問題《もんだい》ですが、一時的《いちじてき》な高《たか》まりであれば、人材《じんざい》という資源《しげん》を再配分《さいはいぶん》するのに役立《やくだ》つからです。

日本《にほん》が抱《かか》えている大《おお》きな問題《もんだい》のひとつは、前述《ぜんじゅつ》したように労働《ろうどう》や資本《しほん》の最適再配分《さいてきさいはいぶん》がなされていないことです。

日本《にほん》にはまだまだたくさんの金融資産《きんゆうしさん》があり、かつ人材《じんざい》の質《しつ》だって決《けっ》して諸外国《しょがいこく》に負《ま》けていません。そうであるにもかかわらず、しっかりとしたアウトプットが出《だ》せていないのは、必要《ひつよう》なところに必要《ひつよう》な資源《しげん》が配分《はいぶん》されていないからです。

終身雇用制度《しゅうしんこようせいど》などというのは、その典型的《てんけいてき》なケースと言《い》ってもいいでしょう。

たとえば、多《おお》くの大企業《だいきぎょう》で経営幹部《けいえいかんぶ》になる人《ひと》は、何歳《なんさい》の時点《じてん》で選抜《せんばつ》されているかご存《ぞん》じでしょうか。30代《だい》です。つまり30代《だい》の時点《じてん》で、すでに経営幹部《けいえいかんぶ》になれるかどうかが決《き》まっているのです。

しかし、「君《きみ》は将来《しょうらい》の経営幹部《けいえいかんぶ》だ。頑張《がんば》ってくれ」などと、本人《ほんにん》が30代《だい》のうちに知《し》らされることはありません。

そのため、40代後半《だいこうはん》から50歳前後《さいぜんご》で部長《ぶちょう》に昇進《しょうしん》した人《ひと》のなかには、「自分《じぶん》も経営幹部《りいえいかんぶ》になれるかも」といった淡《あわ》い期待《きたい》を抱《いだ》きながら50代半《だいなか》ばになり、いきなり役職定年《やくしょくていねん》を突《つ》き付《つ》けられてしまうのです。

役職定年《やくしょくていねん》になったときには、すでに年齢《ねんれい》もかなり高《たか》くなっていますし、少《すく》なくともその企業《きぎょう》においては役職者《やくしょくしゃ》としての権限《けんげん》がなくなってしまいます。高齢《こうれい》の平社員《ひらしゃいん》になってしまうのです。こうなると、もう余生《よせい》をそこで送《おく》るしかありません。

でも、30代《だい》の時点《じてん》で「君《きみ》は残念《ざんねん》ながら経営幹部《けいえいかんぶ》にはなれない。この会社《かいしゃ》で働《はたら》いても部《ぶ》長《ちょう》止《ど》まりだ。もちろん、それを承知《しょうち》のうえで働《はたら》き続《つづ》けてもいいし、他《ほか》の企業《きぎょう》に移籍《いせき》して、実力《じつりょく》を発揮《はっき》してもらってもかまわない」と言《い》われれば、早《はや》めにキャリアチェンジをすることができます。

経営幹部《けいえいかんぶ》の道《みち》は閉《と》ざされても、大企業《だいきぎょう》に入《はい》って活躍《かつやく》できるだけの実力《じつりょく》はあるわけですから、他《ほか》の会社《かいしゃ》でその実力《じつりょく》を発揮《はっき》できる可能性《かのうせい》は、十分《じゅうぶん》にあります。

特《とく》に、優秀《ゆうしゅう》な人材《じんざい》を大量採用《たいりょうさいよう》している大手金融機関《おおてきんゆうきかん》などは、最近《さいきん》は50歳《さい》の時点《じてん》で役職《やくしょく》定年《ていねん》を迎《むか》えるケースも少《すく》なくありません。そこから10年以上《ねんいじょう》、余生《よせい》のような会社員生活《かいしゃいんせいかつ》を送《おく》るのはあまりにも忍《しの》びないことですし、これはある意味《いみ》、優秀《ゆうしゅう》な人材《じんざい》を飼《か》い殺《ごろ》しにしているのと同《おな》じです。

それならば、もっと早《はや》い段階《だんかい》で「どこまで出世《しゅっせ》できるのか」をしっかり伝《つた》え、自分《じぶん》をより活《い》かせる新天地《しんてんち》で働《はたら》いてもらったほうが、その企業《きぎょう》というよりも、日本全体《にほんぜんたい》のためになります。

失業《しつぎょう》だって同《おな》じです。必要《ひつよう》のない業種《ぎょうしゅ》・部署《ぶしょ》で働《はたら》いていた人《ひと》が失業《しつぎょう》し、必要《ひつよう》とされる業《ぎょう》種《しゅ》・部署《ぶしょ》に移籍《いせき》する。それによって最適再配分《さいてきさいはいぶん》が実現《じつげん》するのです。

ただし、同《おな》じ業種《ぎょうしゅ》・部署《ぶしょ》に入《はい》り直《なお》すのは、会社《かいしゃ》は変《か》わっても単《たん》なる転職《てんしょく》であり、これでは最適再配分《さいてきさいはいぶん》にはなりません。

大事《だいじ》なのは、ある知識《ちしき》や経験《けいけん》を持《も》っている人《ひと》が、そういう部分《ぶぶん》の劣《おと》っている会社《かいしゃ》に再《さい》就職《しゅうしょく》することです。まったく別《べつ》のセクターに行《い》くことが、人材《じんざい》の最適再配分《さいてきさいはいぶん》が機能《きのう》するうえで必要《ひつよう》になります。

たとえばかつて、日本長期信用銀行《にっぽんちょうきしんようぎんこう》と山一證券《やまいちしょうけん》という、大《おお》きな金融機関《きんゆうきかん》が相次《あいつ》いで破《は》綻《たん》しました。非常《ひじょう》に暗《くら》いニュースとして取《と》り上《あ》げられましたが、このとき、失業《しつぎょう》した人《ひと》の多《おお》くは、金融《きんゆう》以外《いがい》の大企業《だいきぎょう》の財務部門《ざいむぶもん》などに再就職《さいしゅうしょく》しました。

その結果《けっか》、日本《にほん》の各業界《かくぎょうかい》・企業《きぎょう》において、財務《ざいむ》や金融《きんゆう》に関《かん》する能力《のうりょく》が少《すく》なからず向上《こうじょう》したものと考《かんが》えられます。これこそが、失業《しつぎょう》の最大《さいだい》の効果《こうか》なのです。

学校《がっこう》教育《きょういく》の現場《げんば》に必要《ひつよう》なのは多様性《たようせい》だ

日本企業《にほんきぎょう》を強《つよ》くするためには、企業《きぎょう》を支《ささ》えている個々人《ここじん》の強《つよ》さも求《もと》められます。

日本人《にほんじん》は概《がい》して教育水準《きょういくすいじゅん》が高《たか》く、少《すく》なくとも文字《もじ》を読《よ》むことができないという人《ひと》は、ほとんどいないと言《い》ってもいいでしょう。

「学力《がくりょく》が低下《ていか》している」「教育現場《きょういくげんば》が荒廃《こうはい》している」などと言《い》われ、ある調査《ちょうさ》によると、義務教育《ぎむきょういく》の教員《きょういん》の出身校《しゅっしんこう》の平均偏差値《へいきんへんさち》が50を切《き》っているという話《はなし》もあるくらいです。

無知《むち》は人《ひと》を不幸《ふこう》にします。逆《ぎゃく》に、知識《ちしき》や教養《きょうよう》といったものほど人《ひと》を幸《しあわ》せにするものもありません。知《ち》は極《きわ》めて重要《じゅうよう》なものです。

ただ、そのなかで学校教育《がっこうきょういく》の果《は》たす役割《やくわり》は、果《は》たしてどの程度《ていど》なのでしょうか。

もちろん、読《よ》み書《か》きや四則演算《しそくえんざん》といったベーシックな教育《きょういく》は、学校《がっこう》でしっかり教《おし》えたほうがいいでしょう。

でも、それ以外《いがい》に関《かん》しては、子供《こども》の興味《きょうみ》の赴《おもむ》くままにしておいてもかまわないのではないか、とさえ思《おも》っています。

ある程度《ていど》、子供《こども》が漢字《かんじ》を読《よ》めるようになったり、インターネットを使《つか》って自分《じぶん》で興味《きょうみ》のあることを探《さが》したりするようになると、ユーチューブをはじめとして、さまざまなホームページに自《みずか》らアクセスし、自分《じぶん》から勝手《かって》に知識武装《ちしきぶそう》をするようになります。

もちろん、そこに流《なが》れている情報《じょうほう》には、事実関係《じじつかんけい》が極《きわ》めて不確実《ふかくじつ》なものや、少《すく》なくとも子供《こども》のうちからアクセスしないほうがいいものも含《ふく》まれています。子供《こども》たちが、この手《て》の害悪《がいあく》なコンテンツに、容易《ようい》にアクセスできないようにするためにはどうすればいいのか。

この点《てん》はまた別《べつ》の議論《ぎろん》になりますが、昔《むかし》に比《くら》べれば自分《じぶん》の興味《きょうみ》のあることを、自分《じぶん》の力《ちから》で、より深《ふか》いところまで調《しら》べることのできる環境《かんきょう》は、整《ととの》っています。

学校教育《がっこうきょういく》で大事《だいじ》なのは、子供《こども》たちが何《なん》でもいいので、とにかく何《なに》かに興味《きょうみ》を持《も》つような心《こころ》を育《はぐく》むことだと思《おも》います。

最近《さいきん》、「STEAM《スティーム》教育《きょういく》」という言葉《ことば》をよく耳《みみ》にします。これは、「Science（科学《かがく》）」「Technology（技術《ぎじゅつ》）」「Engineering（工学《こうがく》）」「Arts（芸術《げいじゅつ》・リベラルアーツ）」「Mathematics

（数学《すうがく》）」という5つの英単語《えいたんご》の頭文字《かしらもじ》を組《く》み合《あ》わせた造語《ぞうご》です。

この5つの教育分野《きょういくぶんや》を横断的《おうだんてき》に学《まな》ぶことによって、実社会《じっしゃかい》における課題発見《かだいはっけん》とその解決《かいけつ》に資《し》するのがその目的《もくてき》と解釈《かいしゃく》されます。

ただ、課題発見《かだいはっけん》・解決能力《かいけつのうりょく》に富《と》む人材《じんざい》を育《はぐく》むためには、学校教育《がっこうきょういく》にこそ多様性《たようせい》を導入《どうにゅう》する必要《ひつよう》があります。逆《ぎゃく》に、いまの教育現場《きょういくげんば》には多様性《たようせい》がないと言《い》うことができます。

なぜ、日本《にほん》の教育《きょういく》には多様性《たようせい》がないのでしょうか。

それは恐《おそ》らく、文部科学省《もんぶかがくしょう》による縛《しば》りに負《お》うところが大《おお》きいと思《おも》います。学習指導要領《がくしゅうしどうようりょう》によって学校教育《がっこうきょういく》のカリキュラムには厳《きび》しい制約《せいやく》が設《もう》けられています。「こういうことを教《おし》えてはいけない」「こういう教科書《きょうかしょ》を使《つか》ってはいけない」というように、箸《はし》の上《あ》げ下《お》ろしに至《いた》るまで事細《ことこま》かに指導《しどう》されています。

文部科学省《もんぶかがくしょう》の官僚《かんりょう》など、何百万人《なんびゃくまんにん》もいる児童《じどう》、生徒《せいと》、学生《がくせい》からすれば、本当《ほんとう》にごく一部《いちぶ》の人数《にんずう》でしかないのですが、その少人数《しょうにんずう》の官僚《かんりょう》たちが、学校教育《がっこうきょういく》に強大《きょうだい》な影響力《えいきょうりょく》を持《も》っているのです。

その力《ちから》の根源《こんげん》は何《なに》かというと、「補助金《ほじょきん》」です。公立《こうりつ》の学校《がっこう》はもちろんのこと、私立《しりつ》の学校《がっこう》の経営資金《けいえいしきん》の多《おお》くは私学助成金《しがくじょせいきん》という形《かたち》で、国《くに》からお金《かね》が出《で》ています。だから学校《がっこう》は、文部科学省《もんぶかがくしょう》の言《い》うことを聞《き》かなければならず、結果的《けっかてき》に多様性《たようせい》のない教育《きょういく》が続《つづ》けられているという事実《じじつ》を、わたしたちはしっかり認識《にんしき》しておく必要《ひつよう》があるでしょう。

この大本部分《おおもとぶぶん》を何《なん》とかしない限《かぎ》り、日本《にほん》は多様性《たようせい》のある社会《しゃかい》を築《きず》くことができません。企業経営《きぎょうけいえい》においても「ダイバーシティ（多様性《たようせい》）」が重視《じゅうし》されつつありますが、実《じつ》は教育《きょういく》の部分《ぶぶん》から多様性《たようせい》を確立《かくりつ》していかない限《かぎ》り、ダイバーシティ経営《けいえい》など単《たん》なる張《は》りぼてで終《お》わってしまう恐《おそ》れがあります。

そのための方法《ほうほう》として、学校《がっこう》に出《だ》している補助金《ほじょきん》の類《たぐい》を、教育《きょういく》を受《う》ける生徒《せいと》に配《くば》ってはどうでしょうか。

その際《さい》に、現金《げんきん》を支給《しきゅう》すると何《なに》に使《つか》われるかわからないので、教育《きょういく》バウチャー、授業《じゅぎょう》バウチャーの形《かたち》で支給《しきゅう》します。そして、生徒《せいと》は自分《じぶん》が学《まな》んでみたい授業《じゅぎょう》を行《おこな》っている学校《がっこう》を選《えら》び、その授業料《じゅぎょうりょう》を、国《くに》から支給《しきゅう》されたバウチャーで支払《しはら》います。

一方《いっぽう》、学校《がっこう》は補助金《ほじょきん》ではなく、生徒《せいと》から集《あつ》められたお金《かね》で運営《うんえい》していくことになりますから、とにかく生徒《せいと》を集《あつ》めなければなりません。

より多《おお》くの生徒《せいと》に集《あつ》まってもらえるように、学校《がっこう》としての魅力《みりょく》を高《たか》めようと一所懸命《いっしょけんめい》になるでしょう。

そのなかから、生徒《せいと》は自分《じぶん》の好《す》きな勉強《べんきょう》ができる学校《がっこう》を自由《じゆう》に選《えら》べるのですから、すべてがうまく循環《じゅんかん》していくと思《おも》います。

金融教育《きんゆうきょういく》に必要《ひつよう》なのはマーケットの数学力《すうがくりょく》

学校教育《がっこうきょういく》の話《はなし》が出《で》たついでに、２０２２年《ねん》４月《がつ》からの高等学校学習指導要領《こうとうがっこうがくしゅうしどうようりょう》改訂《かいてい》で拡充《かくじゅう》された、金融経済教育《きんゆうけいざいきょういく》について少《すこ》し私見《しけん》を述《の》べさせていただきます。

指導教材《しどうきょうざい》の内容《ないよう》は、「家計管理《かけいかんり》とライフプランニング」「使《つか》う」「備《そな》える〜社会保険制度《しゃかいほけんせいど》と民間保険《みんかんほけん》」「貯《た》める・増《ふ》やす〜資産形成《しさんけいせい》」「借《か》りる」「金融《きんゆう》トラブル」「まとめ」という7項目《こうもく》で構成《こうせい》されており、高校生《こうこうせい》がいずれ社会人《しゃかいじん》になったとき、実生活《じっせいかつ》で役《やく》に立《た》つお金《かね》の知《ち》識《しき》が身《み》に付《つ》くようなカリキュラムになっています。

これは、これでよしとしましょう。ただ、わたしはこの手《て》の知識《ちしき》を身《み》に付《つ》ける前《まえ》に、資《し》本市場《ほんしじょう》に関連《かんれん》した数学力《すうがくりょく》を高《たか》めるカリキュラムが必要《ひつよう》なのではないかと考《かんが》えています。

日本人《にほんじん》は総《そう》じて、数学《すうがく》の基礎的《きそてき》な能力《のうりょく》は、国際比較《こくさいひかく》をすると高《たか》いほうに属《ぞく》しています。「国際数学《こくさいすうがく》・理科《りか》教育動向調査《きょういくどうこうちょうさ》」における成績《せいせき》を見《み》ると、小学校算数《しょうがっこうさんすう》が58カ国中《こくちゅう》5位《い》。中学校数学《ちゅうがっこうすうがく》が39カ国中《こくちゅう》4位《い》です。これに対《たい》して米国《アメリカ》は、小学校算数《しょうがっこうさんすう》が58カ国中《こくちゅう》15位《い》、中《ちゅう》学校数学《がっこうすうがく》が39カ国中《こくちゅう》12位《い》です。

ところが不思議《ふしぎ》なことに、資本市場《しほんしじょう》に関連《かんれん》した数字《すうじ》の話《はなし》になると、途端《とたん》にお手上《てあ》げになってしまいます。

わたしの印象《いんしょう》では、日本人《にほんじん》は決《けっ》して金融《きんゆう》リテラシーが低《ひく》いわけではありません。ただ、マーケットの数字《すうじ》に弱《よわ》いという印象《いんしょう》は受《う》けます。

たとえば、基本中《きほんちゅう》の基本《きほん》としては金利計算《きんりけいさん》です。単利計算《たんりけいさん》はできるけれども、複利計算《ふくりけいさん》になるとお手上《てあ》げになってしまう。現在価値《げんざいかち》の計算《けいさん》にしても、等比数列《とうひすうれつ》の方程式《ほうていしき》を展開《てんかい》するだけのことなのですが、「?.?.?.」となってしまう。ましてやデュレーションやコンベクシティになると、さっぱりわからなくなってしまう人《ひと》が大半《たいはん》ですが、これだって簡単《かんたん》な微積分《びせきぶん》の計算《けいさん》に過《す》ぎません。

もちろんオプション取引《とりひき》のように、熱力学方程式《ねつりきがくほうていしき》といったやや高度《こうど》な数学《すうがく》の知識《ちしき》を必要《ひつよう》とするものもありますが、投資《とうし》に関連《かんれん》する数学《すうがく》なんて、四則演算《しそくえんざん》と因数分解《いんすうぶんかい》、等比数列《とうひすうれつ》といった、それこそ高校生《こうこうせい》なら1か月《げつ》も勉強《べんきょう》すれば理解《りかい》できるようなものばかりです。

わざわざ金融教育《きんゆうきょういく》のカリキュラムに入《い》れる必要《ひつよう》はありませんが、数学《すうがく》の授業《じゅぎょう》でこの手《て》の資本市場《しほんしじょう》に関連《かんれん》した計算《けいさん》なども入《い》れてみてはどうでしょうか。

高校《こうこう》の家庭科《かていか》で金融経済教育《きんゆうけいざいきょういく》を受《う》けるのと同時《どうじ》に、数学《すうがく》でもこの手《て》の授業《じゅぎょう》を併《あわ》せて行《おこな》えば、十二分《じゅうにぶん》の金融知識《きんゆうちしき》が身《み》に付《つ》くはずです。

10万人《まんにん》の高校生《こうこうせい》や大学生《だいがくせい》を海外《かいがい》に留学《りゅうがく》させよう

ビジネスのグローバル化《か》が進《すす》むなか、日本人《にほんじん》が外国人《がいこくじん》とのコミュニケーションで損《そん》をしている部分《ぶぶん》は、極《きわ》めて大《おお》きいと思《おも》います。

その最大《さいだい》のネックは、英語《えいご》ができないことでしょう。そのために経済活動《けいざいかつどう》はもちろんのこと、政治的《せいじてき》にも、あるいは国《くに》の誇《ほこ》りといった面《めん》でも、大《おお》きな損失《そんしつ》を出《だ》しています。この点《てん》については昔《むかし》から指摘《してき》しているところですが、いまも状況《じょうきょう》はそう大《おお》きく変《か》わっていません。

この状況《じょうきょう》を克服《こくふく》するためには、大学生《だいがくせい》や高校生《こうこうせい》を国費《こくひ》で海外《かいがい》の学校《がっこう》に留学《りゅうがく》させてしまうアイデアはどうでしょう。

現在《げんざい》、大学《だいがく》の入学者数《にゅうがくしゃすう》は63万人程度《まんにんていど》です。このうち一定《いってい》の基準《きじゅん》のもと、10万人程度《まんにんていど》の学生《がくせい》を選《えら》んで、海外《かいがい》に留学《りゅうがく》させます。米国《アメリカ》の大学《だいがく》というと学費《がくひ》が非常《ひじょう》に高《たか》いというイメージはありますが、英語《えいご》を使《つか》って日常生活《にちじょうせいかつ》を送《おく》ることのできる国《くに》は、米国《アメリカ》に限《かぎ》りません。フィリピンだって日常会話《にちじょうかいわ》で英語《えいご》が用《もち》いられています。

ホームステイを前提《ぜんてい》にすれば、ひとりあたりの留学《りゅうがく》にかかるコストは、年間《ねんかん》３００万円《まんえん》程度《ていど》でしょう。これが10万人《まんにん》であれば、トータルで３０００億円程度《おくえんていど》です。

３０００億円《おくえん》は莫大《ばくだい》な金額《きんがく》であるように見《み》えますが、２０２３年度《ねんど》の一般会計予算《いっぱんかいけいよさん》は１１４兆《ちょう》３８１２億円《おくえん》です。率《りつ》にすれば、何《なん》とたったの０・26％に過《す》ぎません。たったこれだけの金額《きんがく》を予算《よさん》に組《く》み入《い》れるだけで、日本人《にほんじん》の英語《えいご》スキルは各段《かくだん》に上《あ》がります。

若《わか》いうちに海外留学《かいがいりゅうがく》を経験《けいけん》させることのメリットは、非常《ひじょう》に大《おお》きいものがあります。

当然《とうぜん》のことですが、英語《えいご》は堪能《たんのう》になりますし、何《なに》よりも相手国《あいてこく》の文化《ぶんか》や考《かんが》え方《かた》に対《たい》する理《り》解《かい》を深《ふか》めることができます。外国人《がいこくじん》とのコミュニケーションにも慣《な》れてくるでしょう。

そして、留学先《りゅうがくさき》に友達《ともだち》を大勢《おおぜい》作《つく》っておけば、お互《たが》いが社会人《しゃかいじん》になったとき、ビジネスにおいても深《ふか》い関係《かんけい》を築《きず》くことができます。

そして、日本《にほん》の学生《がくせい》を10万人《まんにん》、海外《かいがい》に留学《りゅうがく》させたなら、一方《いっぽう》で海外《かいがい》からの留学生《りゅうがくせい》を10万《まん》人《にん》受《う》け入《い》れると、なおいいでしょう。

海外《かいがい》の学生《がくせい》に日本《にほん》をよく知《し》ってもらうチャンスです。

仮《かり》に母国《ぼこく》で反日感情《はんにちかんじょう》が高《たか》まったとしても、「日本人《にほんじん》はそんなに悪《わる》い人《ひと》たちではない」などと、肩《かた》を持《も》ってくれるかも知《し》れません。少《すこ》し時間《じかん》がかかるかも知《し》れませんが、お互《たが》いの国《くに》の学生《がくせい》を相互交流《そうごこうりゅう》させることによって、将来《しょうらい》、経済《けいざい》や政治《せいじ》の面《めん》で極《きわ》めて対等《たいとう》、かつ円滑《えんかつ》な関係《かんけい》を構築《こうちく》できるはずなのです。

日本《にほん》の定住人口《ていじゅうじんこう》がこれから減《へ》っていくなか、将来的《しょうらいてき》には地域《ちいき》や地域《ちいき》の人々《ひとびと》と多様《たよう》に関《かか》わる関係人口《かんけいじんこう》をどれだけ増《ふ》やせるかということも、日本経済《にほんけいざい》を盛《も》り上《あ》げていくうえでは大《たい》切《せつ》になってきます。

だからこそ、5年後《ねんご》、10年後《ねんご》を見据《みす》えて、日本《にほん》の高校生《こうこうせい》や大学生《だいがくせい》を、どんどん海外《かいがい》留《りゅう》学《がく》に送《おく》り出《だ》すべきなのです。

コロナ対策《たいさく》で使《つか》った76兆円《ちょうえん》をどう返済《へんさい》するか

街《まち》を歩《ある》いていると、新型《しんがた》コロナウイルスの感染拡大《かんせんかくだい》が大騒《おおさわ》ぎされた、あの3年間《ねんかん》は何《なん》だったのかと思《おも》ってしまうほど、世《よ》の中《なか》はコロナ前《まえ》の社会《しゃかい》を取《と》り戻《もど》しています。インバウンドの観光客《かんこうきゃく》はめちゃくちゃ増《ふ》えていますし、夜《よる》の飲食店《いんしょくてん》はどこも大盛況《だいせいきょう》です。

外出《がいしゅつ》できない、出社《しゅっしゃ》できない、呑《の》みに行《い》けない、マスクをしなければならない、という行動制限《こうどうせいげん》を強《し》いられた3年間《ねんかん》を取《と》り戻《もど》したいという気持《きも》ちが、誰《だれ》のなかにもあるのでしょう。それは別《べつ》に批判《ひはん》されることではありませんし、楽《たの》しめる人《ひと》は楽《たの》しめばいいと思《おも》います。

ただ、ひとつ忘《わす》れてはいけないことがあります。それは新型《しんがた》コロナウイルス感染症《かんせんしょう》支《し》援対策《えんたいさく》として、個人向《こじんむ》け、法人向《ほうじんむ》けを問《と》わず、超多額《ちょうたがく》の補助金《ほじょきん》、助成金《じょせいきん》、給付金《きゅうふきん》が支払《しはら》われ続《つづ》けたということです。

個人向《こじんむ》けだけでも、

・子育《こそだ》て世帯《せたい》への臨時特別給付《りんじとくべつきゅうふ》
・住民税非課税世帯等《じゅうみんぜいひかぜいせたいとう》に対《たい》する臨時特別給付金《りんじとくべつきゅうふきん》
・学生等《がくせいとう》の学《まな》びを継続《けいぞく》するための緊急給付金《きんきゅうきゅうふきん》
・低所得《ていしょとく》の子育《こそだ》て世帯《せたい》に対《たい》する子育《こそだ》て世帯生活支援特別給付金《せたいせいかつしえんとくべつきゅうふきん》
・新型《しんがた》コロナウイルス感染症生活困窮者自立支援金《かんせんしょうせいかつこんきゅうしゃじりつしえんきん》
・住居確保給付金《じゅうきょかくほきゅうふきん》
・償還免除付《しょうかんめんじょつき》のひとり親家庭住宅支援資金貸付《おやかていじゅうたくしえんしきんかしつけ》
・高等教育《こうとうきょういく》の修学支援新制度《しゅうがくしえんしんせいど》

などが、法人向《ほうじんむ》けには、

・雇用調整助成金《こようちょうせいじょせいきん》

・新型《しんがた》コロナウイルス感染症《かんせんしょう》対応《たいおう》休業《きゅうぎょう》支援金《しえんきん》・給付金《きゅうふきん》
・産業《さんぎょう》雇用《こよう》安定《あんてい》助成金《じょせいきん》
・トライアル雇用《こよう》助成金《じょせいきん》
・新型《しんがた》コロナウイルス感染症《かんせんしょう》による小学校《しょうがっこう》休業《きゅうぎょう》等《とう》対応《たいおう》助成金《じょせいきん》
・求職者《きゅうしょくしゃ》支援《しえん》制度《せいど》
・介護《かいご》訓練《くんれん》修了《しゅうりょう》者《しゃ》への返済《へんさい》免除《めんじょ》付《つき》就職《しゅうしょく》支援《しえん》金《きん》貸付《かしつけ》制度《せいど》
・高等《こうとう》職業《しょくぎょう》訓練《くんれん》促進《そくしん》給付金《きゅうふきん》

など、さまざまな名目《めいもく》で補助金《ほじょきん》、助成金《じょせいきん》、給付金《きゅうふきん》の類《たぐい》が支払《しはら》われました。

会計検査院《かいけいけんさいん》によると、2019~2021年度《ねんど》の新型《しんがた》コロナウイルス感染症《かんせんしょう》の対策事業《たいさくじぎょう》に使《つか》われたお金《かね》は、総額《そうがく》で約《やく》76兆《ちょう》5000億円《おくえん》にも上《のぼ》ったそうです。

本来《ほんらい》、特定《とくてい》の事項《じこう》に関《かん》してこれだけの予算《よさん》を割《さ》くとなると、国民《こくみん》からもさまざまな意見《いけん》が上《あ》がってきます。何《なに》しろ、防衛費《ぼうえいひ》を2022年度《ねんど》比《ひ》で1兆《ちょう》4000億円程度《おくえんていど》、上積《うわづ》みするだけでも、反対意見《はんたいいけん》が方々《ほうぼう》から湧《わ》き上《あ》がってくるような国《くに》です。

ところが、3年間《ねんかん》とはいえ、新型《しんがた》コロナウイルス感染症《かんせんしょう》対策事業《たいさくじぎょう》に総額《そうがく》76兆円《ちょうえん》もの資《し》金《きん》がつぎ込《こ》まれたことに関《かん》しては、ほとんど何《なん》の声《こえ》も聞《き》こえてきませんでした。

政府《せいふ》からの要請《ようせい》による行動制限《こうどうせいげん》なのだから、このくらいの援助《えんじょ》は当《あ》たり前《まえ》と思《おも》っているのでしょうか。

それとも、国民全員《こくみんぜんいん》の命《いのち》にかかわる問題《もんだい》だから仕方《しかた》がない、というあきらめの心境《しんきょう》なのでしょうか。

そこは定《さだ》かではありませんが、いずれにしても巨大《きょだい》な国家予算《こっかよさん》を使《つか》うことが、社会的《しゃかいてき》に許容《きょよう》されたのです。

そして一番《いちばん》の問題《もんだい》は、コロナ対策《たいさく》で使《つか》った76兆円《ちょうえん》ものお金《かね》をこれからどう返済《へんさい》するのか、ということです。

日本《にほん》の活路《かつろ》は変化《へんか》を受《う》け入《い》れることしかない

この3年間《ねんかん》で使《つか》われた76兆円《ちょうえん》もの新型《しんがた》コロナウイルス感染症対策事業資金《かんせんしょうたいさくじぎょうしきん》は、決《けっ》して湧《わ》いて出《で》てきたお金《かね》ではありません。これからわたしたち日本国民全員《にほんこくみんぜんいん》が力《ちから》を合《あ》わせて返済《へんさい》していかなければならないお金《かね》です。恐《おそ》らく、日本《にほん》はこれから大増税《だいぞうぜい》をしなければならないでしょう。

　これだけのコストを日本国民全員《にほんこくみんぜんいん》で負担《ふたん》することになるのですから、アフターコロナの数年間《すうねんかん》を何《なに》もせず、ただ大増税《だいぞうぜい》に怯《おび》えているだけでは何《なん》にもなりません。わたしはいまこそ、変化《へんか》を許《ゆる》すべきだと考《かんが》えています。

　すでにこのコロナ禍《か》のなかで、世《よ》の中《なか》はだいぶ大《おお》きく変《か》わりました。リモート会議《かいぎ》でも十分《じゅうぶん》に対応《たいおう》できることがわかったいま、満員電車《まんいんでんしゃ》に揺《ゆ》られて会社《かいしゃ》に行《い》く必要性《ひつようせい》はありません。米国《アメリカ》ではアフターコロナになっても人《ひと》がオフィスに戻《もど》って来《こ》ず、オフィスビルがゴーストタウン化《か》しているなんてニュースもありました。

　働《はたら》き方《かた》が変《か》われば、人《ひと》との付《つ》き合《あ》い方《かた》も変《か》わりますし、勤務評価《きんむひょうか》の仕方《しかた》も変《か》わるでしょう。

　喜《よろこ》ばしいことなのかどうか、まだその判断《はんだん》が付《つ》きにくいのですが、コロナ禍《か》の行動制限《こうどうせいげん》によって、オフィスに出向《でむ》いて働《はたら》くというかつての常識《じょうしき》が覆《くつがえ》されたのです。

この変化《へんか》の波《なみ》を逃《のが》してはいけません。ついでに、日本経済《にほんけいざい》の足《あし》を引《ひ》っ張《ぱ》っていた昔《むかし》からの常識《じょうしき》というヤツも、一緒《いっしょ》に変《か》えてしまえばいいのです。

能力《のうりょく》がある人《ひと》を登用《とうよう》せず年功序列《ねんこうじょれつ》にはめ込《こ》んでしまったり、せっかく変化《へんか》をしようとしているにもかかわらず、それを規制《きせい》などでがんじがらめにして変化《へんか》させないようにしたりする、謎《なぞ》ルールは徹底的《てっていてき》に排除《はいじょ》してしまえばいいのです。

その意味《いみ》で、変化《へんか》を許《ゆる》すべきだと思《おも》うのです。

経営資源《けいえいしげん》の最適配置《さいてきはいち》を実現《じつげん》する資本市場《しほんしじょう》を創《つく》る

過去最高値《かこさいたかね》を更新《こうしん》し続《つづ》けていた日本《にほん》の株価《かぶか》が下落《げらく》に転《てん》じたのは、１９９０年《ねん》に入《はい》ってからのことでした。

１９６０年前後《ねんぜんご》からの30年間《ねんかん》は、日本《にほん》の高度経済成長《こうどけいざいせいちょう》に始《はじ》まり、ＧＤＰで世界第《せかいだい》2位《い》に上《のぼ》り詰《つ》め、株価《かぶか》が過去最高値《かこさいたかね》を更新《こうしん》するなど、まさに絶頂期《ぜっちょうき》を謳歌《おうか》したわけですが、１

９９０年代《ねんだい》に入《はい》ってからは株価《かぶか》が急落《きゅうらく》し、不良債権問題《ふりょうさいけんもんだい》をはじめとして、大手金融機関《おおてきんゆうきかん》が経営破綻《けいえいはたん》に追《お》い込《こ》まれた金融危機《きんゆうきき》、長期化《ちょうきか》したデフレ経済《けいざい》など、ネガティブな事象《じしょう》が次々《つぎつぎ》に起《お》こりました。

わたしは今《いま》、59歳《さい》になったのですが、この60年間《ねんかん》の日本経済《にほんけいざい》を振《ふ》り返《かえ》ると、絶頂《ぜっちょう》に向《む》けてひたすら20年間《ねんかん》、突《つ》っ走《ぱし》った後《あと》、それとほぼ同《おな》じ期間《きかん》、大《おお》いなる試練《しれん》を味《あじ》わったことになります。そして、この試練《しれん》の40年間《ねんかん》で、多《おお》くの日本人《にほんじん》が自信《じしん》を喪失《そうしつ》しました。

では、本当《ほんとう》にわたしたち日本人《にほんじん》は世界的《せかいてき》に見《み》て能力《のうりょく》が低下《ていか》してしまったのでしょうか。

この問《と》いかけに対《たい》する答《こた》えは「ノー」です。わたしは大学《だいがく》を卒業《そつぎょう》してから十数年間《じゅうすうねんかん》は外《がい》資系金融機関《しけいきんゆうきかん》に勤務《きんむ》していましたし、マネックス証券《しょうけん》を立《た》ち上《あ》げてからも、その事業《じぎょう》の海《かい》外展開《がいてんかい》や、外資系企業《がいしけいきぎょう》の社外取締役《しゃがいとりしまりやく》としての仕事《しごと》を通《つう》じて、大勢《おおぜい》の海外《かいがい》のビジネスパースンとかかわりを持《も》ってきましたが、日本人一人一人《にほんじんひとりひとり》の基礎能力《きそのうりょく》は、まったく衰《おとろ》えていません。

そうであるにもかかわらず、どうしてわたしたちは自信喪失《じしんそうしつ》に陥《おちい》ってしまったのでしょうか。

その最大《さいだい》の原因《げんいん》は、ヒト・モノ・カネが最適配置《さいてきはいち》されていないことにあるのです。

ヒトの最適配置《さいてきはいち》を妨《さまた》げているのは、年功序列《ねんこうじょれつ》と終身雇用《しゅうしんこよう》の制度《せいど》です。新卒《しんそつ》で入社《にゅうしゃ》した会《かい》社《しゃ》に定年《ていねん》まで居続《いつづ》けることができ、そのうえ役職《やくしょく》と賃金《ちんぎん》が、ある程度《ていど》の水準《すいじゅん》まで自動的《じどうてき》に上《あ》がっていく雇用制度《こようせいど》は、世《よ》の中全体《なかぜんたい》が拡大《かくだい》に向《む》けて進《すす》んでいる時代《じだい》にはいいのかも知《し》れませんが、成長期《せいちょうき》から成熟期《せいじゅくき》に入《はい》った国《くに》の経済《けいざい》にとって適《てき》したものとは思《おも》えません。

雇用《こよう》の流動性《りゅうどうせい》を高《たか》め、必要《ひつよう》とされる場所《ばしょ》に、必要《ひつよう》とされる能力《のうりょく》を持《も》った人《ひと》を再配置《さいはいち》する仕組《しく》みをつくる必要《ひつよう》があります。

モノの最適配置《さいてきはいち》を妨《さまた》げているのは、過去《かこ》の成功体験《せいこうたいけん》から脱却《だっきゃく》できない「甘《あま》え」の気持《きも》ち、ではないでしょうか。

「東洋《とうよう》の奇跡《きせき》」とまで言《い》われた高度経済成長《こうどけいざいせいちょう》からバブル経済《けいざい》までを通《つう》じて、日本経済《にほんけいざい》は世《せ》界《かい》で最《もっと》も大《おお》きな成功《せいこう》を収《おさ》めました。しかし、それと同時《どうじ》に慢心《まんしん》も生《しょう》じてしまったのだと思《おも》います。日本企業《にほんきぎょう》は、今《いま》までの成功体験《せいこうたいけん》を忘《わす》れることができず、時代《じだい》の流《なが》れのなかですでに不要《ふよう》となっているはずのビジネスラインですらも、頑固《がんこ》なまでに維持《いじ》し続《つづ》けました。

本来《ほんらい》、時流《じりゅう》に乗《の》らなくなった古《ふる》いものは切《き》り離《はな》し、新《あたら》しいものにどんどん生産要素《せいさんようそ》をシフトさせなければ、経済《けいざい》の成長《せいちょう》は足《あし》を止《と》めてしまいます。

そして、カネの最適配置《さいてきはいち》を妨《さまた》げているのは、企業《きぎょう》の莫大《ばくだい》な内部留保《ないぶりゅうほ》です。日本企業《にほんきぎょう》は銀行《ぎんこう》の不良債権問題《ふりょうさいけんもんだい》やリーマンショックで、資金繰《しきんぐ》りに苦《くる》しんだ経験《けいけん》から、そうならないようにするため内部留保《ないぶりゅうほ》を分厚《ぶあつ》く持《も》つ傾向《けいこう》が強《つよ》くなりました。しかもリスク回避意識《かいひいしき》が強《つよ》いせいか、必要以上《ひつよういじょう》の内部留保《ないぶりゅうほ》を現金《げんきん》で貯《た》め込《こ》んでいたのです。

しかし、現金《げんきん》をたくさん貯《た》め込《こ》んでいても、そこからは何《なに》も生《う》まれません。新《あたら》しい付加《ふか》価値《かち》を生《う》み出《だ》すためには、内部留保《ないぶりゅうほ》の一部《いちぶ》を使《つか》って新《あたら》しい生産設備《せいさんせつび》を導入《どうにゅう》する。あるいは、ＡＩ（人工知能《じんこうちのう》）やロボット、ＩＣＴ（情報通信技術《じょうほうつうしんぎじゅつ》）を導入《どうにゅう》して生産効率《せいさんこうりつ》を引《ひ》き上《あ》げるなど、投資《とうし》を行《おこな》う必要《ひつよう》があります。

平成《へいせい》の30年間《ねんかん》の日本経済《にほんけいざい》は、高度経済成長《こうどけいざいせいちょう》をもたらしたさまざまな制度《せいど》が、世界《せかい》の変化《へんか》に対応《たいおう》できず、低迷続《ていめいつづ》きでした。それに加《くわ》えて人口減少《じんこうげんしょう》が現実問題《げんじつもんだい》となり、日本経済《にほんけいざい》の未来《みらい》に重《おも》くのしかかってきています。

繰《く》り返《かえ》しになりますが、日本人一人一人《にほんじんひとりひとり》の基礎能力《きそのうりょく》は、海外《かいがい》の人々《ひとびと》と比《くら》べて遜色《そんしょく》はありません。最大《さいだい》の問題《もんだい》は、ヒト・モノ・カネが最適配置《さいてきはいち》されないまま今日《こんにち》に至《いた》っていることに尽《つ》きます。そのボトルネックを改善《かいぜん》すれば、日本経済《にほんけいざい》は再《ふたた》び元気《げんき》を取《と》り戻《もど》せるはずです。

そして、そのようなヒト・モノ・カネの最適配置《さいてきはいち》を促《うなが》すことができるのが、資本市場《しほんしじょう》からの対話《たいわ》とプレッシャーなのです。

巨大《きょだい》な変化《へんか》が起《お》ころうとしているのは、日本《にほん》だけではありません。海外諸国《かいがいしょこく》もこの巨大《きょだい》な変化《へんか》に直面《ちょくめん》しています。そこで日本《にほん》だけが変化《へんか》を拒《こば》んだりしたら、それこそ日本《にほん》は二度《にど》と海外《かいがい》に追《お》いつけなくなります。

でも、まさに世界中《せかいじゅう》が変化《へんか》しようとしているときだけに、変化《へんか》を許容《きょよう》して、ヒト・モノ・カネの最適配置《さいてきはいち》を実現《じつげん》させるための資本市場《しほんしじょう》を創《つく》ることができれば、日本《にほん》はこれまでの遅《おく》れを取《と》り戻《もど》すだけでなく、他《ほか》の国《くに》を追《お》い抜《ぬ》く可能性《かのうせい》さえ、十分《じゅうぶん》にあると思《おも》えるのです。

第6章

いま日本に必要なのはグランドデザインだ！

国《くに》を挙《あ》げたビッグピクチャーを描《えが》け

もう何度《なんど》も本書《ほんしょ》で触《ふ》れてきたので、耳《みみ》にタコができている人《ひと》もいると思《おも》いますが、米国《アメリカ》は極《きわ》めてマーケット・オリエンテッドな国《くに》であり、株式市場《かぶしきしじょう》が堅調《けんちょう》であればあるほど、米国《アメリカ》で生活《せいかつ》をしている多《おお》くの人々《ひとびと》の生活水準《せいかつすいじゅん》が向上《こうじょう》する仕組《しく》みがつくられています。

要《よう》するに「米国《アメリカ》はマーケット・オリエンテッドな国《くに》であり続《つづ》ける」というビッグピクチャー、つまり「グランドデザイン」が描《えが》かれているのです。

また、日本《にほん》に比《くら》べれば国土《こくど》が小《ちい》さく、人口《じんこう》もめちゃくちゃに少《すく》なく、かつ地下資源《ちかしげん》に乏《とぼ》しいけれども経済的《けいざいてき》に豊《ゆた》かな国《くに》が、欧州《おうしゅう》にあります。スイスです。スイスといえば高級《こうきゅう》時計《どけい》と金融《きんゆう》が真《ま》っ先《さき》に、頭《あたま》に浮《う》かんでくると思《おも》います。

では、どうしてスイスは金融《きんゆう》が強《つよ》くなったのでしょうか。

その裏《うら》にあるのが戦争《せんそう》です。第《だい》１次世界大戦《じせかいたいせん》、第《だい》２次世界大戦《じせかいたいせん》という大《おお》きな戦争《せんそう》を経験《けいけん》するなかで、戦火《せんか》に巻《ま》き込《こ》まれない永世中立国《えいせいちゅうりつこく》であるスイスに、欧州《おうしゅう》のお金持《かねも》ちが資産《しさん》を逃《に》がしました。

こうした資金《しきん》がプライベート・バンクにどんどん蓄積《ちくせき》され、スイスの金融《きんゆう》ビジネスは、隆盛《りゅうせい》を極《きわ》めるようになったのです。

でも、わたしはもうひとつ、別《べつ》の理由《りゆう》があると考《かんが》えています。

それは、かつて存在《そんざい》した「秘匿預金口座《ひとくよきんこうざ》」の存在《そんざい》です。秘匿預金《ひとくよきん》は文字通《もじどお》り、本人《ほんにん》しか知《し》らない預金《よきん》のことです。これがなぜ、スイスの金融《きんゆう》を世界最強《せかいさいきょう》レベルにまで引《ひ》き上《あ》げたのかというと、秘匿預金口座《ひとくよきんこうざ》に入《はい》っている資金《しきん》が、結果的《けっかてき》にスイスの銀行《ぎんこう》の資本増強《しほんぞうきょう》につながっていたからです。

銀行《ぎんこう》は預金《よきん》を通《つう》じてお金《かね》を集《あつ》めるわけですが、これは銀行側《ぎんこうがわ》から見《み》ると負債《ふさい》に該当《がいとう》します。秘匿預金口座《ひとくよきんこうざ》に集《あつ》まってくるお金《かね》も同様《どうよう》です。

ただ、普通《ふつう》の銀行預金《ぎんこうよきん》と、プライベート・バンクの秘匿預金《ひとくよきん》の大《おお》きな違《ちが》いは、負債《ふさい》に相《そう》当《とう》する預金《よきん》を、プライベート・バンクの資本《しほん》に組《く》み入《い》れられる仕掛《しか》けがあったということです。

といっても、秘匿預金口座《ひとくよきんこうざ》のお金《かね》を、顧客《こきゃく》に黙《だま》って資本《しほん》に移《うつ》すわけにはいきません。それは単《たん》なるネコババです。

では、どうするのでしょうか。その答《こた》えは、秘匿預金《ひとくよきん》にお金《かね》を預《あず》けたがる人《ひと》たちの素性《すじょう》を想像《そうぞう》すれば、何《なん》となくわかると思《おも》います。要《よう》するに、お金《かね》の存在《そんざい》を表沙汰《おもてざた》にできない人《ひと》たちです。

秘匿預金《ひとくよきん》ですから、銀行《ぎんこう》はいくら捜査当局《そうさとうきょく》から「この人物《じんぶつ》のお金《かね》を預《あず》かっているのか？」などと聞《き》かれたとしても、それには一切答《いっさいこた》えませんし、預《あず》けた人《ひと》も「俺《おれ》、この銀行《ぎんこう》にお金《かね》を預《あず》けているんだよ」なんてことは、絶対《ぜったい》に口外《こうがい》しないでしょう。

ということは、銀行《ぎんこう》にお金《かね》を預《あず》けている人《ひと》が、なんらかの理由《りゆう》で亡《な》くなってしまったら、その人《ひと》が預《あず》けていたお金《かね》を引《ひ》き出《だ》す人《ひと》は誰《だれ》もいません。したがって銀行《ぎんこう》としては、そのお金《かね》を自分《じぶん》の資本《しほん》に組《く》み入《い》れることができるのです。

つまり、負債《ふさい》と株式《かぶしき》を交換《こうかん》しているようなもので、このような取引《とりひき》を「デット・エクイティ・スワップ」と言《い》います。スイスの銀行《ぎんこう》は、その長《なが》い歴史《れきし》を通《つう》じて莫大《ばくだい》な秘匿預金口座《ひとくよきんこうざ》のお金《かね》を自分《じぶん》たちの資本《しほん》に組《く》み入《い》れることにより、強固《きょうこ》な金融《きんゆう》システムを構築《こうちく》してきました。

永世中立国《えいせいちゅうりつこく》であることの安全性《あんぜんせい》、信頼感《しんらいかん》からお金《かね》を集《あつ》め、デット・エクイティ・スワップによって自己資本《じこしほん》を増強《ぞうきょう》する。それによって銀行《ぎんこう》の財務内容《ざいむないよう》は一段《いちだん》と強固《きょうこ》なものになり、そのためさらに世界中《せかいじゅう》から怪《あや》しい資金《しきん》が集《あつ》まる。このビッグ・ピクチャーは、国策《こくさく》レベルと言《い》ってもいいでしょう。

しかしながら、リーマンショックのときにスイスは国際社会《こくさいしゃかい》から助《たす》けてもらわなければならなくなり、結果《けっか》、この秘匿預金《ひとくよきん》は廃止《はいし》することになりました。国策《こくさく》を続《つづ》けることは、残念《ざんねん》ながら失敗《しっぱい》してしまったのです。

同《おな》じことは、米国《アメリカ》のドル紙幣《しへい》にもあてはまります。

ちょっと物騒《ぶっそう》な話《はなし》をしますが、武器《ぶき》や麻薬《まやく》を取引《とりひき》する際《さい》、それらを買《か》う側《がわ》が大《おお》きなジュラルミンケースに米《べい》ドル紙幣《しへい》をぎゅうぎゅうに詰《つ》め込《こ》み、それをバイヤーに渡《わた》してブツを受《う》け取《と》る。そんなシーンを、映画《えいが》などで観《み》たことのある人《ひと》はけっこういるでしょう。

こうして出《で》ていったドル紙幣《しへい》が、米国《アメリカ》に戻《もど》ってくることはまずありません。犯罪《はんざい》に用《もち》いられたお金《かね》なので、銀行《ぎんこう》に預《あず》けた時点《じてん》で足《あし》がついてしまうからです。

こうして犯罪者《はんざいしゃ》によって使《つか》われたドル紙幣《しへい》は、犯罪者《はんざいしゃ》の間《あいだ》を、ひたすらグルグル回《まわ》り続《つづ》けます。

紙幣《しへい》はある意味《いみ》、国《くに》の借金《しゃっきん》と同《おな》じです。中央銀行《ちゅうおうぎんこう》が期日《きじつ》を設《もう》けずに振《ふ》り出《だ》した手形《てがた》のようなものとも言《い》えるでしょう。

この場合《ばあい》、紙幣《しへい》の持《も》ち主《ぬし》が貸手《かして》になります。わたしたちのお財布《さいふ》に入《はい》っている1万円札《まんえんさつ》は、国《くに》に1万円《まんえん》を貸《か》している証文《しょうもん》のようなものなのです。

その紙幣《しへい》が犯罪者《はんざいしゃ》に行《い》ったきりになり、かつ犯罪者《はんざいしゃ》の間《あいだ》でやりとりされ続《つづ》ける類《たぐい》のものになるならば、米国《アメリカ》は少《すく》なくともその分《ぶん》に関《かん》しては、どこからもその借金《しゃっきん》の返済《へんさい》を求《もと》められないことになります。

米《べい》ドル紙幣《しへい》がデット・エクイティ・スワップ化《か》しているのです。

秘匿預金《ひとくよきん》にしても、米《べい》ドル紙幣《しへい》にしても、最初《さいしょ》からこのような使《つか》われ方《かた》がされることを狙《ねら》ったわけではないと思《おも》うのですが、永世中立国《えいせいちゅうりつこく》とプライベート・バンクの秘匿預金《ひとくよきん》、基軸通貨《きじくつうか》として絶大《ぜつだい》な信用力《しんようりょく》を持《も》つ米《べい》ドル紙幣《しへい》は、いずれも国《くに》レベルで描《えが》かれた大《おお》きな絵《え》があり、それが国力《こくりょく》の増強《ぞうきょう》につながった面《めん》があります。これもある意味《いみ》、グランドデザインです。

では、いまの日本《にほん》に、国力《こくりょく》を増強《ぞうきょう》させる、あるいは国力増強《こくりょくぞうきょう》を期待《きたい》させられるようなグランドデザインはあるでしょうか。

なぜ日本人《にほんじん》はグランドデザインを描《えが》くのが下手《へた》なのか

わたし自身《じしん》が日本人《にほんじん》なので、あまり日本人《にほんじん》のことを悪《わる》く言《い》いたくはないのですが、これは、はっきりと言《い》わせていただきます。

日本人《にほんじん》はグランドデザインを描《えが》くのが下手《へた》です。

しかし、いまの日本《にほん》に必要《ひつよう》なのが、まさにこのグランドデザインなのです。そして、逆《ぎゃく》にしっかりしたグランドデザインを描《えが》いて、それを国《くに》の繁栄《はんえい》につなげている国《くに》が、米国《アメリカ》なのです。

ここまで本書《ほんしょ》でも触《ふ》れてきましたが、資本市場《しほんしじょう》を上手《じょうず》に活用《かつよう》して経済《けいざい》の繁栄《はんえい》につなげているところなど、まさにその典型例《てんけいれい》と言《い》ってもいいでしょう。米国《アメリカ》は、株式市場《かぶしきしじょう》の力《ちから》を活用《かつよう》して個々人《ここじん》の資産《しさん》を増《ふ》やし、充実《じゅうじつ》した大学教育《だいがくきょういく》を学生《がくせい》たちに提供《ていきょう》し、企業《きぎょう》の生産性《せいさんせい》を高《たか》め、世界《せかい》で最《もっと》も強《つよ》い経済《けいざい》をつくり上《あ》げています。

では、どうして日本《にほん》はグランドデザインを描《えが》くのが下手《へた》なのでしょうか。

あくまでも私見《しけん》ですが、その最大《さいだい》の要因《よういん》は恐《おそ》らく「スペース」の問題《もんだい》ではないかと考《かんが》えます。言《い》い換《か》えると、拡張《かくちょう》する余地《よち》がどれだけあるのか、ということです。

米国《アメリカ》を旅《たび》して回《まわ》るとよくわかるのですが、この国《くに》は１７７６年《ねん》の建国《けんこく》から２４７年《ねん》が経過《けいか》してなお、開拓《かいたく》できる広大《こうだい》なスペースが残《のこ》されています。

その一方《いっぽう》、日本《にほん》は島国《しまぐに》です。しかも、国土《こくど》の３分《ぶん》の２が森林《しんりん》です。ということは、わずか３分《ぶん》の１に過《す》ぎない小《さい》さな平野部《へいやぶ》を開拓《かいたく》してきたわけですが、その多《おお》くはほぼ開拓《かいたく》され尽《つ》くしています。

それをいったん全部取《ぜんぶと》り壊《こわ》して新《あたら》しいものをつくるのであれば、新《あたら》しいグランドデザインが必要《ひつよう》になりますが、それは非現実的《ひげんじつてき》です。

近代《きんだい》の歴史《れきし》のなかでそれが実現《じつげん》できたのは唯一《ゆいいつ》、太平洋戦争《たいへいようせんそう》の終戦直後《しゅうせんちょくご》でした。日本《にほん》が焼《や》け野原《のはら》になり、そこから新《あたら》しい日本《にほん》を一《いち》から創《つく》り上《あ》げなければならなかったからです。

しかし、それもすでにできあがったいまの日本《にほん》に、さらに大《おお》きく拡大《かくだい》させていくスペースは、ほぼなくなったと言《い》ってもいいでしょう。そうなると、グランドデザインを描《えが》いて発展拡大《はってんかくだい》させていくというよりも、いまある何《なに》かを温存《おんぞん》しつつ、古《ふる》くなった一部《いちぶ》を修繕《しゅうぜん》しながら物事《ものごと》を進《すす》めていくことになります。

それはグランドデザインを描《えが》くというよりも、弥縫策《びほうさく》に近《ちか》い考《かんが》え方《かた》になっていきます。つまり、新《あたら》しいものをどんどんつくっていくのではなく、あるものを入《い》れ替《か》える、組《く》み換《か》えるということを、延々《えんえん》と繰《く》り返《かえ》しているだけになるのです。

そのため、少《すく》なくともリアルの世界《せかい》で日本《にほん》がグランドデザインを描《えが》くことはかなり難《むずか》しく、だからこそ誰《だれ》もそれを描《えが》こうとしてこなかったのです。

資本《しほん》市場《しじょう》には無限《むげん》の荒野《こうや》がある

でも、もう少《すこ》し考《かんが》えてみてください。本当《ほんとう》に日本《にほん》はグランドデザインを描《えが》けないのでしょうか。これを突《つ》き詰《つ》めて考《かんが》えていくと、実《じつ》はまだグランドデザインを描《えが》くために、拡《かく》張《ちょう》できる余地《よち》が残《のこ》されていることに気付《きづ》きます。

それは、バーチャルな世界《せかい》での話《はなし》です。

バーチャルと言《い》っても、ここ数年《すうねん》、よく言《い》われている「メタバース」のことではありません。もちろん、メタバースも無限《むげん》の拡張性《かくちょうせい》を持《も》ったバーチャルワールドですが、ここに着目《ちゃくもく》している人《ひと》は、まだまだほんの一部《いちぶ》のアーリーアダプターと称《しょう》される人《ひと》たちです。

実《じつ》は、そこまで尖《とが》っていない、わたしたちの日常生活《にちじょうせいかつ》において極《きわ》めて近《ちか》いところに、無限《むげん》の拡張性《かくちょうせい》を持《も》ったバーチャルワールドがあるのです。

それがマーケットです。

たとえば、株式市場《かぶしきしじょう》。日本《にほん》を代表《だいひょう》する株式市場《かぶしきしじょう》である東京証券取引所《とうきょうしょうけんとりひきじょ》には現在《げんざい》、３９００を超《こ》える企業《きぎょう》が株式《かぶしき》を上場《じょうじょう》しています。

しかも上場《じょうじょう》企業数《きぎょうすう》に上限《じょうげん》は設《もう》けられていません。極端《きょくたん》な話《はなし》、４０００社《しゃ》、５０００社《しゃ》というように上場《じょうじょう》企業《きぎょう》が増《ふ》えたとしても、何《なん》の問題《もんだい》もなく市場《しじょう》機能《きのう》は維持《いじ》されます。この無限《むげん》の拡張性《かくちょうせい》を持《も》った株式市場《かぶしきしじょう》に、これからの日本《にほん》の命運《めいうん》をかけたグランドデザインを描《えが》くこと。それがまさにいま、求《もと》められているのです。

日本《にほん》の未来《みらい》をオールジャパンの総力戦《そうりょくせん》で決《き》めろ

先《さき》ほど、米国《アメリカ》には開拓《かいたく》しても開拓《かいたく》し切《き》れていない広大《こうだい》なスペースがある、という話《はなし》をしました。

世界地図《せかいちず》を見《み》ると、ロシアのほうが広大《こうだい》な土地《とち》を持《も》っているように見《み》えますが、あれはメルカトル図法《ずほう》だからです。ロシア連邦《れんぽう》の国土面積《こくどめんせき》は、米国《アメリカ》の１・７倍《ばい》に過《す》ぎませんし、米国《アメリカ》と極《きわ》めて親密《しんみつ》な関係《かんけい》にあるカナダの国土《こくど》も含《ふく》めれば、その国土面積《こくどめんせき》はロシア連邦《れんぽう》のそれを上回《うわまわ》ります。

このように、物理的《ぶつりてき》に広大《こうだい》なスペースを持《も》っているのと同時《どうじ》に、米国《アメリカ》はインターネットというサイバー空間《くうかん》でも、イニシアティブを握《にぎ》ることに成功《せいこう》しました。「物理的《ぶつりてき》な国土《こくど》＋サイバー空間《くうかん》」で考《かんが》えれば、いま米国《アメリカ》は無限《むげん》の活動領域《かつどうりょういき》を支配《しはい》していると言《い》っても過言《かごん》ではありません。

ついでに申《もう》し上《あ》げると、米国《アメリカ》は世界中《せかいじゅう》で日々《ひび》、行《おこな》われている各種決済《かくしゅけっさい》のイニシアティブも握《にぎ》っています。何《なに》しろ、さまざまな国際貿易取引《こくさいぼうえきとりひき》に用《もち》いられている通貨《つうか》は、その多《おお》くが米《べい》ドルです。

中国《ちゅうごく》がいくら経済規模《けいざいきぼ》で米国《アメリカ》を追《お》いかけているといっても、サイバー空間《くうかん》や、そことのアクセス手段《しゅだん》となる各種《かくしゅ》デバイス、決済《けっさい》の基幹《きかん》システムをすべて米国《アメリカ》が握《にぎ》っているのですから、いくら対抗《たいこう》しようとしても、米国《アメリカ》を支配下《しはいか》に置《お》くことはできないのです。

米国《アメリカ》がさまざまな分野《ぶんや》でイニシアティブを握《にぎ》るようになったのは、まさにグランドデザインの描《えが》き方《かた》がうまかったからです。

では、米国《アメリカ》では誰《だれ》がグランドデザインを描《えが》いているのでしょうか。

米国《アメリカ》ではかつての日本《にほん》のように、いわゆる「エリート官僚《かんりょう》」が政策《せいさく》を決定《けってい》したりはしません。「みんな」という表現《ひょうげん》が正《ただ》しいかどうか、少《すこ》し微妙《びみょう》かも知《し》れませんが、大統領《だいとうりょう》が変《か》わるたびに、行政《ぎょうせい》のトップである閣僚《かくりょう》が全部《ぜんぶ》入《い》れ替《か》わるだけでなく、各省庁《かくしょうちょう》の幹部職員《かんぶしょくいん》も交代《こうたい》します。そして閣僚《かくりょう》、幹部職員《かんぶしょくいん》は基本的《きほんてき》にすべて民間《みんかん》から登用《とうよう》されます。

日本《にほん》では政治家《せいじか》が象徴《しょうちょう》のトップである大臣《だいじん》、あるいは長官《ちょうかん》になりますが、米国《アメリカ》における省《しょう》のトップは民間人《みんかんじん》なのです。

政策《せいさく》をつくるチームも、すべて民間人《みんかんじん》から登用《とうよう》されます。それも全米各地《ぜんべいかくち》で極《きわ》めて優秀《ゆうしゅう》な、35歳《さい》から40歳《さい》くらいの若《わか》い人材《じんざい》がかき集《あつ》められて、政策決定《せいさくけってい》チームがつくられるのです。

そして、4年後《ねんご》、あるいは8年後《ねんご》に大統領《だいとうりょう》が変《か》わると、閣僚《かくりょう》や各省庁《かくしょうちょう》の幹部職員《かんぶしょくいん》、あるいは政策《せいさく》チームのメンバーが総入《そうい》れ替《か》わりになり、辞《や》めた人《ひと》たちはみな、民間企業《みんかんきぎょう》に戻《もど》っていきます。

わたしはマネックスを立《た》ち上《あ》げる前《まえ》、米国《アメリカ》のゴールドマン・サックスで働《はたら》いていました。

その当時《とうじ》、ゴールドマン・サックスの社長《しゃちょう》だったヘンリー・ポールソンは、ジョージ・W・ブッシュ政権下《せいけんか》で財務長官《ざいむちょうかん》を務《つと》めました。

もう少《すこ》し前《まえ》になると、ビル・クリントン政権下《せいけんか》で財務長官《ざいむちょうかん》を務《つと》めたロバート・ルービンもゴールドマン・サックス出身です。直近《ちょっきん》では、トランプ政権下《せいけんか》で国家経済会議委員《こっかけいざいかいぎいいん》長《ちょう》を務《つと》めたゲイリー・コーンや、財務長官《ざいむちょうかん》を務《つと》めたスティーブン・ムニューチンは、ゴールドマン・サックスのとき、わたしと同期《どうき》でした。

もちろん、民間《みんかん》と言《い》ってもかなり高《たか》いポジションにいる人《ひと》たちではありますが、民間企《みんかんき》業《ぎょう》で働《はたら》いていた人《ひと》が、あるとき突然《とつぜん》、政府《せいふ》の要職《ようしょく》に就《つ》くのです。

つまり、国《くに》の政策運営《せいさくうんえい》を、職業政治家《しょくぎょうせいじか》や職業官僚《しょくぎょうかんりょう》という一部《いちぶ》の人間《にんげん》だけで行《おこな》っているのではなく、オールアメリカで行《おこな》っているのです。まさに総力戦《そうりょくせん》です。

その結果《けっか》、米国《アメリカ》の政策決定《せいさくけってい》プロセスには民意《みんい》が反映《はんえい》されるのと同時《どうじ》に、国民《こくみん》の間《あいだ》にグランドデザインを描《えが》く意識《いしき》が芽生《めば》えるようになるのです。

株価《かぶか》の上昇《じょうしょう》が国民《こくみん》の幸《しあわ》せにつながる仕組《しく》みをつくれ

資本主義経済《しほんしゅぎけいざい》を標榜《ひょうぼう》する以上《いじょう》、経済規模《けいざいきぼ》の拡大《かくだい》は必須《ひっす》です。日本《にほん》に限《かぎ》らず、世界中《せかいじゅう》の資本主義経済国家《しほんしゅぎけいざいこっか》にとってのグランドデザインは、経済規模拡大《けいざいきぼかくだい》の飽《あ》くなき追求《ついきゅう》と言《い》ってもいいでしょう。

そして、ここまで幾度《いくど》となく触《ふ》れてきたように、いまの日本《にほん》が必要《ひつよう》とするグランドデザインは、「株価《かぶか》の上昇《じょうしょう》が国全体《くにぜんたい》、そして国民《こくみん》であるわたしたち一人一人《ひとりひとり》に幸《しあわ》せをもたらす仕組《しく》みを構築《こうちく》する」ことです。

なぜ、それが日本《にほん》のグランドデザインなのでしょうか。

それ以外《いがい》に活路《かつろ》を見出《みいだ》せないからです。

日本《にほん》は戦後《せんご》、焼《や》け野原《のはら》のなかから見事《みごと》に立《た》ち直《なお》りました。終戦《しゅうせん》から10年後《ねんご》の１９５５年《ねん》、日本《にほん》のＧＤＰは８兆《ちょう》８９７３億円《おくえん》でしたが、そこからどんどん成長《せいちょう》して、１９９７年《ねん》には

５４３兆《ちょう》５４５４億円《おくえん》にまで成長《せいちょう》したのです。

42年間《ねんかん》で60倍以上《ばいいじょう》の成長《せいちょう》です。「世界《せかい》に追《お》いつけ追《お》い越《こ》せ」を合言葉《あいことば》にして国民全員一丸《こくみんぜんいんいちがん》となって、今日《きょう》よりもよい明日《あした》を目指《めざ》して頑張《がんば》った結果《けっか》、米国《アメリカ》に次《つ》ぐ世界第《せかいだい》２位《い》の経済《けいざい》大国《たいこく》にまで、のし上《あ》がりました。

では、これからはどうなのでしょうか。

残念《ざんねん》ながら、これから先《さき》、ＧＤＰをさらに大《おお》きく増《ふ》やしていくのは、非常《ひじょう》に難《むずか》しいと思《おも》います。何《なに》しろ、日本《にほん》は人口減少社会《じんこうげんしょうしゃかい》になってしまったからです。

長年《ながねん》にわたって世界第《せかいだい》２位《い》だったＧＤＰは中国《ちゅうごく》に追《お》い越《こ》され、世界第《せかいだい》３位《い》になっています。恐《おそ》らく、これからインドをはじめとして、ものすごい勢《いきお》いで成長《せいちょう》していく国《くに》が現《あらわ》れ、ＧＤＰの規模《きぼ》で日本《にほん》を追《お》い抜《ぬ》いていくでしょう。いささか旧聞《きゅうぶん》に属《ぞく》する話《はなし》で恐縮《きょうしゅく》ですが、プライスウォーターハウスクーパースが２０１７年《ねん》に発表《はっぴょう》した、２０５０年《ねん》までの世界経済《せかいけいざい》の見通《みとお》しを分析《ぶんせき》したレポート「The World in 2050」によると、日本《にほん》のＧＤＰは世界第《せかいだい》３位《い》を守《まも》ることはできず、第《だい》８位《い》まで転落《てんらく》すると書《か》かれています。

ＧＤＰは「国内総生産《こくないそうせいさん》」のことです。年間《ねんかん》のＧＤＰであれば、その１年間《ねんかん》で、日本国内《にほんこくない》で生産《せいさん》された財《ざい》やサービスの総合計額《そうごうけいがく》を指《さ》しています。言《い》い換《か》えると、フローから見《み》た経《けい》済規模《ざいきぼ》のことです。

フローですから、毎年新《まいとしあら》たに生《う》み出《だ》されては消費《しょうひ》されていきます。そしてフローの経済《けいざい》規模《きぼ》は、人口《じんこう》によって決《き》まります。したがって、１億《おく》２０００万人《まんにん》をピークにして、人口《じんこう》が減少《げんしょう》の一途《いっと》をたどっている日本《にほん》のＧＤＰが、中国《ちゅうごく》やインドのように10億人《おくにん》をはるかに超《こ》える人口《じんこう》を擁《よう》する国《くに》のＧＤＰを上回《うわまわ》り続《つづ》けるのは、基本的《きほんてき》に不可能《ふかのう》なのです。前述《ぜんじゅつ》したレポートではありませんが、日本《にほん》のＧＤＰの世界《せかい》ランキングは、これから間違《まちが》いなく下《さ》がっていくと思《おも》います。

では、もう日本経済《にほんけいざい》はだめなのかというと、わたしは決《けっ》してそんなことはないと考《かんが》えています。なぜなら、日本《にほん》のフローは確《たし》かに今後《こんご》、縮小傾向《しゅくしょうけいこう》をたどっていくことになりますが、一方《いっぽう》で膨大《ぼうだい》なストックを持《も》っているからです。

フローに限界《げんかい》があるならストックを活《い》かせ

フローが給与《きゅうよ》だとしたら、ストックは預金《よきん》です。たとえて言《い》うならいまの日本《にほん》は、年齢《ねんれい》的《てき》には50代半《だいなか》ばで、役職定年《やくしょくていねん》を迎《むか》えて毎月《まいつき》の給与《きゅうよ》は減《へ》っているものの、これまで一所懸《いっしょけん》命《めい》に働《はたら》いた結果《けっか》、ある程度《ていど》の個人資産《こじんしさん》を築《きず》き上《あ》げることができた、という感《かん》じでしょうか。50代《だい》も半《なか》ばになると、そこから先《さき》、給与《きゅうよ》が大《おお》きく増《ふ》えることはないでしょう。でも、だからといって落胆《らくたん》してはいません。何《なに》しろかなりの金額《きんがく》の蓄財《ちくざい》があるのです。これを株式《かぶしき》や投資信託《とうししんたく》で上手《じょうず》に運用《うんよう》すれば、いま、会社《かいしゃ》から支払《しはら》われている給与《きゅうよ》よりも大《おお》きな投資運用益《とうしうんようえき》が得《え》られるかも知《し》れません。

いまの日本《にほん》は、これとほぼ同《おな》じ状況《じょうきょう》なのです。ＧＤＰはほとんど伸《の》びないけれども、莫大《ばくだい》な金額《きんがく》の「対外純資産《たいがいじゅんしさん》」を持《も》っています。ちなみに２０２３年《ねん》5月《がつ》に公表《こうひょう》された日本《にほん》の対外純資産《たいがいじゅんしさん》は、２０２２年《ねん》12月末時点《がつまつじてん》で４００兆円《ちょうえん》を超《こ》えて、過去最高《かこさいこう》になりました。

日本の対外純資産の推移と内訳

(出所) 財務省「本邦対外資産負債残高の推移」をもとに作成。

正確《せいかく》な金額《きんがく》は４１８兆《ちょう》６２８５億円《おくえん》です。

ちなみに対外純資産《たいがいじゅんしさん》とは、日本《にほん》の政府《せいふ》や企業《きぎょう》、個人《こじん》が海外《かいがい》に持《も》っている金融資産《きんゆうしさん》である「対外資産《たいがいしさん》」から、海外《かいがい》の政府《せいふ》、企業《きぎょう》、個人《こじん》が日本国内《にほんこくない》に持《も》っている金融資産《きんゆうしさん》である「対外負債《たいがいふさい》」の金額《きんがく》を差《さ》し引《ひ》いて計算《けいさん》されます。

日本《にほん》の対外純資産《たいがいじゅんしさん》は実《じつ》に32年連続《ねんれんぞく》で世界一《せかいいち》の座《ざ》を守《まも》り続《つづ》けています。

もうひとつのストックは、家計部門《かけいぶもん》が保有《ほゆう》している金融資産《きんゆうしさん》です。個人金融資産《こじんきんゆうしさん》と言《い》ってもいいでしょう。

個人金融資産《こじんきんゆうしさん》の総額《そうがく》は、２０２３年《ねん》３月末時点《がつまつじてん》で２０４３兆円《ちょうえん》あり、このうち海外《かいがい》に投資《とうし》されている分《ぶん》が、前述《ぜんじゅつ》した対外資産《たいがいしさん》に組《く》み入《い》れられています。この重複分《ちょうふくぶん》を外《はず》して対外純資産《たいがいじゅんしさん》と個人金融資産《こじんきんゆうしさん》を合《あ》わせたら、２０００兆円《ちょうえん》を大《おお》きく上回《うわまわ》る資産《しさん》を、日本《にほん》という国《くに》は保有《ほゆう》していることになるのです。

単純《たんじゅん》に考《かんが》えても、日本《にほん》のＧＤＰの４倍近《ばいちか》い資産《しさん》ですから、年収《ねんしゅう》４年分《ねんぶん》の貯蓄《ちょちく》を持《も》っていることになります。これを、これまで述《の》べてきたような方法《ほうほう》で有効活用《ゆうこうかつよう》すれば、日本経済《にほんけいざい》は地盤沈下《じばんちんか》を防《ふせ》ぐことができるはずです。

これを実現《じつげん》させるために必要《ひつよう》なのが、「株価《かぶか》の上昇《じょうしょう》が国全体《くにぜんたい》、そして国民《こくみん》であるわたしたち一人一人《ひとりひとり》にとっていい結果《けっか》をもたらす仕組《しく》みを構築《こうちく》する」というグランドデザインを、日本国民《にほんこくみん》に伝《つた》えることなのです。

海外資産《かいがいしさん》のアップサイドを取《と》れ

もうひとつ、日本《にほん》がストックを活《い》かすために、指摘《してき》しておきたい点《てん》があります。

前述《ぜんじゅつ》したように、日本《にほん》は世界《せかい》に冠《かん》たる債権大国《さいけんたいこく》です。ただ、世界最大《せかいさいだい》の債権大国《さいけんたいこく》であるものの、日本《にほん》には残念《ざんねん》な点《てん》があります。それは海外《かいがい》に保有《ほゆう》している資産《しさん》のアップサイド（上振《うわぶ》れ）が、あまり期待《きたい》できないことです。

これは対外資産《たいがいしさん》の中身《なかみ》を見《み》ると明《あき》らかです。

日本《にほん》が海外《かいがい》に持《も》っている資産《しさん》は、中長期債《ちゅうちょうきさい》といって償還《しょうかん》までの期間《きかん》が比較的長《ひかくてきなが》めの債券《さいけん》が最《もっと》も金額的《きんがくてき》に大《おお》きく、２８４兆《ちょう》２５００億円《おくえん》ありますが、海外《かいがい》が保有《ほゆう》している日本《にほん》の中長期債《ちゅうちょうきさい》の額《がく》は１２８兆《ちょう》５５８０億円《おくえん》です。

また、株式《かぶしき》で比較《ひかく》すると、日本《にほん》が海外《かいがい》で保有《ほゆう》している株式《かぶしき》の総額《そうがく》は１１３兆《ちょう》８８３０億《おく》円《えん》であるのに対《たい》し、海外《かいがい》が保有《ほゆう》している日本株《にほんかぶ》は２２０兆《ちょう》８９０億円《おくえん》です。

債券《さいけん》は元本《がんぽん》に対《たい》して一定《いってい》の年率《ねんりつ》で利息《りそく》が支払《しはら》われ、償還時《しょうかんじ》に預《あず》けたのと同《おな》じ元本《がんぽん》が戻《もど》ってきます。つまり受《う》け取《と》れる収益《しゅうえき》は毎年《まいとし》の利息《りそく》だけです。

対《たい》して株式《かぶしき》は、配当金《はいとうきん》に加《くわ》え、株価《かぶか》が上昇《じょうしょう》すると大《おお》きな値上《ねあ》がり益《えき》を得《え》ることができます。

日本《にほん》の対外資産《たいがいしさん》の中身《なかみ》を見《み》ると、債券《さいけん》や貸付《かしつけ》などアップサイドがないものを中心《ちゅうしん》に保有《ほゆう》されていますが、諸外国《しょがいこく》が日本国内《にほんこくない》に保有《ほゆう》している資産《しさん》は、株式《かぶしき》のようにアップサイドが期待《きたい》できるものを中心《ちゅうしん》に保有《ほゆう》していることがわかります。

何《なん》ともったいないことでしょうか、と思《おも》うことさえあります。

諸外国《しょがいこく》から見《み》れば、日本《にほん》はほんのわずかな利息《りそく》だけ払《はら》えば、たくさんのお金《かね》を貸《か》してくれるだけでなく、「株価《かぶか》を上《あ》げろ」などというプレッシャーをいっさいかけてこない、お人好《ひとよ》しの国《くに》だと思《おも》われているかも知《し》れません。言《い》うまでもなく、対外資産《たいがいしさん》に占《し》める株式《かぶしき》の比率《ひりつ》が低《ひく》いからです。

どことなく国際社会《こくさいしゃかい》で日本《にほん》のプレゼンスが低《ひく》く感《かん》じられるのは、実《じつ》はこんなところにも理由《りゆう》があるのかも知《し》れません。

ですから、これまで述《の》べてきたような方法《ほうほう》を取《と》ることで、日本《にほん》の株価《かぶか》が大《おお》きく上昇《じょうしょう》したら、その次《つぎ》にするべきは世界最大《せかいさいだい》の債権大国《さいけんたいこく》という立場《たちば》を活《い》かして、経済的《けいざいてき》に日本《にほん》のプレゼンスを高《たか》めることです。

そのためには、対外資産《たいがいしさん》に占《し》める株式《かぶしき》の比率《ひりつ》を上《あ》げることも必要《ひつよう》になってくるでしょう。

繰《く》り返《かえ》しになりますが、人口《じんこう》が減少《げんしょう》するいまの日本《にほん》が必要《ひつよう》とするのは、「株価《かぶか》の上昇《じょうしょう》が国全体《くにぜんたい》、そして国民《こくみん》であるわたしたち一人《ひとり》一人《ひとり》にとっていい結果《けっか》をもたらす仕組《しく》みを構築《こうちく》する」というグランドデザインです。

これからの日本《にほん》は国内外《こくないがい》にある豊富《ほうふ》な金融資産《きんゆうしさん》を有効活用《ゆうこうかつよう》しなければならないのです。

フランスの経済学者《けいざいがくしゃ》であるトマ・ピケティが著書《ちょしょ》『21世紀《せいき》の資本《しほん》』で指摘《してき》したように、r（資本《しほん》のリターン）はg（経済成長率《けいざいせいちょうりつ》）よりも高《たか》い成長率《せいちょうりつ》が期待《きたい》できるという不等式《ふとうしき》に則《のっと》って考《かんが》えれば、２０００兆円《ちょうえん》を超《こ》える日本《にほん》の金融資産《きんゆうしさん》を活《い》かさない手《て》はありません。

首相《しゅしょう》をはじめ、日本《にほん》の明《あか》るい未来《みらい》を描《えが》くリーダーたちが、小手先《こてさき》の対応《たいおう》に右往左往《うおうさおう》するのではなく、本書《ほんしょ》で提言《ていげん》するグランドデザインを国民《こくみん》に示《しめ》すことで、特《とく》に株式市場《かぶしきしじょう》に資金《しきん》が流《なが》れ込《こ》む仕組《しく》みをつくり、株価《かぶか》の上昇《じょうしょう》がすべての国民《こくみん》にメリットをもたらすことができれば、日本《にほん》はまだまだ捨《す》てたものではないのです。

おわりに

資本《しほん》市場《しじょう》を活用《かつよう》して日本《にほん》を復活《ふっかつ》させる。このグランドデザインを実現《じつげん》させるための施策《しさく》を、いろいろ申《もう》し上《あ》げました。

どんな仕事《しごと》もそうですが、すべてを同時《どうじ》に実行《じっこう》しようとすると、てんやわんやになりがちです。しかし本当《ほんとう》にてんやわんやになってはいけないので、仕事《しごと》の処理《しょり》にはプライオリティを付《つ》けることになります。

プライオリティでわたしが思《おも》い出《だ》すのは、どこかの国《くに》の童話《どうわ》のような話《はなし》です。

ここに壺《つぼ》と、大《おお》きい石《いし》がいくつかと、小《ちい》さい石《いし》がいくつかと、砂《すな》がある。大《おお》きい石《いし》、小《ちい》さい石《いし》、砂《すな》の順番《じゅんばん》に壺《つぼ》に入《い》れれば、すべてを入《い》れることができる。しかし順番《じゅんばん》を逆《ぎゃく》にして、砂《すな》、小《ちい》さい石《いし》、大《おお》きい石《いし》の順番《じゅんばん》に入《い》れようとすると、石《いし》の多《おお》くが入《はい》らなくなってしまう。

この話《はなし》は、仕事《しごと》に限《かぎ》らず、人生《じんせい》のプライオリティを考《かんが》えるうえでも、とてもいい含蓄《がんちく》があると思《おも》っています。

資本市場《しほんしじょう》は、わたしのこれまでの職業人生《しょくぎょうじんせい》そのものでしたし、そのなかでたくさんの苦労《くろう》もしましたが、同時《どうじ》に多《おお》くの喜《よろこ》びも与《あた》えてくれました。

いまはもうなくなってしまいましたが、ソロモン・ブラザーズという米国《アメリカ》の証券会社《しょうけんがいしゃ》からスタートし、ゴールドマン・サックスに転職《てんしょく》。マネックス証券《しょうけん》を立《た》ち上《あ》げ、ビジネスでどっぷり資本市場《しほんしじょう》にかかわってきたのとともに、日本証券業協会《にほんしょうけんぎょうきょうかい》や政府審議会《せいふしんぎかい》、東京証券取引所《とうきょうしょうけんとりひきじょ》のさまざまな役員《やくいん》や委員《いいん》にも任命《にんめい》していただき、日本《にほん》の資本市場《しほんしじょう》を少《すこ》しでもよいものにするべく、38年間《ねんかん》、ひたすら走《はし》ってきました。

2023年《ねん》6月《がつ》の株主総会終了時《かぶぬしそうかいしゅうりょうじ》に、わたしはマネックスグループのCEOから離《はな》れて代表執行役会長兼取締役会議長《だいひょうしっこうやくかいちょうけんとりしまりやくかいぎちょう》になり、現場《げんば》の仕事《しごと》を減《へ》らしてグループ全体《ぜんたい》のガバナンスをチェックする立場《たちば》になりました。

その分《ぶん》、少《すこ》しは時間《じかん》ができるのかなと思《おも》いきや、相変《あいか》わらず忙《いそが》しい毎日《まいにち》を送《おく》っています。

マネックスグループの実務《じつむ》を減《へ》らしつつ、他《ほか》に新《あたら》しいチャレンジも始《はじ》めました。そのひとつが、本書《ほんしょ》のはじめにでも書《か》かせていただいた、一般財団法人《いっぱんざいだんほうじん》ルビ財団《ざいだん》での活動《かつどう》です。

そして、実《じつ》はもうひとつ新《あたら》しいチャレンジを始《はじ》めます。

それは東京大学内《とうきょうだいがくない》に、新《あたら》しい研究機関《けんきゅうきかん》を創《つく》ることです。資本市場《しほんしじょう》の研究《けんきゅう》をする機関《きかん》です。

この研究機関《けんきゅうきかん》は、東京大学《とうきょうだいがく》の藤井輝夫《ふじいてるお》総長《そうちょう》直下《ちょっか》の機関《きかん》になります。学部《がくぶ》からは独立《どくりつ》した組織《そしき》です。

何《なに》をやるのかというと、まさにこの本《ほん》に書《か》いてきたことの実践版《じっせんばん》です。

資本市場《しほんしじょう》全体《ぜんたい》の研究《けんきゅう》ではなく、資本市場《しほんしじょう》を活用《かつよう》して、どうやって日本《にほん》の生産性《せいさんせい》と競争力《きょうそうりょく》を高《たか》め、そして株価《かぶか》を上《あ》げていくかなどを研究《けんきゅう》する機関《きかん》です。

日本《にほん》にある経営資源《けいえいしげん》、ヒト・モノ・カネが最適配置《さいてきはいち》されていません。本書《ほんしょ》で書《か》いてきたように、年功序列《ねんこうじょれつ》（ヒト）、生産要素《せいさんようそ》の偏《かたよ》り（モノ）、巨大《きょだい》な内部留保《ないぶりゅうほ》（カネ）など、日本《にほん》の企業《きぎょう》は経営資源《けいえいしげん》を最適活用《さいてきかつよう》していません。それでもなお、ＧＤＰ世界第《せかいだい》3位《い》なのは驚《おどろ》きですが、今《いま》変《か》わらなければ手《て》遅《おく》れになります。

資本市場《しほんしじょう》が、これら経営資源《けいえいしげん》の最適配置《さいてきはいち》を促《うなが》していくことで、日本《にほん》の生産性《せいさんせい》と競争力《きょうそうりょく》を大《おお》きく上《あ》げる余地《よち》があるでしょう。

一度《いちど》株式《かぶしき》を上場《じょうじょう》したら、未来永劫《みらいえいごう》そのステータスを維持《いじ》できる。ビジネスが時代遅《じだいおく》れになっても、上場《じょうじょう》したままになっている。それでは生産性《せいさんせい》の向上《こうじょう》にはつながりません。生《せい》産性《さんせい》の落《お》ちた生産要素《せいさんようそ》は、リストラクチャリングをして違《ちが》う形《かたち》で再利用《さいりよう》する。そして一方《いっぽう》、これから成長《せいちょう》していくための資金調達《しきんちょうたつ》をしたいという成長企業《せいちょうきぎょう》には、どんどん成長資《せいちょうし》金《きん》を供給《きょうきゅう》できる仕組《しく》みを用意《ようい》する。

これらヒト・モノ・カネの最適配置《さいてきはいち》を実現《じつげん》していくための資本市場《しほんしじょう》を創《つく》るにはどうすればいいか、そして株価《かぶか》を上《あ》げていくためにはどうすればいいかが、この研究機関《けんきゅうきかん》のなかで深《ふか》く研究《けんきゅう》され、その成果《せいか》が世《よ》の中《なか》にどんどん発信《はっしん》されていくことを期待《きたい》しています。

みなさんと一緒《いっしょ》に、資本市場《しほんしじょう》を最大限活用《さいだいげんかつよう》して、日本《にほん》をいい方向《ほうこう》に変《か》えていくための方《ほう》法《ほう》を考《かんが》えていけたら幸《さいわ》いです。

【著者紹介】

松本　大（まつもと　おおき）

マネックスグループ株式会社取締役会議長兼代表執行役会長。1963年埼玉県生まれ。1987年東京大学法学部卒業、ソロモン・ブラザーズ・アジア証券入社。1990年ゴールドマン・サックス証券に転じ、1994年史上最年少の30歳で同社のゼネラル・パートナーに就任。アジアにおけるトレーディング、リスク・マネジメントの責任者となり、スペシャル・シチュエーション・グループも設立。1999年ソニーとの共同出資でマネックス（現マネックス証券）を設立。25年間、社長・CEOとしてマネックスを牽引し続け、2023年6月より現職。経済審議会委員、東京証券取引所その他複数の上場企業の社外取締役を歴任。現在はルビ財団ファウンダー・評議員、マスターカード社外取締役、ヒューマン・ライツ・ウォッチ国際理事会副会長、日本将棋連盟理事も務める。

松本大の資本市場立国論
日本を復活させる2000兆円の使い方

2023年10月17日発行

著　者――松本　大
発行者――田北浩章
発行所――東洋経済新報社
〒103-8345　東京都中央区日本橋本石町 1-2-1
電話＝東洋経済コールセンター　03(6386)1040
https://toyokeizai.net/

装　丁…………竹内雄二
D T P…………キャップス
編集協力………鈴木雅光（JOYnt）
印刷・製本……丸井工文社
編集担当………水野一誠
　Printed in Japan　ISBN 978-4-492-71185-9